河南省高等学校哲学社会科学应用研究重大项目“区域协同创新对产业转型升级的影响研究——以中部六省为例”（2020-YYZD-05）资助

河南省社科规划课题《产业结构升级背景下河南省就业结构演变研究》（编号2019BJJ029）资助

区域协同创新对产业转型升级的影响研究

以中部六省为例

朱选功　王宁　李刚·著

Research on the Impact of Regional Cooperative Innovation on Industrial Transformation and Upgrading

中国经济出版社
CHINA ECONOMIC PUBLISHING HOUSE
·北京·

图书在版编目（CIP）数据

区域协同创新对产业转型升级的影响研究：以中部六省为例／朱选功，王宁，李刚著．
—北京：中国经济出版社，2019.8
ISBN 978－7－5136－5006－9

Ⅰ.①区… Ⅱ.①朱… ②王… ③李… Ⅲ.①区域经济—国家创新系统—影响—产业结构升级—研究—中国 Ⅳ.①F269.24

中国版本图书馆 CIP 数据核字（2019）第 146230 号

责任编辑　牛慧珍
责任印制　马小宾
封面设计　任燕飞

出版发行　中国经济出版社
印 刷 者　北京九州迅驰传媒文化有限公司
经 销 者　各地新华书店
开　　本　710mm×1000mm　1/16
印　　张　14.5
字　　数　230 千字
版　　次　2019 年 8 月第 1 版
印　　次　2019 年 8 月第 1 次
定　　价　68.00 元
广告经营许可证　京西工商广字第 8179 号

中国经济出版社 **网址** www.economyph.com **社址** 北京市西城区百万庄北街 3 号 **邮编** 100037
本版图书如存在印装质量问题，请与本社发行中心联系调换（联系电话：010－68330607）

前言 PREFACE

创新是引领发展的第一动力，是建设现代化经济体系的战略支撑。2012 年 11 月，党的十八大明确提出“科技创新是提高社会生产力和综合国力的战略支撑，必须摆在国家发展全局的核心位置”，强调要坚持走中国特色自主创新道路、实施创新驱动发展战略。在党的十九大上，创新的重要性再一次被强调，在会议上，习近平总书记提出创新是引领发展的第一动力的论断。在创新驱动战略的支撑下，近年来，我国科技创新和重大工程建设取得了一系列成果，从天空到深海，处处可见五星红旗的身影，天宫、蛟龙、天眼、悟空、墨子、大飞机等重大科技成果相继问世。今年七月初，联合国世界知识产权组织等机构联合发布了 2018 年全球创新指数排行榜，中国内地的排名较去年提升了五位，位列 17，这也是我们首次进入全球前 20 名。这个排名，客观反映了我国无论是创新环境还是创新绩效都有明显的改善和提升。

随着全球科技革命和产业变革的加速推进，产学研协同创新已成为有效提升国家自主创新能力、建设创新型国家的重要策略，大力推进区域内产学研深度合作，对于进一步发挥科技创新的重大作用，更好地实施创新驱动发展战略，建设创新型国家，为全面建成小康社会提供强有力的支撑，具有重要的现实意义。协同创新是国家创新系统的推动力和国家竞争力的动力源，当今世界正处于新一轮技术革命浪潮的酝酿期，颠覆性技术不断涌现，研发和创新全球化趋势更加明显，新技术的时效性更加明显，协同创新更显重要。随着经济的发展，为了进一步提高区域创新能力，我国地区与地区之间、地区内创新主体之间均展开了广泛的合作。早在2003年，上海、江苏、浙江率先在全国探索建立区域创新体系建设联席会议制度，这种制度在协调资源配置、推进重大任务当中发挥了重要的作用，2009年，安徽省加入。随着制度的完善，长三角地区三省一市率先构建我国区域协同创新共同体，于2016年共同签署了《沪苏浙皖关于共同推进长三角区域协同创新网络建设合作框架协议》，迈出构建区域协同创新共同体的重要一步。2018年，该城市群又签署了《长三角地区加快构建区域创新共同体战略合作协议》，进一步推动长三角区域协同创新发展。

2007年11月，中国产学研合作促进会成立，促进会的任务是充分发挥产学研与政府之间的桥梁和纽带作用，搭建政产学研金协同创新共享服务平台，探索产学研合作的新模式、新机制、新方法、新途径，着力构建以企业为主体、市场为导向、产学研相结合的技术创新体系，促进政产学研金与用的紧密结合，为建设创新型国家和世界科技强国作贡献。促进会成立以来，在中央领导的关心下，在各有关部委的指导和大力支持下，先后在北京、深圳、天津、山东等地举办了每年一届的中国产学研合作高峰论坛，对推进中国产学研合作产生较大影响。2019年1月，第十二届中国产学研合作创新大会在北京举行，会议主题为“产学研用深度融合，民营经济创新发展”。

2011年4月24日，在清华大学百年校庆中，胡锦涛发表了重要讲话，会上明确提出要积极推动协同创新，通过体制机制创新和政策项目引导，鼓励高校同科研机构、企业开展深度合作，建立协同创新的战略联盟，促进资源共享，联合开展重大科研项目攻关，在关键领域取得实质性的成果，这是第一次从国家战略高度对协同创新提出要求。2012年4月，为了落实胡锦涛的指示，财政部与教育部开始实施“2011计划”，即“高等学校创新能力提升计划”，这是继“985工程”“211工程”之后，我国又一项体现国家意志的重大战略举措，该计划旨在建立一批

“2011 协同创新中心”，大力推进高校与高校、科研院所、行业企业、地方政府以及国外科研机构的深度合作，探索适应于不同需求的协同创新模式，营造有利于协同创新的环境和氛围。

自“协同创新”和“2011 计划”提出以来，各高校纷纷响应教育部的号召，积极推动协同创新，密切加强同科研机构、企业的联系，探求协同创新联盟，开展协同创新平台。2013 年 4 月 11 日，由北京大学、南京大学、中国科学技术大学、哈尔滨工业大学、北京航空航天大学、四川大学、河南农业大学、北京交通大学、中国政法大学、天津大学、南京工业大学、浙江工业大学等校牵头的首批 14 家国家协同创新中心通过“2011 计划”认定，成为首批“2011 计划”建设体。

2017 年，科技部在全国科技工作会议上再次提出“打造区域创新高地，推动区域协同创新发展”的口号，会议提出加快推进北京、上海科技创新中心建设，发挥国家自创区、高新区辐射带动作用，推进区域创新高地建设，支撑国家重点区域发展战略，实施增强基层科技创新和服务能力，加快推进科技扶贫精准脱贫六条措施，为区域协同创新增强了政策指导。

2018 年 10 月，“区域协同创新发展论坛”在北京举行，该论坛旨在进一步探索区域协同创新科技服务模式，促进科技资源与区域合作需求有效对接，推动包括京津冀地区在内的跨区域科技资源共建共享和优化配置，提升区域协同创新能力，为区域务实推进协同发展建言献策，提供智力服务和支持。

在协同创新取得长足发展的同时，目前，我国许多地方都在大力推进产业转型升级并取得了积极进展，但也存在一些误区，如一些地方认为转型升级就是淘汰传统产业尤其是一些夕阳产业转而发展新兴产业，因而一哄而上去追逐新兴产业。发展新兴产业当然是产业结构转型升级的重要途径，但不是唯一途径。

再如，为了实现产业转型升级，一些地方搞“一刀切”，要求区域内所有城市都必须实现第三产业增加值超过第二产业增加值。这其实也不尽合理。第三产业增加值超过第二产业增加值是产业转型升级的重要表现，但并不是对所有区域、所有城市的统一要求。相对而言，特大城市更适合于发展第三产业。

事实上，产业转型升级中的“转型”，其核心是转变经济增长的“类型”，即把高投入、高消耗、高污染、低产出、低质量、低效益转为低投入、低消耗、低污染、高产出、高质量、高效益，把粗放型转为集约型，而不是单纯的转行业。转行业与转型之间没有必然联系，转了行业未必就能转型，要转型未必就要转行业。产业转型升级中的“升级”，既包括产业之间的升级，如在整个产业结构中由第一产业占优势比重逐级向第二、第三产业占优势比重演进；也包括产业内的升级，即某一产业内部的加工和再加工程度逐步向纵深化发展，实现技术集约化，不断提高生产效率。只有正确理解产业转型升级的这些内涵，才能在实践中避免出现偏差。

在改革开放以后，我国通过产业政策调整来影响产业结构转变，增强国民产业的适应能力，主要经历了数量扩张、质量提升及创新驱动型发展等政策调整阶段。2005 年国务院提出加快发展循环经济，2011 年出台《产业结构调整指导目录》等，总体来看，虽然我国的产业发展水平得到了整体的提升，但依靠生产资料简单堆积的要素驱动方式依然是这一时期产业发展的根本动力，产业升级的进程较为缓慢。2010 年十七届五中全会通过了十二五规划提议，指出我国产业结构升级应依靠科技进步建立结构优化、技术水平先进且产品附加值高的现代产业结构体系。2012 年，创新驱动被提到国家战略的层面，在五年后的十九大会议上，习近平总书记再次强调了创新是引领生产的第一动力的论断。

当前，我国经济已由高速增长阶段转向高质量发展阶段，正处在转变发展方式、优化经济结构、转换增长动力的攻关期，建设现代化经济体系是跨越关口的迫切要求和我国发展的战略目标。这一经济增长方式的转变预示着，我国未来的经济发展战略将由“数量型增长”转变为创新驱动的“质量型增长”。

知识经济时代下，市场竞争日趋激烈，学科交叉和技术融合加快，新兴技术、新兴产业正逐渐成为引领未来发展的重要力量，科学研究、技术创新、产业发展一体化趋势更加明显。为了应对挑战，世界各国都在尝试打破资源壁垒，促进产学研等创新资源的深度融合。协同创新作为一种全新的创新组织模式、一种开放式的创新模式，能充分调动企业、大学、科研机构等各类创新主体的积极性和创造性，对于加快不同领域、不同行业以及创新链各环节之间的技术融合与扩散，显得尤为重要，已成为助推产业转型升级、提高产业国际竞争力的重要着力点。

目前，我国产学研合作发展态势良好，合作机制、合作模式不断创新，推动着国家自主创新能力稳步提升，推动了产品结构优化升级。通过产学研合作，利用信息技术等先进实用技术改造提升传统产业，解决了一批制约支柱行业发展的关键共性技术难题，促进了产业结构调整和产品优化升级。在同一时间段内，很多相同或类似的研发活动正在进行，如果有一项研究率先成功，那么其他类似研究的价值就会降低，甚至完全没有价值，那么这项研发就不能转化为生产力，它的经济价值也就不能实现。而如果各创新主体之间进行协同创新，不仅会很大地降低这种可能性，而且可以很大程度地提高创新的效率，从而加快科技成果的转化。

虽然通过产学研协同创新，我国取得了一系列的成果，但是目前我国产学研合作创新机制尚未理顺，仍存在一系列的问题，例如以企业为主体、多方参与的协同创新体系亟待建立。当前我国企业与科研机构之间的直接合作面临较高风险，一是企业的资金风险，产学研合作中企业无力对长期性、高创新性和高回报性的关键共性技术进行投资研发；二是科研机构的技术转化风险，由科研机构全盘负责研发、初试、中试、技术支持和人员培训的“交钥匙”合作模式，导致科研机构承担风险过高。因此应尽快建立多方合作的协同创新体系，充分发挥创新中心的引领作用、龙头企业的主导作用、中小企业的配套作用以及科研机构的基础支撑作用，同时培养一批提供服务保障的中介机构，逐渐形成联合开发、分工明确的产学研协同创新机制。

合作创新的知识产权分享机制仍需优化。产学研合作各主体在成果价值和知识产权归属上认识不一致，容易引发合作失败。另外，利益分配问题还存在于产学研合作各主体内部，如果事先没有清晰的利益归属，合作就难以为继，并面临可能的利益损失。应着力优化产学研合作的知识产权分享机制，解决三大问题，包括合作双方原有知识产权归属问题、协作过程中产生的知识产权的归属与分享问题以及创新结果之上的再开发、工艺研发优化的知识产权归属和分享问题。

产学研战略联盟作为发展到当今的高级阶段的产学研合作，除了具有产学研合作的一般性质，更主要的是具有战略性、创新性和协作性。无论是过去的产学研合作，还是当前的产学研战略联盟，全国各地都开展了伟大的实践，取得了巨大的成绩和宝贵的经验，然而却比我们预期的难度大得多，发展速度要慢得多，在实践过程中，我们发现要改变这种状况，推进建立以企业为主体的产学研战略联盟，只有产业部门和科研单位的努力是不够的，需要有从中央到地方的政策支持，需要制度创新。

本著作旨在借助区域协同创新与产业转型升级等相关基础理论，综合产业经济学、区域经济学知识，从多个角度分析、阐述区域协同创新对产业转型升级的影响，以期对中部各省依靠创新发展之路实现产业转型升级、经济发展水平的提升提供一定的参考。在对区域协同创新相关理论、产业转型升级相关理论、创新驱动相关理论研究的基础上，本著作具体从以下四个方面展开研究：

第一，对中部六省区域协同创新现状、产业转型升级的水平进行分析。以历年中国科技统计年鉴、中国火炬统计年鉴、中部各省统计年鉴以及广泛收集来的资料为基础，通过对数据的汇总与归纳，首先对中部各省的政产学研协同创新情况进行深入的分析，例如协同创新的环境、创新主体的能力、产学研平台建设等情况，最后提出中部六省推进协同创新过程中存在的问题。其次，对中部各省产业转型升级的水平进行分析，主要从产业结构演进情况、三次产业贡献率、高新技术产业发展情况、规模以上工业企业新产品的开发与销售情况、万元 GDP 能耗情况等方面展开。最后，提出中部六省在产业转型升级过程中存在的问题。

第二，区域协同创新促进产业转型升级的机理与路径研究。笔者引入了产业生命周期理论，首先通过建立理论模型分析了区域协同创新促进产业转型升级的一般机理，提出区域协同创新视角下产业转型升级的路径；接着具体分析在产业发展的四个阶段：初创期、成长期、成熟期以及衰退期，区域协同创新网络中各创新主体对产业转型升级的驱动作用。最后根据不同阶段产业、区域协同网络发展的特点，具体提出了基于关键共性技术的产业转型升级路径、基于创新平台的产业转型升级路径以及基于配套产业链优化的产业转型升级路径。

第三，区域协同创新与产业转型升级的互动关系研究。首先，从理论方面分析区域内政产学研协同创新与产业转型升级的互动关系，并画出两者相互影响的机理图。在此基础上，构建灰色关联分析模型，进一步探讨中部各省不同创新要素对产业转型升级影响的差异性，实证分析得出各创新因素与产业转型升级关联程度，这能为中部各省政府在产业转型升级过程中进行科技投入、政府扶持提供理论方面的指导。

第四，区域协同创新系统与产业转型升级系统的耦合协调发展状况研究。笔者首先分析了创新系统与产业系统协调发展的内涵，并总结了系统协调发展的现行评价方法。然后通过筛选确定指标，构建分析模型，运用熵值法与专家赋权法相结合的方法确定指标权重并计算得出区域协同创新系统与产业转型升级系统的发展指数，建立耦合协调度模型并划分系统发展的耦合协调性标准。最后，分省份对区域协同创新系统与产业转型升级系统的发展指数、协调度、耦合协调度进行了评价与分析。

由此，本著作得出以下结论：首先，由于地区经济发展水平不同，处于不同阶段的产业转型升级的关键影响因子也有所不同，影响中部不同省份产业转型升级的关键指标也有较大差异。灰色关联度计算结果显示：河南、安徽、湖南、江西四个省份中，高校与企业合作研发经费支出与产业转型升级指标的关联度最大，而山西、湖北两省与产业转型升级关联度最高的指标为 R&D 人员全时当量。具体看，中部各省各参考序列与比较序列在各年份的关联系数又有较大的差异，在此不再一一赘述。其次，2009—2016 年，中部六省的区域协同创新水平、产业转型升级水平以及耦合协调度都有了较大幅度的增长，且最终都达到了良好的耦合协调状态。但是在达到良好耦合协调的过程中，不同的省份又有较大的差别。综合来说，区域协同创新系统与产业转型升级系统的发展水平与当地区域创新与产业结构调整方面所做的工作有关，那些区域内产业创新活动活跃、产业结构合理、高新技术产业多、传统产业慢慢实现转移的区域往往耦合协调发展情况好一些。

几年来，本团队一直致力于以河南省为中心的区域经济研究。2014年，和孙艳红教授合作，出版了《河南省经济增长动因与经济发展方式转变研究》一书，2016年，和邓国取教授等7位博士合作，出版了《中部地区经济增长动因与经济发展方式转变》一书，2018年，以我为主，带领我的研究生，经过努力又出版了《河南省科技投入对经济增长的影响研究》一书。这些著作的问世，在学界引起了一定的反响，前两部著作分别获得了“2014年度河南省社会科学优秀成果一等奖”和“2016年度河南省社会科学优秀成果一等奖”，《河南省科技投入对经济增长的影响研究》一书目前正在申报河南省社会科学优秀成果奖。这些奖项的获得，是学界和社会对我们努力的认可，极大地鼓舞了我们的士气。早在2018年年初，《河南省科技投入对经济增长的影响研究》一书刚刚完稿、还未付梓之前，我们就定下了本书的研究写作计划，以期延续我们的区域经济研究。《区域协同创新对产业转型升级的影响研究——以中部六省为例》一书，是由朱选功教授制定写作大纲，研究生王宁同学和河南省教育厅学术技术带头人、郑州商学院李刚副教授共同执笔完成的。全书最后由朱选功教授通稿和定稿。

自中部崛起的战略启动实施，历经十多年发展，中部六省经济一直在节节攀升：2005年，中部地区生产总值为3.34万亿元，占全国的比重为18.8%，2018年，中部地区的生产总值达到19.27万亿元，占全国的比重提高到21.40%。2019年5月，习近平总书记在江西进行考察，在座谈会上，习近平总书记为中部地区崛起鼓劲加油，并为中部地区下一步的腾飞指出方向和路径。目前，中部地区经济增速连续7个季度领跑西部地区、东北地区、中部地区、东部地区“四大板块”，实属不易。习近平总书记特别指出：“这个速度是在高质量的前提下的速度，中部地区的成绩更多地体现在经济发展的质量和效益上，体现在产业结构优化升级和创新驱动发展上，体现在做实、做强、做优实体经济上。”推动中部崛起是党中央做出的重要决策，而促进创新主体之间的协同创新、提高区域整体的创新能力、持续推进产业转型升级对于中部崛起具有重要的意义，在新时代赋予的大好机遇中，我们已经干成了一系列打基础利长远的大事，实现了一系列具有标志性意义的突破，科技、经济均取得了令人鼓舞的重大成就。希望本书的出版能为中部六省的经济、社会、科技、文化的繁荣发展提供一定的理论支撑，为中部六省各项战略的实施尽一份绵薄之力。

朱选功

2019 年 7 月于洛阳

目录 CONTENTS

第一章　导论

改革开放以来，我国经济始终保持高速增长的状态，一度能够与当年战后日本的发展情况相媲美，但不同的是，我们所消耗的代价是远远高于日本的。在经济发展的道路上，我们经历了以廉价的劳动力、土地资源以及低环保成本为优势的要素驱动发展模式，经历了依靠房地产投资、基地建设以及出口导向型的投资驱动模式，这两种模式都促进了我国经济的跨越式进步，但也造成了环境污染等一系列问题。我国经济增长方式的转变既为产业转型升级提供了难得的机遇，也提出了更高要求，也就是说，我国推进产业转型升级必定要以创新作为第一推动力。在这种背景下，创新驱动发展战略应运而生。创新驱动战略以企业为主体、以市场为导向，通过建立产学研结合的创新体系，让企业成为创新主体，利用科技的渗透作用全方面提高各产业的生产率，对于产业转型升级有很大的推动作用。

第一节　研究背景

在供给侧结构性改革和经济新常态的背景下，创新已经成为建设现代化经济体系的战略支撑。产业转型升级是转变经济发展方式的必然要求，也是提高经济增长质量的重要途径，同时产业转型升级又受到经济发展的影响，依赖于科技的创新和技术的进步。在环保等相关政策的驱动下，我国产业转型升级有了一定的成效，高耗能产业得到了一定的控制、各行业劳动生产率显著提高、高新技术产业的地位逐步上升，但是与发达水平仍然有较大的差距。

自 2004 年国家提出中部崛起的战略以来，中部六省以城市圈规划为发展主线，实现了经济的快速发展，逐步拉近了与我国东部较发达地区的距离。但是在经济增长的同时，这六个省市也出现了一系列问题，例如传统产业占比较大、过分依赖物质投资、各地区自主创新能力不足、产业趋同与重复建设严重等情况，这严重影响了中部六省的经济可持续发展水平。中部各省该如何摆脱对劳动、资源、资金等传统要素的依赖，转入主要依靠创新要素驱动的发展轨道？如何通过整合区域内创新资源，提高自主创新能力，进而推动产业转型升级，实现可持续的发展？这都是六个省市的共性问题，也是迫切需要解决的问题。

一、创新是引领经济发展的第一动力

1912 年，在《经济发展概论》一书中，熊彼特教授首次提出了创新的概念。他认为创新是把一种生产要素和生产条件的新组合引入到生产体系，从这个角度来讲，创新是一种生产函数。虽然创新的概念出现得比较晚，但是这并不影响人们对创新的认识，在人类进步的历史上，创新发挥着不可替代的作用。

创新是引领发展的第一生产力，创新是民族进步之魂，科技创新越来越成为发展生产力的重要基础和标志，对一个国家、一个民族的发展进程的影响越来越大。同时，创新驱动为经济发展带来新机遇，在经济全球化的背景下，抓创新就是抓发展，谋创新就是谋未来。纵观世界发达国家的科学技术发展，科技战略储备一直是发达国家社会经济发展的滚滚源泉。在新时代下，谁掌握了领先的科学技术，谁就赢得了竞争的优势，而获得先进技术的前提是及时拥有较强的创新能力。2012 年，党的十八大提出创新驱动发展战略，明确指出科技创新是提高生产力和综合国力的战略支撑，必须把科技创新摆在发展全局的核心位置。五年后，党的十九大更是吹响了加速创新的号角，在此次报告中，“创新”一词出现五十余次，习近平总书记提出创新是引领发展的第一动力的论断。在当前和未来的一段时间内，我国经济发展由高速增长阶段转向高质量发展阶段，没有改革创新，高质量发展就无从谈起。总之，创新是国家强盛之基，世界文明发展之魂，唯有持续创新，才能赢得发展的主动权，才能带动全社会实现跨越发展，才能更好满足人民日益增长的美好生活需要。

二、推动产学研协同创新的必要性

随着科学技术的飞速发展，技术的复杂性、不确定性以及更新的速度也不断地加剧。与此同时，产品的生命周期也在不断地缩短，这使得单纯依靠引进技术进行模仿创新或者利用自身能力进行简单的产品或工艺创新的企业越来越不能适应激烈的竞争环境。由此，企业通过契约关系、合作网络社会关系与企业、大学、科研机构、政府以及科技中介机构等不同的合作伙伴进行合作的力度越来越大，创新模式的融合性有了进一步的提高，在这种开放式创新的背景下，协同创新的重要性逐渐提升。

协同创新是将协同学思想应用于技术创新领域所产生的。区域产学研协同创新即企业、高校以及科研机构等创新主体利用各自优势，在政府、中介机构、金融机构等相关主体的支持下，共同进行技术研发的创新活动。首先，协同创新增强了企业自主创新能力。随着产学研合作的深度、广度以及质量水平的不断提高，企业由单一技术、成果转让向与多院所合作开发、共建人才培训、技术研发基地等深层次合作转变，这种转变很大程度上增强了企业的自主创新能力。其次，区域协同创新能够将创新要素和创新能力聚集在一起，实现合作单位之间的技术对接、资源共享，这使得各个创新主体能够集中力量攻克技术上的难题，进而加快创新成果的转化。最后，区域协同创新使得科研人员与商品生产者可以就某项新产品或者新技术的研发达成长久的合作，或者进行技术的交易，从而实现成本共担和风险共享，同时，科研人员能够获得资金回报，创新的成果也无形中增加了再次创新的可能性，而商品生产者可以运用该项技术提高自身产品的竞争力，推进产学研协同创新的必要性由此也可以体现出来。

三、新常态下产业结构调整的迫切性凸显

2014 年，在对河南省进行考察的过程中，习近平总书记首次提出“新常态”的概念，他说：“中国发展仍处于重要战略机遇期，我们要增强信心，从当前中国经济发展的阶段性特征出发，适应新常态，保持战略上的平常心态。”从此，新常态成为我国当前和未来一段时间内经济发展的主要特征，面临经济持续下滑的压力，稳增长成为当前的重要任务。从深层次来看，经

济增长下滑的背后是产业更迭出现断档，而产业结构升级是增长动力转换的主要途径。

新常态下产业结构调整的重要性主要体现在三个方面：首先，产业转型升级是适应国内外环境变化的必然选择。国际金融危机使世界经济格局发生了重大变化，全球经济进入中低速增长阶段。国内资金市场紧缩、生产成本上升、通货膨胀等一系列因素，进一步加大了国有企业生产经营压力，使得省属企业必须加快转型升级步伐，才能适应国内外市场环境变化的需要。其次，产业转型升级是化解高成本压力的必要选项。从成本构成来看，原材料价格上升、节能减排压力增大、能源价格市场化和利率市场化改革、工资成本上升和社会保障水平提高等所带来的成本提高已成为发展的大趋势，以牺牲环境和劳动者福利获得低成本资源和廉价劳动力的时代已不复存在。省属企业只有转型升级并向产业链高端延伸，才能够消化经营成本上涨的压力。最后，产业转型升级是获取市场竞争优势的必经之路。当前，一些落后的产业形态已不能适应激烈的市场竞争的要求，甚至危及企业的生存，不转型就面临着被市场淘汰的危机，在这种情况下，只有加快转型升级，增强核心竞争力才能使企业真正摆脱困境，并具有持续发展的能力。

四、协同创新对于推动产业转型升级的意义重大

由于产业转型升级涉及因素众多，需要通过产生不同层次和方向创新的协同效应，引发产业体系的有序演化，形成较高层次的有序结构。在这过程中，科技创新尤其成为决定转型能否成功的关键因素。作为科技创新的新模式，协同创新为产学研合作带来新的理念和机遇。协同创新强调创新主体协同配合，注重对各类创新要素进行系统化的高效组织和有机融合，是转变发展方式、优化资源配置的过程，已经成为当今世界科技创新活动的新趋势和创新理论研究的焦点。

企业的转型与升级是地区整体实现转型升级的基础，在企业的创新活动中，协同创新起到的作用主要体现在两方面：一是向企业输出高新技术改造的传统产业装备，提升技术装备水平；二是向企业输出开发及生产高新技术产品的技术，增加产品的科技含量与附加值，例如研发先进的板材工艺，促进钢铁企业高附加值产品板材比重增大等。产业转型升级需要科技创新资源

的推动，在创新资源的整合与配置中，创新主体之间的协同非常重要，如果创新主体之间不进行协同创新，整体创新的效率可能会降低，此外，还可能会面临新的重复建设、资源浪费等一系列的问题。创新主体通过协同效应促进创新体系的发展完善，提高创新驱动效率，促进经济发展和产业结构的高级化发展。一方面，协同效应可以促进“政、产、学、研、用”各主体之间的共同发展。高校、科研机构、企业、政府等创新主体以市场需求为纽带，主要通过产业链和价值链形成稳定、可持续的创新协作关系，创新主体之间相互联系、相互促进，在提高其自身发展水平的过程中促进区域经济快速发展。另一方面，创新主体之间的协同效应还会带来相应的各种创新内容和创新方式之间的协同，实现资本创新、技术创新、市场创新、制度创新等创新功能之间的协同发展，而只有资本、技术、市场、制度有所创新，产业转型升级才能更加顺利地推进。因此，在区域产业转型升级的过程中，区域协同创新发挥着重要的作用。

第二节 研究目的与意义

一、研究目的

本著作旨在借助区域协同创新与产业转型升级等相关基础理论，综合产业经济学、区域经济学知识，从多个角度分析、阐述区域协同创新对产业转型升级影响，以期对中部各省依靠创新发展之路实现产业转型升级、经济发展水平的提升提供一定的参考。

根据以上所述，本著作将达成四类预期成果：第一，梳理出国内外学者对于区域协同创新与产业转型升级的研究成果，包括研究热点、研究方法以及国内外学者研究的侧重点等内容，并分类梳理出关于区域协同创新以及产业转型升级的相关经典理论；第二，通过各种统计年鉴，整理数据分析中部六省各地区区域协同创新以及产业转型升级的现状，并据此提出各省在推进区域协同创新与产业转型升级过程中存在的问题；第三，分析区域协同创新促进产业转型升级的机理与路径，并运用实证方法研究区域协同创新对产业转型升级的影响，包括运用灰色关联分析法研究区域协同创新不同要素对产业转型升级的影响的差异性、构建耦合协调度模型研究区域协同创新系统与产业转型升级系统发展的耦合协调性情况；第四，根据实证结果，提出提高区域协同创新水平、促进产业转型升级的对策建议，为中部各省相关政策的制定和实施提供参考。

二、研究意义

虽然关于区域协同创新与产业转型升级两方面的文献都比较多，但是我国学者把研究的重点放在理论研究方面，例如协同创新的概念、协同创新的动力机制、产业转型升级的路径与特点等。对于创新驱动产业转型升级的研究也多停留在驱动机制、作用途径上，缺乏对区域协同创新、产业转型升级两个系统之间的定量分析。本著作以中部六省为例，在对相关理论深层次学习的基础上，运用大量数据，实证分析区域协同创新与产业转型升级的深层次联系。本著作的研究意义分为两方面，分别为理论意义和现实意义。

（一）理论意义

区域产业转型升级水平能够反映区域经济发展的具体情况和问题，产业转型升级是提高经济硬实力的重要途径。而协同创新作为新时代高效的创新模式，对于提高区域整体创新水平具有重要的影响。本著作的理论意义在于通过对经济学、管理学等知识的综合运用，多方位地分析、阐述了区域协同创新对产业转型升级的影响，并结合现实发展状况探究了如何通过区域内创新主体之间的合作，提高区域整体创新水平，进而促进区域产业转型升级，最终实现中部各省经济的可持续发展。这不仅仅是从中部六省的实情出发，对创新驱动产业转型升级作用机制的一次实践检验，同时对于其他具有相同经济特征的地区推行创新驱动战略也具有一定的借鉴意义。另外，本著作的研究有利于区域经济理论、产业转型升级理论以及协同创新理论的丰富与发展，能为中部各省政府制定相关政策提供一定的理论基础。

（二）现实意义

协同创新的过程即不同的创新主体通过协调配合，将多种资源、生产要素、信息相互整合，最终实现同一目标的过程。在这个过程中，需要不同团体之间进行充分的沟通和交流，实现资源共享，从而促进各自的发展。创新能力是改善区域产业结构、增强区域竞争优势的重要推动力。首先，对中部各省的协同创新能力进行评价与分析，能为企业、高校以及科研机构等创新主体在创新实践中加强技术、人才、信息、资金的交流提供有利指导，也能通过推动彼此之间的创新合作，优化区域内创新要素的配置，实现资源共享、风险共担以及持续提高产业创新能力，从而提高创新成果的产出效率。而对产业转型升级现状的分析能让中部六省认清自身产业转型升级推进的状况，顺利解决产业转型升级过程中存在的问题，从而实现产业结构的优化。其次，本著作的现实意义还在于说明了创新体系的发展、完善对于中部六省推进产业转型升级具有重要的意义，也对如何根据中部各省的发展特征构建适宜的创新体系，增强创新驱动对产业结构优化升级的作用机制，实现创新与经济增长的协同发展做了说明。

第三节　研究内容、思路与方法

一、研究内容与思路

本著作从国家实施创新驱动的战略背景出发，围绕产业转型升级的现实问题，以中部六省为例，研究区域协同创新对产业转型升级的影响。著作整体共包括理论基础研究、实证研究以及政策建议三大部分内容，遵循“理论研究—调查研究—实证研究—对策研究”的逻辑思路展开，总体研究框架如图1-1所示。

根据以上研究思路，本著作分为九章，每章研究的具体内容如下：

第一章为导论部分，阐述了本著作的研究背景、目的及意义，旨在说明选题的意义与价值，接着就本著作的研究方法、内容及研究思路做了说明。

第二章为按照国外研究现状、国内研究现状、文献述评的思路对国内外相关文献进行了梳理，不仅包括产业转型升级与区域协同创新的内涵、协同创新的模式、区域协同创新现状的评价、影响协同创新与产业转型升级的因素、产业转型升级的模式与路径等内容，也包括国内外学者对产业转型升级与经济增长的关系、区域协同创新与产业转型升级的关系探讨。此外，笔者在文献述评部分分析了国内外研究的热点、侧重点、不足之处，这对于确定

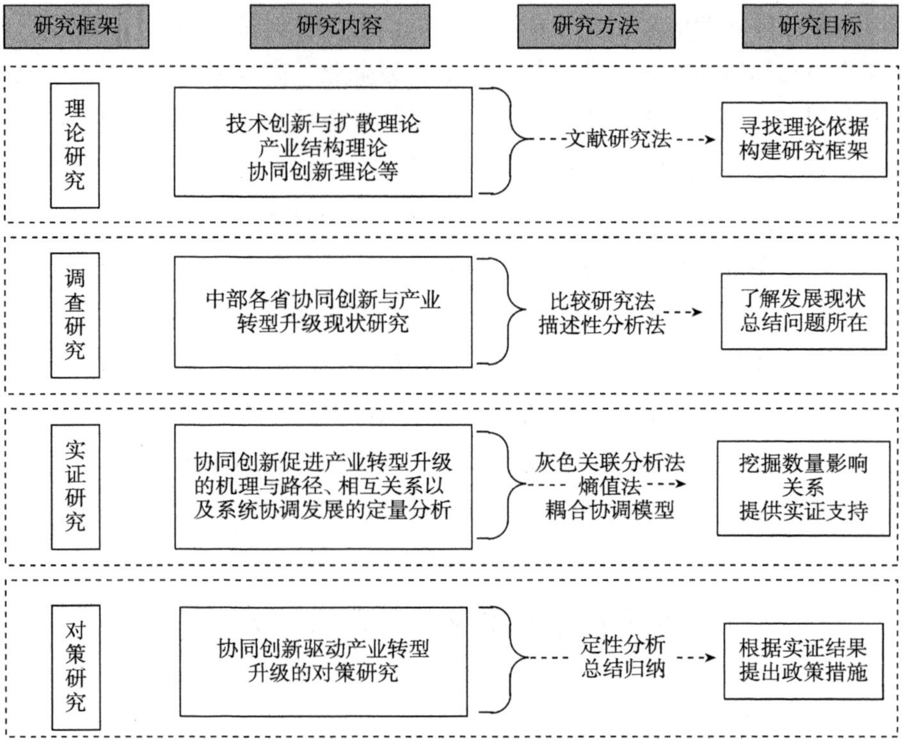

图 1－1　总体研究框架

著作研究的重点与创新之处有重要的意义。

第三章为相关基础理论，包括区域协同创新相关理论、产业转型升级相关理论、创新驱动相关理论三大部分的内容，具体有：区域协同创新的内涵与特征、协同创新的主体、技术创新理论、技术创新与扩散理论、知识管理理论以及产业转型升级概念界定、微笑曲线理论、产业结构理论、产业生命周期理论、后发优势理论、国际产业转型理论，还包括对波特意义的创新驱动的解读、创新驱动的本质内涵、创新驱动战略的特征、产业创新理论、创新驱动与产业转型升级的理论，这些经典理论为著作的深入研究提供理论支撑。

第四章以历年中国科技统计年鉴、中国火炬统计年鉴、中部各省统计年鉴以及广泛收集来的资料为基础，通过对数据的汇总与归纳，科学地分析中部六省区域协同创新现状、产业转型升级的水平。首先，对中部各省的政产学研协同创新情况进行深入的分析，例如协同创新的环境、创新主体的能力、产学研平台建设等情况，最后提出中部六省推进协同创新过程中存在的问题。其次，对中部各省产业转型升级的水平进行分析，主要从产业结构演进情况、三次产业贡献率、高新技术产业发展情况、规模以上工业企业新产品的开发与销售情况、万元 GDP 能耗情况等方面展开。最后，提出中部六省在产业转型升级过程中存在的问题。

第五章分析了区域协同创新促进产业转型升级的机理与路径。在这部分内容中，笔者引入了产业生命周期理论，首先通过建立理论模型分析了区域协同创新促进产业转型升级的一般机理，提出区域协同创新视角下产业转型升级的路径；接着具体分析在产业发展的四个阶段：初创期、成长期、成熟期以及衰退期，区域协同创新网络中各创新主体产业转型升级驱动作用。最后根据不同阶段产业、区域协同网络发展的特点，具体提出了基于关键共性技术的升级路径、基于创新平台的产业转型升级路径以及基于配套产业链优化的产业转型升级路径。

第六章研究了区域协同创新与产业转型升级的互动关系。首先，从理论方面分析区域内政产学研协同创新与产业转型升级的互动关系，并画出两者相互影响的机理图。在此基础上，构建灰色关联分析模型，进一步探讨中部各省不同创新要素对产业转型升级影响的差异性，实证分析得出各创新因素与产业转型升级关联程度，这能为中部各省政府在产业转型升级过程中进行科技投入、政府扶持提供理论方面的指导。

第七章论述区域协同创新系统与产业转型升级系统的耦合协调发展状况。笔者首先分析了创新系统与产业系统协调发展的内涵，并总结了系统协调发展的现行评价方法。然后通过筛选确定指标，构建分析模型，运用熵值法与专家赋权法相结合的方法确定指标权重并计算得出区域协同创新系统与产业转型升级系统的发展指数，建立耦合协调度模型并划分系统发展的耦合协调性标准。最后，分省市对区域协同创新系统与产业转型升级系统的发展指数、协调度、耦合协调度进行了评价与分析。

第八章基于前七章的研究结论，有针对性地对中部六省实施创新战略驱动产业转型升级提出了政策建议，这是本著作研究的最终落脚点所在。政策建议主要包括五个部分，分别为加大科技投入力度、强化各创新主体的功能、完善区域协同创新系统、积极推动产业转型升级、坚持实施创新驱动战略，在每一个部分，又具体提出了相应的措施，这对于提高中部各省的协同创新水平，推动产业转型升级，从而促进经济增长的可持续性具有重要的意义。

第九章为结论与展望，主要对著作研究的内容进行了总结，提出了研究的不足之处，并展望了未来的研究方向与重点，为日后科研学者进行类似的研究提供参考。

二、研究方法

本著作主要采取理论分析和实证分析相结合、定性分析与定量分析相结合、对比分析等方法，对区域协同创新与产业转型升级的相关文献、基础理论进行分析，掌握该方面的研究成果，并对协同创新与产业转型升级之间的关系进行了一系列的实证分析。与此同时，本著作还贯穿了跨学科研究法和系统科学方法，描述性统计分析法、调查法等多种研究方法。多种研究方法结合使得本著作提出的政策建议更加具有针对性和科学性，下面将对本著作主要采用的五种研究方法进行介绍。

（一）理论分析与实证研究相结合的方法

在书写本著作之前，笔者采用理论研究的方法查阅了大量的相关文献，对协同创新、创新驱动以及产业转型升级的相关理论进行了梳理分析，同时了解到国内外学者对协同创新以及产业转型升级相关问题研究的现状、侧重点以及当前研究存在的不足。正如牛顿所言，站在巨人的肩膀上思考问题，我们才能看得更远，运用文献分析方法使得笔者少走了很多弯路，也为著作整体的结构布局和之后研究方法的选择打下了坚实的基础。此外，在著作第六章、第七章的实证研究中，笔者采用了灰色关联分析法、熵值法，建立了系统耦合协调模型等，对区域协同创新与产业转型升级之间的关系进行了深入的分析。理论研究与实证研究相结合的方法使本著作的研究既建立在理论的基础上，又具有实证研究的现实意义。

（二）定性分析与定量分析相结合的方法

本著作采用定性分析与定量分析相结合、数据说明和图表分析与实证分析相结合的多种分析方法论述问题。定性分析与定量分析是人们认识事物时用到的两种分析方式。定性与定量相结合的方式能够使人们对事物的认识更加透彻，研究也是如此。在对中部六省各省市协同创新现状与产业转型升级水平进行客观分析时，笔者辅以大量的数据说明和图表分析，这使整个研究结果更具效度与信度。此外，定性分析的方法还体现在对中部六省产业转型升级路径的分析上、区域创新与产业转型升级关系的互动关系的探索上，而定量分析在实证研究部分也能更明显地体现出来。

（三）比较研究法

比较研究法是根据一定的标准，对两个或两个以上有联系的事物进行考察，寻找其异同，探求普遍规律与特殊规律的方法。本著作以中部六省为研究对象，对比分析不同省市间的差异是得出研究结论的重要手段。在第四章中，笔者分析了中部六省区域协同创新现状与产业转型升级的水平。在这个过程中，本著作不仅对中部各省历年的指标进行了纵向分析，得出其在研究期间的演变趋势，而且将中部六省之间的指标数据进行横向的对比分析，试找出中部各省创新要素以及产业转型水平的差异与联系，从而对中部六省整体的创新状况以及产业转型升级水平有了初步的了解。此外，在某些指标中，笔者还将中部六省的状况与全国、先进省份相比，得出其在全国中的地位，这使得我们能更清楚、客观地了解中部六省的发展情况以及存在的问题。

（四）跨学科研究法

跨学科的目的主要在于通过超越以往分门别类的研究方法，交叉运用多门学科的理论、方法和成果，多方向地对中部六省区域协同创新以及产业转型升级之间的关系进行系统的研究，从而实现对问题的整合性研究。对创新驱动与产业结构的研究需要对多个学科的知识进行学习融合，它涉及技术经济学、产业经济学、城市经济学、统计学等。在数据收集过程中，本著作的数据主要是从统计网站和统计年鉴上获取的，这就运用了大量统计学的知识。在理论与实证研究中，本著作也注重现代经济学和管理学的理论和方法的综合运用，这是著作采用跨学科研究方法的集中体现。

（五）系统科学方法

系统科学方法是指把研究对象放在系统的形式中，从整体和全局出发，从系统与要素、要素与要素、结构与功能以及系统与环境的对立统一关系中，对研究对象进行考察、分析和研究，以得到最优化的处理和解决问题的一种科学研究的方法。本著作在实证研究中，在对指标的选择上，采用了整体与局部相结合的方法，多方位、多角度地分析问题。

此外，本著作对描述性统计分析法的使用体现在对指标数据的整理和统计分析上。对调查法的运用主要体现在本著作综合运用访谈法、观察法等科学方式，对科研机构、高校、企业等有关部门进行调研，对调查搜集到的大量资料进行分析、综合、比较、归纳，这使得整体的论证更加充分。

第二章　国内外研究现状及述评

本章按照国外研究进展、国内研究进展、文献述评三个部分展开，分类梳理了国内外学者在区域协同创新与产业转型升级方面的研究成果和主要观点，并对国内外学者研究的相似点和不同之处进行了评述，这对于著作确定研究侧重点和创新点有重要的指导作用。

第一节　国外研究进展

一、区域协同创新的内涵、模式以及驱动因素

（一）协同创新的内涵

1965 年，Ansoff 首次提出协同的概念，他认为在协同的过程中，两个或两个以上的企业通过资源共享，实现共生互长，最终实现创造价值的根本目的。1973 年，Haken 对协同的概念和理论进行了补充，关于协同学的研究逐步渗透到经济学、社会学、物理学以及管理科学等诸多领域，协同创新就是协同学应用于技术创新领域的结果。20 世纪 80 年代后，协同思想在创新系统理论中得到应用，很多文献以国家创新系统以及产学研合作为主题，探索企业与大学、科研机构或中介组织等不同的合作对象之间的协同创新问题。“协同创新”一词最早由美国麻省理工学院斯隆中心的研究员 Peter Gloor 给出明确的定义，他认为协同创新是由一组人员组成网络小组，形成集体愿景，借助网络交流思想、信息和技术等进行合作，从而实现共同的目标。Aokimasahi 在对协同创新进行定义时，认为协同创新是高等院校、科研机构与企业等处于不同行业领域的主体通过合作影响产生的一种协同作用，这种

协同作用可以提升各自的发展潜能。Fiaz（2013）认为协同创新是企业推动研发和提升创新水平的一种有效手段。Cooke（1992）最早提出区域创新系统这一概念，他认为在地理上邻近且有关联的企业、研究机构和大学等不同创新主体构成了区域创新系统，支持并推动区域创新发展。Chesbrough（2005）认为，随着人才流动速度的不断加快，知识的创造能力和扩散能力日益增强，企业必须改变创新模式，通过开放式创新加强与外部知识源的合作，整合创新要素以提升创造能力。Freeman（1991）和 Rothwell（1994）将协同创新定义为利益驱动所导致的一种制度安排，是一种正式或非正式基础上的稳定的交易关系系统。Abend（1979）认为协同创新不应该只有企业一个参与者，不同组织间的协同能够推动创新，协同创新是推动生产率提高的一种方式。Guido（2011）认为，协同效应的产生是众多相关因素共同作用的结果，在团队管理中，协同效应越强，团队的整体效果越好。Maria（2007）认为，企业在进行创新时，客户发挥了重要的作用，因此客户应该成为协同创新的主体之一，协同创新需要考虑企业与客户的协同作用。

（二）协同创新的模式研究

协同创新模式是创新主体基于资源的稀缺性和互补性，通过企业、高校与科研机构之间相互协作共享特定的资源，最终实现协同效应的不同的创新组织模式。Metcalfe（2000）指出，在知识经济背景下，个体创新模式将被协同创新模式所取代，各创新主体在研发过程中互相影响，这种开放与分散有利于提高技术创新的学习效应和扩散效应。Cooke（1998）把区域协同创新的模式分为基层型、统制型及网络型三种。Ritala（2009）认为，与竞争对手合作是创造渐进性创新和根本性创新的有效途径，在高科技产业领域尤为明显，但是 Nieto（2007）提出了不同的观点，他认为由于信息泄露风险的存在，双方合作并不是实现产品创新的最好方式。Okamuro（2011）指出，协同创新各参与主体中创新者的品质，如教育背景、创新产出以及与科研机构的关系对研发合作非常重要。Chang（2003）从合作者角度，将协同模式划分为竞争者协同模式、用户协同模式、替代者协同模式和供应商模式四种。Pastor 等（2002）基于交易成本理论，将企业间的协同模式分为非股权协同和股权协同两种模式。Atlan 将产业研合作的模式划分为一般性研发资助、合作研究、研发中心、产学研发联盟、大学中的业界协调单位、创业孵化中心与科技园区几种。Das（2000）等研究了协同创新模式的不稳定性，认为现有企业协同创新的不稳定性在30%～50%之间，由此，我们可以看出中小企业协同创新模式的选择对企业协同创新的效果具有重要影响。Amara（2005）认为战略联盟模式有助于中小企业资源的交换和共享，是企业协同创新的重要模式。Marcher（2006）从企业交易成本角度出发，提出研发外包模式可以降低企业的生产成本，提升企业的创新效率，是中小企业协同创新的有效方式。Xu（2007）等基于系统理论，提出全要素、全时空、全人员的全面创新模式，指出该模式能在企业、政府、科研机构等创新主体资源共享的基础上，充分发挥创新人才的作用，建立企业内、外部资源高度协同的全面创新模式。以Yoon（2008）、Baldwin（2011）以及Zeng（2010）为代表的学者认为专利合作模式有利于知识的流动，从而促进协同创新的实现。Belderbos等（2004）评估了企业与不同合作伙伴同时参与研发合作对绩效的影响，研究发现技术创新的协同方式对协同创新效用产生影响。

（三）协同创新的驱动因素

协同创新主要表现为产学研的深度合作，但是由于各创新主体的利益诉求和出发点不同，这种深度合作不能自发产生，因此，探索协同创新的驱动因素，有利于促进创新主体的深度合作，实现可持续的协同发展格局。国外学者对协同创新驱动因素的代表性研究有：Powell（1996）从生物技术网中识别了跨组织协同与创新的焦点，指出地理位置、研发联盟、关系纽带等要素对协同创新网络具有重要影响。Lee（1996）将企业参与协同创新的主要动机归纳为：开放新产品、进入新技术领域、接近大学的重要人员三种。Vuola（2006）从资源基础观的视角提出，企业进行协同创新的最大目的在于满足各自的战略资源需要，即资源的互补性是企业进行跨界协同创新的核心原动力。Lopéz（2008）也指出，企业与其他组织或机构进行协作，能够将不同主体的优势技术和信息资源有机整合，改善市场准入，获得规模经济，实现成本共担和风险共享。Serrano & Fischer（2007）认为区域协同创新的要点在于刺激要素充分流动，知识充分扩散，并对区域创新系统实现系统性优化。Thorgren（2009）等指出，在企业协同创新过程中，网络规模、激励程度和政府等要素都会影响企业的创新绩效。Veugelers 等（2005）认为，产学研合作的动机主要来源于企业、大学之间的知识和能力“异质性”、节省交易费用、独占知识技术等三方面。Wieimeier（2012）认为各个创新主体通过分享和整合创新要素进行协同创新的核心目标之一是价值创造。Martínez－Román（2011）以及 Pavlou & Sawy（2011）在不同的文章中指出，环境是影响企业协同行为的重要因素，但是 Pavlou，Sawy 的提法更加具体，他们认为良好的市场环境与宏观环境能够促进企业的协同创新。一些学者将创新资源作为影响协同创新的因素，例如 Demirkan（2012）等的研究表明，企业创新资源要素和区域环境对企业创新过程和协同创新具有重要影响。Cowan 认为区域合作中的知识协同和知识互补性是影响协同效应的主要因素。

二、产业转型升级的概念与影响因素

（一）产业转型升级的概念

作为产业经济学的基础概念和理论，产业转型升级的重要性毋庸置疑，但其概念和内涵至今仍很难完全统一，国外学者多从价值链的角度对产业转型升级概念加以界定，从时间上来看，Gereffi 和 Kaplinsky 是较早提出产业升级概念的两位学者。Gereffi（1999）和 Poon（2004）认为产业转型升级是逐渐走向更具盈利能力的资本或技术密集型经济领域的过程。Kaplinsky（2001）认为，产业转型升级是制造出质量更好的产品、更加有效地制造产品，或从事需更多技能的活动。2005 年，Kaplinsky 从企业的角度提出，企业升级是指通过优化产品或生产迈向具有更高技能和更高价值的阶段的过程。Ernst（2001）则认为产业升级可分为产业间升级和产业内升级（包括要素间升级、需求升级、功能升级、链接上的升级）。Gary（1999）认为产业转型升级的过程伴随着企业由低收益的行业转向高收益的行业，或者由劳动密集型行业转向资本或技术密集型行业。Proter（1990）认为产业升级是当资本相对于劳动力和其他资源禀赋更加充裕时，国家在资本和技术密集型产业中发展比较优势。Tse E.（2002）、Schnaars S. 等（2011）研究认为产业升级是产业由低技术水平、低附加价值状态向高技术、高附加价值状态演变的过程。Schmitz（2002）则提出，升级是企业通过提升自主创新能力，不断提高产品或服务附加值，并最终表现为核心竞争力增强的过程。Guerrieri（2001）认为产业升级是指在某产业内国家转向高附加值产品生产的动态专业化。Humphrey 等（2001）从微观层面对产业转型升级进行了阐述，指出产业升级是通过获得技术能力和市场能力，提升其核心竞争能力以及从事高附加值的活动。Khessina & Carroll（2008）、Lange（2009）等均认为技术和知识密集型的战略性新兴产业是产业转型升级的重要部分，并指出在传统产业基础上嫁接、裂变，或者两者相融合是培育战略性新兴产业的重要途径。

（二）影响产业转型升级的因素

产业转型升级是一个复杂的过程，很多因素都能影响它推进的速度。关于影响产业转型升级因素的研究，Anderson 等学者构造了一个技术变革循环模型，来探讨不同类型的技术创新与产业升级之间的关系，指出技术间断和主导设计的出现推动了产业的跃升。Gereffi（1999，2005）强调了公司学习对于产业升级过程的重要性，并将国际贸易和投资引致的产业技术进步和国际技术转移视为产业升级的一个动力。Po. Hsuan（2014）通过分析金融发展与工业转型升级之间的关系，发现资本较发达的国家有更高的创新水平，而信贷市场则阻碍了创新和高新技术企业的发展。Pavlinek（2009）使用全球价值链方法对四个中欧国家汽车制造业产业升级问题进行了研究，研究结果表明外国直接投资对欧洲汽车行业产业升级意义重大。Frankerl & Romer（1999）通过分析发现，贸易结构升级对产业结构升级有积极的推动作用。Acemoglu & Guerrieri（2008）认为产业结构的变迁是由于部门间要素比例的差异和资本深化导致的。Ngai & Pissarides（2007）将劳动作为变量引入产业结构和经济均衡增长的模型，研究表明劳动因素对产业结构变动具有显著的作用。Sturgeon（2008）等认为高科技产业发展可以有效带动上下游产业的发展，从而推动传统产业转型升级。Drucker & Feser（2012）通过分析企业层面的数据，认为产业集聚能够有效促进产业结构调整。Luthje（2001）认为政府政策对产业转型升级有非常重要的作用。Schmitz（2004）认为解决所需资源与可用资源之间的差距是实现产业转型升级的关键。Albu & Bell（1999）认为，研究产业的转型升级需要关注其他产业难以复制的核心竞争力与产业价值。新经济地理学开创者 Krugman（1991）的研究认为，从中观的产业层面上来看，产业集聚有利于技术在厂商和企业之间的扩散和外溢，进而促进产业结构的转型升级。此外，由于宏观经济的突出业绩表现，发展中国家的产业政策支持或干预也受到了学者的关注，Ken Imai（2007）等对中国手机产业升级的分析表明，除了市场需求变化、技术本身之外，政府的产业政策是影响中国手机产业升级的重要原因。Thomsen（2007）在对越南的服装产业研究中，也观察到了产业升级与日用品生产链受当地体制结构和政策影响的现象。Aan Pottelsberghe（2003）从国际角度来研究税收政策对产业结构的影响，通过对十七个国家的面板数据的分析，他发现良好的税收政策能够促进企业对科技创新的投入进行增加，从而增强国家的创新能力，促进产业结构的优化调整。同样，Drrat（2009）、Wahab（2010）也认为税收的相关政策和财政支出（特别是教育、创新型人才培养方面的支出）对产业结构的调整有着重要的影响。

三、产业转型升级的路径选择

受限于一国经济体具体的发展阶段、社会制度和文化环境的变革，产业转型升级的选择路径在不同国家存在明显的差异，这种差异不仅表现在发展中国家的不同尝试，而且表现在发达国家的内部也有所不同。Marks & Lauren（2005）认为工业企业的升级路径大部分都是从代加工生产模式（如贴牌生产）向企业研发设计模式升级，再向自主创立品牌模式升级。Lee（2011）通过研究发现，发展中国家产业结构的转变对经济增长的影响要比发达国家大得多，同时发现产业的不同要素资源对经济增长产生的贡献不同。Humphrey & Schmitz（2002）认为产业集群的升级方式包括产品升级（改造现有产品或制造出新产品）、功能升级（在产业价值链内实现从生产制造环节向研发服务环节的攀升）、工艺升级（改良工艺流程，提高生产效率）以及价值链升级（进入技术水平和附加价值更高的新价值链）四种。Aleman（2004）研究巴西诺斯谷地区鞋业，探讨了产业转型升级的多种方式与路径选择。Kaplinsky，Readmanl 提出了全球价值链视角下产业升级的低端路径和高端路径，低端路径指处于价值链中低附加值环节的国家或地区通过较低的生产成本和产品价格获得竞争优势，这种模式虽然短时间内推动了区域经济的发展，但不利于产品核心竞争力的获得和竞争优势的持续增加；高端路径指处于价值链中低附加值环节的国家或地区通过持续的技术创新，提升研发水平和地区的持续竞争力，往附加值较高的环节攀升的过程。Masami（2013）研究了产品与工艺创新、技术和管理实践投资推动产业升级路径。Lee K.（2009）等人提出，资源型产业的发展需要未雨绸缪，并提出了三条能源产业实现可持续发展的路径选择：延伸产业链、培养接续产业以及产业转型。Markey S. et al.（2016）将资源型城市的转型的路径总结为：从资源的比较优势向城市的竞争优势转变。

四、协同创新与产业转型升级的关系研究

Axel & Christoph（2012）指出，关键客户和研发团队形成的协同关系能推动企业创新能力的提升，使得企业的新产品和新技术更符合市场的需求，从而增强产品的竞争力，促进产业核心竞争力的提升，进而实现产业升级。Varum（2017）认为创新性的技术活动可以推进不同行业成为高生产率增长的行业，最终实现整个产业结构的优化升级。Lucchese（2011）对德国等六个主要欧洲国家细分行业的数据进行了实证分析，发现技术创新的差异对一个国家的产业结构变化与发展具有重要的推动作用。Ku Y. L.（2005）等论证了科技创新通过更新生产方式和公司运作模式，促进产业升级这一作用机理。Baumol（1965）研究指出，技术创新能够推动新兴产业的发展，进而促进产业结构升级。Celeste（2009）等论证了科技创新通过提高劳动生产率，进而推动产业结构优化升级的路径。Storper（1989）认为，在一个高度变动的环境下，本地化的生产协作网络有利于提高企业的创新能力和适应性。Krugman（1991）认为区域内企业之间的相互依赖已经超过了自然禀赋，成为决定区域内企业活力的关键。Michaeld Santoro（2000）强调产学联盟有助于促进知识和新技术转化与产业的转型升级。Edwin - Mansfield，Jeong - YeonLee（1996）在研究现代高校对产业创新的作用时指出，不管是短期还是长期，高校参与行业内新产品的设计都对产业吸收高新技术，实现转型升级产生了重大影响。Montobbio（2002）认为，技术创新能够为创新主体提供行为差异，从而通过企业竞争推动产业升级。Paul（1983）论证了科技进步会促使劳动力与产业结构升级形成良好的呼应效应。Carlin（2003）基于实

证金融数据提出，具有市场导向能力的金融机构能够显著促进高新技术产业和高风险产业的成长，同时银行导向型的金融结构则对于传统低风险型产业具有显著推动作用。虽然大多数学者都认为创新能够有效地推动地区产业转型升级，但是也有一些学者提出了不同看法，例如 Baptista（1998）等指出，创新可能同时导致“拥堵效应”和“竞争效应”，对区域产业升级的正向影响并不明显。

第二节　国内研究进展

一、区域协同创新相关概念

虽然国内学者对区域协同创新方面的研究不如国外早，但是相关代表性的研究还算比较多，其中主要的研究方向集中在区域协同创新的内涵、动力、影响区域协同创新因素等几个方面。

（一）区域协同创新的内涵

近年来，国内将协同创新提升至国家战略，这在一定程度上丰富和拓展了协同创新的内涵。严雄（2007）提出，当协同创新放大到宏观层面，主要运作形式即是产学研协同创新。林涛（2013）从协同学角度分析，认为高校协同创新系统是由系统内的子系统（高校、科研机构、企业等）和各要素（人才、知识、技术、信息、资金、设备等）以及它们之间的关系流所构成，不同创新主体之间通过资源共享实现协同增效。李祖超（2012）认为高校协同创新系统的实质是为实现重大知识创新和科技创新而开展的宏大创新组织模式，以大学、企业、科研院所为主，以政府、中介组织、服务平台为辅的多元协作网络创新模式。李忠云（2011）认为以高校主导的协同创新围绕国家重大需求、行业共性关键技术以及区域战略产业发展，通过资源整合，在政府、服务机构、金融等相关部门协作下，集智攻关，在理论创新和技术攻关上取得重大进展和突破。杨耀武、张仁开（2009）认为协同创新是指不同创新主体的创新要素有机配合，通过复杂的非线性相互作用而产生整体效应最优的协同过程。张玉臣（2009）认为区域协同创新是一种高效的创新，是以技术创新等单方面创新带动整个区域治理的综合创新。陈劲、阳银娟（2012）认为协同创新是指企业与政府、知识生产机构、中介等不同的合作伙伴，为实现重大科技创新而开展的协同整合的创新模式。杨睿（2015）认为产学研的协同创新即企业、高校以及科研院所（研究机构）三个主体利用各自优势，在政府、中介机构、金融机构等相关主体的支持下，开展技术开发的协同创新活动。张珩、朱英明（2014）认为协同创新是在原始创新、集成创新、引进消化吸收再创新之上的高屋建瓴，本质上是管理创新和组织模式创新。崔永华、王东杰（2011）认为协同创新网络是伴随着创新过程各环节并行化、创新资源集成化和行为主体协同化而产生的。徐丽（2012）认为协同创新是企业、高校与科研机构以资源共享为前提条件、以资源融合、成果互惠、利益分配以及风险分担为准则形成的分工合作契约。魏奇锋、顾新（2013）从知识流动的角度分析，认为产学研协同创新是知识跨组织流动从而产生知识增值过程，即协同创新主体从知识共享、知识创造到知识优势形成的过程。

（二）区域协同创新的方式

徐向艺、徐英吉（2008）认为，在企业的内部创新包括了技术创新和制度创新，两者需要寻找到一个最佳的匹配关系来实现协同发展，进而才可以实现企业与外部其他主体的创新合作。郑刚等（2008）认为创新全要素的协同要经过五个阶段：沟通、竞争、合作、整合、协同。齐绍平、张婧（2013）认为要打破创新主体、要素和创新资源间的壁垒，通过新的服务模式、利益分配、资金投入和评估监控等方式，建立一种具有正向聚变效应的动力机制，加强区域内的协同创新能力。徐则荣（2015）将区域协同创新的方式总结为技术创新、组织创新、制度创新和管理创新四种。李斌（2013）研究了区域产业优势互补协同创新发展的途径与方法。解学梅（2015）研究结果表明，战略联盟模式、专利合作模式、研发外包模式、要素转移模式均与企业创新绩效和企业协同效应正相关。杜鹃（2005）等从内部机制和外部条件分析了产学研合作模式中的共性问题，并从政府引导、资金支持、运行机制和政策法规四方面提出对策。陈培樗、屠梅曾（2007）介绍了产学研技术联盟合作的创新动力机制、选择机制、利益机制的构建模式，并以 C3G 技术联盟为例，分析了产学研技术联盟合作系统的运行方式和成功因素。张荣胜（2017）针对高职人才培养的校企协同创新模式进行了剖析，提出合作教学、协同培养学生创业能力以及组建政产学研联盟三种协同创新模式。范晓春、曹茹烨（2018）结合具体的案例，归纳了3种国内外高职院校与企业协同创新的路径。王志国（2016）探讨了校企协同创新的自组织形式与演化机理。孙兵（2010）以科技创新与战略协同理论为基础，研究了高职院校与企业协同科技创新的机制，并结合利益关联、产品研发、政策引导等措施提出了实施途径。张珩、朱英明（2014）系统梳理了协同创新的路径选择和实践探索。张琼瑜（2012）将高新技术产业集群的协同创新作为研究对象，指出产业集群协同创新模式包括战略协同、管理协同、业务协同、信息协同、资源协同等方面。王娟茹（2012）等学者分析了高等学校产学研合作的技术协作模式、契约型合作模式、一体化模式，并在此基础上提出了高校产学研合作的运行机制。陈劲（2009）等通过对网新集团与浙江大学产学合作的案例分析，提出服务产学战略联盟的新模式：知识集聚和质变模式。

（三）影响区域协同创新的因素

解学梅（2013）将影响企业协同创新影响因素归纳为主体支撑因素、政策环境因素、协同机制因素和关系网络因素，研究结果证明政策环境因素对多维协同程度的影响最为显著。水常青、郑刚（2004）等指出，影响企业主体协同创新的因素包括高层领导重视程度、部门间信息和知识沟通的通畅、负责人的经验和协调能力、成员间的相互信任度等。郑刚（2015）认为企业技术与市场要素协同是技术创新成功的关键，并采用单案例研究法，探索了民营高新技术企业技术要素与市场要素协同机制。刘二亮、纪艳彬等（2018）将影响区域协同创新的因素归纳为参与协同创新主体之间的信任度、知识共享的欲望和能力以及协同创新环境三方面。也有不少学者认为，研究影响区域协同创新的因素，主要是为了找到驱动产学研合作的东西，因此他们对影响产学研协同创新的动力因素进行了归纳，例如周正、尹玲娜（2013）将产学研协同创新的内部动力分为利益驱动力、战略协同引导力、内部激励推动力和创新能力保障力四种，且利益驱动力是产学研协同创新的最根本内动力。侯佳雯等（2018）具体研究了煤炭企业家以及政府对产学研协同创新的影响。柳卸林、高太山（2015）认为企业的创新主体地位的巩固能极大地推动区域创新能力的发展。毕娟（2016）认为京津冀科技协同创新是一个复杂系统，影响该系统发展的因素可概括为驱动因素（创新需求和创新能力）、支撑因素、链接因素和保障因素（外部因素）。张海滨（2013）将影响高校产学研协同创新的因素归纳为：政府科技政策、产学研合作模式、利益分配机制和高校管理体制。

二、区域协同创新现状的评价与分析

我国学者对协同创新评价的研究集中在协同过程的效率或绩效评价方面，构建的指标体系大都基于投入和产出指标，近年也有文献开始对产学研科技联盟创新系统协同度进行比较研究，如杜弼云（2015）等运用复合系统协调度模型，测度中部六省的产学研科技联盟创新系统协同度，发现不同省份协同度以及有序度高低不均，创新协同发展趋势不稳定。黄向荣、谢如鹤（2016）从科技优势、人才资源禀赋、科技创新成果等方面分析了长江经济带区域协同创新现状，研究结果表明长江经济带具有高度的协同创新优势。於流芳、尹继东（2017）基于湖北、湖南和江西三省 2009—2014 年面板数据，运用复合系统协同度模型对协同创新联盟复合系统进行了实证分析。范德成、唐小旭（2009）利用因子分析和聚类分析相结合的方法，对我国 30 个省市产学研创新绩效进行了评价。张长生（2013）对广东省产学研协同创新现状以及存在的问题进行了分析，认为广东省产学研协同创新成效显著。陈怀超、张晶（2018）运用 Malmquist 指数对中部六省产学研创新效率进行评价，研究发现，河南、安徽和湖南地区产学研三大主体创新效率均得到提升，湖北、江西和山西三大主体创新效率并未全部得到提升。易晓波和李光（2014）探究了湖北政产学研的科技协同创新机制。唐斌等（2015）分析了湖南产学研协同创新的现状、问题和对策。涂立桥等（2017）选择中部地区的湖北、安徽、河南和湖南及发达地区的上海、广东和江苏，对这两类地区高校产学研合作绩效进行比较分析。史彦虎、赵世彦（2010）利用 DEA 模型对中部六省产学研合作效率相对有效性进行了分析。汪独有（2015）分析了苏北地区产学研协同技术创新现状及绩效，指出了苏北区域协同创新环境和成果转化率方面存在的不足并提出了相关政策建议。

三、产业转型升级的概念与模式

国内学者对产业升级的研究大多始于20世纪80年代，主要是从中宏观的视角对产业经济学和发展经济学中产业升级理论的一些深化认识。一般认为，产业升级和产业结构升级密切相关。关于产业转型升级概念的界定，王柏玲、李慧（2015）认为产业转型升级受到多种因素的影响，是根据要素禀赋动态变化调整要素投入，融合最新科技革命，并通过持续进行技术创新来逐步培养竞争力的过程。于立（2008）等认为产业转型通常是指某个国家或地区在特定的发展阶段，根据国内外经济和科学技术的发展形势与趋势，采取特定的产业、科技、财税、金融等政策举措，对原有产业结构做出直接或间接的干预和调整。任少林、张耀辉（2003）认为产业升级过程实质上是产业创新与产业替代的过程，产业创新是产业升级的主要方面。蒋兴明（2014）认为产业转型升级是由产业链转型升级、价值链转型升级、创新链转型升级、生产要素组合转型升级所形成的有机整体。金培（2014）认为，产业升级的实质是工业所具有的创新性与革命性的自发彰显，在此过程中，市场发挥资源配置的决定性作用。魏后凯（2003）认为，产业空间发生扩张的过程，也就是企业的区位调整和再区位的过程，这就是产业转型升级的实质。黎国林、江华（2005）将产业升级的内涵界定为产业水平和产业附加值从低攀升到高的过程。徐振斌（2004）认为，产业转型就是在一定的时期内，一国根据国内和国际环境，通过特定的产业或财政金融政策，对其现有的产业结构的各个方面进行调整。姚晓艳（2004）认为，产业转型即产业结构重构，其本质上并不是某些产业部门比例简单的变化，而是以主导产业部门的更迭为特征的结构上的飞跃式变化，主要包括产业结构的高效化和产业结构的高度化两方面的内容。

关于产业转型升级的模式，吴春莺（2006）根据主导产业的发展取向，将产业转型升级模式分为产业深化、产业替代、多元复合三种。张米尔（2004）在其著作中，对资源型城市产业转型的国际比较、转型背景等进行了研究，提出了产业延伸、产业更新、产业复合三种主要转型模式。朱卫平、陈林（2011）在对广东省产业升级历程展开分析的基础上提出广东省产业升级的三种模式分别是：产业结构高度化、加工程度高度化和价值链高度化。从海彬、高长春（2010）将创意产业推动区域产业结构转型升级的模式归纳为产业融合模式、产业关联带动模式、产业结构“软化”模式三种。

四、产业转型升级的影响因素与路径

（一）产业转型升级的影响因素研究

区域产业转型升级的影响因素有很多，例如技术创新、人力资本、产业政策、金融支持都是驱动产业转型升级的重要因素。在相关研究中，郭勇（2013）研究了国际金融危机和区域市场划分对产业转型升级的影响。吕政（2007）指出了中国产业升级的出发点是解决资源瓶颈障碍、降低工业生产成本、充分提高劳动力资源的利用率等。樊福卓（2008）发现在中国产业的结构变化与升级过程中外资工业发挥着重要作用，工业的进一步发展过程中，要提高内资工业对于工业转型升级的推动作用，加强研发投入，提高企业的自主创新能力。李博和曾宪初（2010）回顾了我国工业化的发展历程，发现需求结构、要素结构、开放战略依次成为推动工业结构调整的主要动力。袁航、朱承亮（2017）认为国家高新区能显著促进产业结构高度化的量，但未促进产业结构高度化的质和产业结构合理化。张晓燕（2018）研究了影响盐城产业转型升级的因素，研究结果表明技术进步和人口素质的提高能够促使盐城产业转型升级，而外商直接投资与贸易则起着阻碍作用。赵玉林、张钟方（2008）证实了高技术产业的迅猛发展对工业内部技术结构、劳动力结构、资本结构等的优化升级有较为明显的促进作用。蒋兴明（2014）认为产业转型升级的关键在于基础性、前沿性、战略性、颠覆性技术的运用。祁明德（2015）认为在众多影响产业转型升级的因素中，技术进步、市场化水平、产业集聚、对外开放程度、环境管理能力等是影响企业转型升级的重要动力因素。吴盼，杜明星（2014）从市场、技术、资源技术及制度四个方面探讨了上海市产业转型升级的影响因素。易开刚、林肖肖（2013）基于产业能力提升的视角提出了资源型产业转型升级的路径。刘志彪（2010）认为城市化能推动产业转型升级。吕春成（2013）认为产业转型升级的关键是产业国际化。刘子愈（2002）指出创新与进步的制度约束是影响产业升级的重要因素。赵玉林（2008）证实了高技术产业的迅猛发展对工业内部技术结构、劳动力结构、资本结构等优化升级的促进作用较为明显。

（二）产业转型升级的路径研究

金碚（2011）认为发展现代产业体系，要以更先进的新技术作为基础，全面提升各个产业的自主创新能力，增强产业的国际竞争力，从而实现工业转型升级。陈建军、周维正（2015）认为实现大中小城市的协调发展，中小城镇要充分利用大城市的各项资源，通过产业分工、功能互补来共同推进工业转型升级。吴言动（2018）研究了传统产业向新兴产业转型升级的三个阶段，并从政策方面提出了保障转型升级的措施。郑健壮（2012）从产业间转型、产业内转型、产业的升级和产业间转型升级四个方面分析转型升级的具体路径。汪蓉（2002）指出，在目前制造业的升级中要重点坚持以服务为核心的商业模式、直销和大规模定制相结合的商业模式和基于OEM、外包和虚拟职能的共生商业模式等。蒋兴明（2014）认为产业转型升级是由产业链转型升级、价值链转型升级、创新链转型升级、生产要素组合转型升级所形成的有机整体。毛蕴诗（2008）认为产业间转型有两种基本路径：即平稳渐进式和倾斜突进式。传统的产业升级包括运用高新技术改造传统产业（许树辉、谷人旭，2013）、运用产业之间协调发展促进产业升级（唐晓云，2012）、用制度创新和社会环境优化保证产业升级（候雪、周秋月，2003）等路径。随着全球化产业结构的调整，刘宁宁、沈大伟等（2013）认为促进产业集群发展成为推动传统产业转型升级、快速发展的重要方法之一。王元月（2002）等提出技术创新是实现资源型城市产业转型的有效途径。万文海、孙锐（2016）提出借助O2O，通过产业链转型升级、价值链转型升级、创新链转型升级、生产要素组合转型升级等四个路径，实现传统产业的转型升级。钱方明（2013）构建了长三角地区国家价值链，探讨了长三角地区传统制造业升级的主要路径：领导型企业驱动、集群企业共同驱动、专业市场驱动路径。张其仔（2009）认为，一个国家产业升级路径由其比较优势演化路径所决定，比较优势演化的路径不一定是线性的、连续的，可能出现分叉和断档。黄颖（2011）探讨了产业转型升级的五条路径：产业技术进步、淘汰落后产能、企业兼并重组、产业衰退转移和发展新兴产业，并提出了加快产业转型升级的思路。

五、产业转型升级与经济增长的互动关系

随着时代的发展，产业结构与经济增长之间的关系也引起我国学者的重视，并形成了大量研究文献。如刘文利（2006）、郑万吉等（2015）认为经济增长是产业结构调整的原因。凌文昌、邓伟根（2004）认为产业转型速度对经济增长速度和质量均有明显的影响，生产要素的供给状况及相对价格是影响产业转型速度的主要因素。干春晖、郑若谷等（2011）认为产业结构合理化和高级化进程均对经济增长的影响有明显的阶段性特征，产业结构高级化是经济波动的一个重要来源，产业结构合理化则有助于抑制经济波动。王智勇（2013）认为产业结构的变化及产业效率的提升是影响地区经济增长的最重要因素，也是形成地区差距的重要原因。王振华、李旭（2015）认为产业结构升级及技术进步对县域经济增长有显著的正向影响。刘伟、蔡志洲（2015）认为产业结构的加速升级是我国经济增长的新趋势，也是进入"新常态"的重要影响因素。鲁奇等（2008）和陈德福等（2008）运用偏离—份额分析方法研究河南省产业结构对经济增长的影响，得出产业结构对经济增长的影响空间差异明显的结论。苗睿等（2014）运用平均指数法探索了产业结构的调整与经济增长的关系，得出河南省各地市产业结构调整对经济增长的贡献率和经济增长速度。王娟（2016）通过分析产业结构转变系数对我国 GDP 增速的影响，发现产业结构的转型升级可以促进我国经济的发展。彭冲（2013）研究了产业结构变迁对经济波动的影响，实证结果显示产业结构合理化对经济波动具有负向的影响，而产业结构高级化对经济波动具有正向的影响。雷玷、雷娜（2012）指出：产业政策通过对产业结构进行调整间接影响经济增长。段全英（2013）采用格兰杰因果检验对产业结构合理化和经济增长之间的关系进行分析，得出产业结构合理化对经济增长具有明显的促进作用。朱慧明和韩玉启（2003）、纪玉山和吴勇民（2006）通过格兰杰因果分析证明扩大第三产业比重的产业结构高级化调整能引导中国经济的良性增长。江小涓（2005）强调产业结构优化升级是经济增长的重要推动力。

六、创新驱动对产业转型升级的影响研究

创新驱动对产业转型升级的影响是以创新为驱动力，依靠科技创新全面优化传统制造业的产品结构、技术结构、布局结构和行业结构，促进制造业从劳动密集型、粗放性、低附加值的发展方式向技术密集型、集约型、高附加值的发展方式转变。关于创新驱动对产业转型升级的影响，多数学者都达成了共识，认为创新对产业转型升级有较大的推动作用，例如程强、武笛（2015）认为科技创新是推动传统产业转型升级的主要动力。屠年松、李彦（2015）认为创新投入与创新环境共同作用于创新产出，创新产出与其他因素一起推动产业升级。陈文、林远沛（2014）研究技术创新对江西省产业结构升级的影响作用机理，得出技术创新不但能促进三大产业结构调整，而且会推动产业结构向高级化方向发展；吴继英、孙晓阳（2015）研究江苏省技术创新与产业结构演进的现状，认为技术创新能够有效地促进江苏产业结构转型升级。除此之外，我国学者对创新驱动产业转型升级的研究还集中在以下几方面：

（一）创新驱动产业转型升级的路径与对策研究

创新驱动保证产业转型升级的系统性、高效性和领先性。不同地域往往具有不同的主导产业结构和创新要素，因此不同地域创新驱动引领产业转型升级的路径也不同。李邃（2010）对我国1995—2008年高技术产业创新能力与产业结构进行分析，认为高技术产业创新能力与产业结构优化存在正相关关系。潘宏亮（2015）探讨了不同区域特征下，创新驱动推动我国产业转型升级的路径与对策。李云龙（2018）从管理模式设计、体制机制创新、科技与人才创新方面提出了发电企业转型升级中战略实施的保障措施。马婷婷（2018）研究了创新驱动引领宁波制造业转型升级的对策。张素芳（2016）以河南省制造业为研究对象，探索了创新驱动河南省制造业转型升级对策。潘宏亮（2014）研究了协同创新驱动中小企业升级的机理与路径研究，认为基于协同创新的中小企业升级的路径选择有三种：外生性路径、内生性路径以及内外耦合路径。李若辉（2017）研究了设计创新对制造型企业转型升级的驱动作用，并从产业链、价值链、创新

链以及生产要素配置四个方面构建了设计创新驱动制造型企业转型升级的机理过程。张银银（2015）将创新驱动产业结构升级的路径总结为：基于技术轨道的创新驱动产业结构升级、基于市场轨道的创新驱动产业结构升级和全产业链创新驱动产业结构升级。

（二）区域协同创新对产业转型升级的影响研究

王双进、王庆生（2018）研究了都市农业圈的涉农科技企业的协同创新。戴魁早、汪竹（2012）运用 VAR 模型，以广西地区为研究对象，研究发现自主创新能力和吸收能力都促进了广西的产业结构升级，且自主创新的促进作用更明显。陶长琪、周璇（2016）认为省域人力资本、技术和创新要素集聚下的技术创新有利于推动产业结构优化升级。韦志琴（2017）对长江经济带各省市协同创新进行了研究，研究结果表明不同地区区域协同创新对产业转型升级影响的效果不同。刘二亮、纪艳彬等（2018）详细地研究了在产业发展的不同阶段下，协同创新促进河北省产业转型升级的路径。张长生（2013）认为广东省产学研协同创新加快了当地的产业转型升级进程。何小锋、王鲁（2015）等认为区域内高校产学研协同创新是传统企业实现转型升级的重要手段，并以长沙市为例，研究了区域内高校协同创新为湖南省传统企业转型升级做出的贡献。杨云帆（2015）研究了江苏省启东经济开发区开展产学研合作的基本情况，并提出了通过产学研协同创新，推动区域产业转型升级的政策建议。周桂荣、周宇超（2017）就京津冀区域产业非协同的问题进行了聚焦分析，在区域产业发展的思路上，提出了推进京津冀区域产业转型升级的思路与对策建议。何小锋等（2015）基于产业转型升级的视角，研究了高校之间协同创新对企业产业升级的作用。陶长琪、齐亚伟（2009）认为创新改变了技术扩散的过程，每一次创新都是对“锁定”的打破，促使新兴主导产业的出现，由此引起区域产业结构不断合理化和高度化。杨轶（2008）通过分析以技术为核心的传统产业政策的局限性，提出以创新驱动型产业政策代替传统产业政策的必要性，阐述了创新驱动型产业政策的理论基础、基本特征，以及制定创新驱动型产业政策应把握的若干问题。葛秋萍、李梅（2013）提出创新与产业升级互为作用机制，认为应当将产业政策引导到创新驱动型方向。

第三节　文献述评

区域协同创新能最大限度地利用创新资源，进一步能显著提升区域整体的创新水平，因此成为学者们研究的热点问题，而产业转型升级是经济发展到一定程度的必经阶段，也引起了学者们的重视。在对相关问题的研究上，国内外学者的见解有相似之处，也有各自不同的侧重点。

协同创新是当今科技创新的新范式，是提升产业竞争力、区域创新能力的新模式，也是目前国内外学者的研究热点。从上述大量的国内外研究可以看出，协同创新的理论和实践研究虽然已初具一定体系架构，关于协同创新的机制分析和实证研究也都从各自的视角提出了自己的观点，但大多还是基于"概念—机理—影响因素"范式，即从宏微观层面对协同创新的含义、特点、模式进行分析，并考察协同效率评价及其影响因素。由于协同创新是近年来新兴的研究领域，其理论体系和实践探索还远不够成熟，发展的空间还非常大。例如协同创新理论有大量的定性研究，而深入的定量研究、协同创新研究对象有待细化、探索。对于协同创新政策研究的需求非常大。协同创新的理论研究起步晚，而将理论运用到实践中的协同创新政策研究起步更晚。

关于产业转型升级的研究，研究的热点集中在产业转型升级概念的界定、产业转型升级的模式、路径，影响产业转型升级的因素以及产业转型升级与经济增长之间的关系等。其中，国外学者侧重从理论方面对产业转型升级进行探索，而国内学者则侧重从实证方面研究产业转型升级，但是国内外学者对产业转型升级也有很多相似的认识，如对产业升级概念的界定，国内外学者都认可产业升级是产业由低技术水平、低附加价值状态向高技术、高附加价值状态演变的过程，产业结构优化升级是产业结构合理化和高度化的有机统一。

国内外学者从不同的角度，深入研究了创新驱动对产业转型升级的影响，一致认为创新驱动有利于优化产业结构，为产业转型升级提供动力。国内外学者在区域创新能力的差异、评价及创新主体、创新要素与产业结构关系方面的研究，取得了丰硕的成果，但是对区域整体创新能力与产业结构优化之间的关联研究较少，且该类研究主要集中在区域创新能力的差异比较、能力评价与创新主体、要素对产业结构的影响上，而从区域协同创新的角度研究产业转型升级的相关文献较少。其中，我国学者关于创新驱动产业转型升级研究大部分注重理论研究，实证方面的研究相对比较少；偏重定性分析，缺乏定量分析，创新驱动产业转型升级缺乏有效的实证支撑，同时我国学者研究的侧重点和集中度还不够，学界针对有关创新驱动产业转型升级的一些分支的研究比较少，这就导致了具体问题具体分析的漏洞。

第三章　相关理论基础

当前，协同创新成为推动创新的重要发展模式，受到国家领导人以及众多科研学者的高度重视。但是，当前我国创新体系的协同创新深度和广度远远不够，并且在协同创新实践过程中缺乏协同创新理论指导，这对于我国推进协同创新发展建设非常不利。国内外学者对产业转型升级研究比较早，因此产业转型升级理论比较丰富，对区域产业转型升级实践具有积极的指导意义。本章从研究目的出发，梳理了关于区域协同创新与产业转型升级的相关理论，这些理论不仅支撑了著作的整体展开，而且有助于我们更深入地了解创新驱动战略。

第一节　区域协同创新相关理论

一、区域协同创新的内涵与特征

（一）区域协同创新的内涵

区域协同创新是以技术创新等单方面创新带动整个区域治理的综合创新，其本质表现为目标驱动、要素聚合、组织机制强化、优势互补等。

从狭义上来说，区域协同创新就是区域科技创新的协同，是指科技创新在区域内实现各地区联动发展，各地区的科研机构、人员、项目在区域内协同合作，打造区域科技创新平台，最终实现区域科技创新效益的最大化和区域科技创新能力的提升。狭义区域协同创新的内涵主要体现在以下几个方面：①区域内各地区的科技创新主体在科研人员的地区间匹配与合作方面，展开广泛的交流，以实现地区科技创新能力的提升。②科技创新主体在科研机构的地区间研发孵化方面，展开科技研发与生产试验的积极配合，以加快新技术转化为生产力的过程。③科技创新主体在地区工业的 R&D 投入方面，根据自身的区域定位以确定不同产业的 R&D 投入比重，最终实现本地区外部职能的合理化。④科技创新主体在地区科技研发的外部环境方面，充分利用自身的有利条件，为本地区乃至整个区域的科技创新提供优质的外部环境。⑤区域创新主体与整个区域的科技研发中心形成有序的等级层次体系，以实现区域科技创新的等级联动和有效扩散。

广义的区域协同创新是区域协同的创新，是区域协调发展的高级阶段，是指一定区域内各地区之间通过协同相互之间的人口、社会、经济、环境等方面的发展速度、规模、结构来实现整个区域的效益最大化、地区间协调发展和地区间差距日益缩小。广义区域协同创新的内涵主要体现在以下几个方面：①区域内各地区产业的联动发展，实现地区产业结构、发展速度等合理化的调整，最终实现区域产业的可持续发展。②区域内各地区人才地流动、科技人员的交流以促进整个区域人力资源的合理配置。③区域内科研机构相互合作、联合开展各类研究性课题，以开发本地区乃至整个区域的各类资源，最终能够实现地区资源的合理化利用。④各创新主体在公平互利的基础上，本着整体区域最优和本地区合理发展的目的，进行跨区域的综合发展规划。⑤区域内各地区在环境保护、环境创新等方面进行各类技术的研发和传播，以实现整个区域环境的不断优化，为区域可持续发展提供有力保障。

（二）区域协同创新的特征

根据对协同创新相关概念的理解，本著作认为区域协同创新主要有三大特征，分别为动态性、系统性和复杂性。

动态性表现为创新要素的流通性和创新模式的多元化。协同创新的实现依赖于创新主体间创新要素的不断整合和优化，创新要素整合的前提是创新要素在协同创新系统内可以顺畅地流通。协同创新的模式需要根据不同的创新目标和创新需求做出相应调整，不同时期的创新模式也有变化。

系统性主要表现在结构和运行两方面：结构的系统性主要表现在，在协同创新网络中，各创新主体、创新要素以及它们之间的相互作用，都是系统下属的不同子系统，子系统下属还可以继续细分更小的子系统，即纵向系统，不同子系统之间存在着相互作用，即横向系统。运行的系统性表现在协同创新的成功运行不只是以单个子系统的运行行为为基础，而是需要系统内所有子系统的共同参与，所有子系统的有序参与促进了系统内协同效应的产生。

复杂性最明显的表现为构成主体的多样化。协同创新中存在着不同的创新主体和创新要素，构成主体的多样化意味着协同创新具有相互作用的复杂性。此外，创新主体和要素的相互作用也使得协同创新系统变得更加复杂，协同效应并不是单一主体或单一要素按照固定规则实现的，是通过不同创新主体和创新要素之间的非线性作用产生的，非线性相互作用产生的协同效应会促进整个系统发生质的变化。

二、协同创新的主体

关于协同创新的主体，虽然不同的学者有不同的理解，但是目前已经能够达成基本的一致，即认为企业、高校、科研机构、中介服务机构和地方政府等是区域协同创新最重要的部分。其中，企业、高校、科研机构是技术创新协同的主体，是技术创新的真正“生产”者和实执行机构，而政府、技术中介和区域市场为创新主体进行技术创新协同提供了协同创新的基础环境。在区域创新主体协同过程中，最重要的三大主角——企业、政府、院所各自功能定位不同，企业精于管理创新，政府专于体制创新，院所善于技术创新，选择不同主体担当三者协同中主导角色，会产生出不同的功能效果。

（一）区域创新主体协同的内涵

区域创新主体的协同是指在一定的区域范围内，针对创新水平低下、创新资源不足的状况，政府、科研院所、企业等主体根据区域创新主体与阶段间的功能供需关系，发挥要素间的相互补充作用，产生单独要素无法实现的整体效应过程。以下将从协同度和协同效应两方面对区域创新主体协同概念进行阐述。

协同度反映的是区域创新主体间、主体与区域创新体系其他要素间的紧密程度和有序程度，是表征系统内主体间及主体与要素系统间相互联系的程度、相互作用的强度和要素有序程度的量。协同度高说明主体与系统要素间的联系紧密、形式多样、整合程度高，进而呈现较强的整体功能，反之则说明主体间及主体与系统要素间的联系疏远且方式简单、整合程度低、互动性弱，进而呈现较弱的整体功能。区域创新协同效应即区域创新主体协同度的外在表现形式，区域创新主体协同效应通过提高其协同度来更好地实现系统协同效能。

（二）区域协同创新主体协同的根源

区域协同创新主体协同的根源在于交易成本、资源依赖、规模效益三方面。

交易成本主要包括协作成本和保证契约执行的成本，具体分为交易前的信息搜集成本、传播信息成本；交易中的谈判成本；交易后的委托管理成本、履约时监督成本等。随着企业、政府、院所等创新主体合作，大部分成本会消失或者降低，扩大了各方所获得的利益，进而促进主体协同的产生。

资源依赖是当组织自身缺乏某种资源，且市场中又难以获得，就会寻求与其他组织合作，通过交换获得所需资源，由此产生了多个组织共同构成的综合体。企业、政府、院所拥有的优势资源各不相同，企业在市场、管理、技术等方面上有资源优势，政府在财政、政策上有资源优势，院所在技术创新、人才培养上有资源优势，主体间为了规避各自资源缺乏的限制，就会相互产生资源依赖，形成资源相互协同的联盟体。

规模效益主要体现在：区域创新主体在协同前，企业、政府、院所各方在条块分割的状态下进行了专有资源的积累，使其在各自的领域内具有优势，而进入另一领域时则显示出了劣势。当主体间通过相互协同，扩大了原有资源的规模，并对资源进行了统一优化配置后增加了边际收益，进而扩大了规模效益，这也是区域协同创新主体进行协同的重要根源。

三、技术创新理论

20 世纪初，熊彼特论证了变革对经济的非均衡性增长以及对社会发展非稳定性影响，在此基础上，首先提出技术创新理论。熊彼特的技术创新理论对古典经济增长理论中的消极论点提出了自己的不同观点。技术创新理论由熊彼特在《经济发展理论》中首次系统地提出，熊彼特从生产要素组合、生产技术进步、内生经济增长模式、技术经济范式、国家创新体系等具体发展环节阐发对创新问题的经济学理解，比较全面地阐述了技术创新理论，该理论重点强调了生产方法和技术的变革会对资本主义经济发展起到至关重要的作用。同时，熊彼特也对技术创新的发展模式进行了一系列的论述，熊彼特认为处在企业和市场之外的科学发明虽然不受市场需求的直接影响，但会受到潜在市场需求的影响。当这些科学发明可能产生的影响被企业家认识时，这些企业家或者经理人便会冒着创新风险参与其中。一旦创新发明取得一定的市场地位，这批企业家或者经理人将在短期内获得超额的垄断利润，这就招致了大批的模仿者争先涌入，此时，采用新科学技术的企业的垄断地位将会有所削弱，这就是熊彼特的企业家创新模型。这种模型虽然受到了很多学者的推崇，但后来的实践证明，此模型也存在不合理的地方，例如把技术当成外生变量，没有对技术创新的过程和机制进行研究。

20 世纪 50 年代，第三次工业革命爆发，科学技术本身以及科学技术转化为生产力的速度均有了很大的提升，技术创新与变革再一次对人类社会和经济发展产生了巨大的影响，这也推动了各国学者对技术创新的规律以及其对经济影响的研究。这一时期对技术创新的主要研究集中在：以非均衡非连续为基本特征的技术变革经济分析，典型的研究成果有技术创新与扩散理论、技术创新与市场结构关系理论等。

四、技术创新与扩散理论

20 世纪 60 年代，经济学家开始大量地搜集与技术创新扩散相关的案例和数据，并对技术创新进行了专门的定义。在这一时期，除经济学家，其他领域的学者也对技术创新扩散进行了关注。80 年代以后，有关技术创新扩散的研究得到了快速的发展，并开始形成比较系统全面的理论，这些理论对企业的经营活动和政府的管理政策产生了积极的影响。

创新扩散被定义为以一定的方式随时间在社会系统的各种成员间进行传播的过程。熊彼特提出的创新理论是技术创新与扩散理论的基础，早期国外学者对于技术创新与扩散理论的研究都能看出该理论的影子，后来学者从创新理论中提炼出技术创新扩散的概念并进行了理论与实证研究，并将其广泛地应用于经济学、生态学、物理化等多门学科中。关于技术创新扩散原理的理论主要有罗杰斯的传播论、曼斯菲尔德的学习论。

当前的国际学术界，技术创新扩散理论的重要成果，首推罗杰斯的创新扩散理论，该理论又称为传播论，在《创新的扩散》一书中，罗杰斯对新技术的传播过程进行了详细研究。罗杰斯认为扩散起源于创新，在创新扩散的过程中，未来采用者逐渐减少，直至为零时，创新扩散结束。从新技术本身的特征考虑，新技术的显示性、先进性、兼容性、复杂性以及新技术的易用性是影响新技术传播普及速度的五大重要因素。其中显示性是指新技术被公众了解的程度，兼容性是指新技术与潜在用户过去的经验、现有的价值观等的一致性程度。曼斯菲尔德认为技术创新和新技术的不断扩散是科技进步的主要动力。技术创新扩散是一个学习过程，并且技术创新扩散受新技术所要求的投资额、新技术的相对盈利率、新技术的模仿比例等基本因素的影响。另外某项技术初次被企业采用的时间、旧设备置换前的使用时间、工业部门在某一特定时间内销售量的年增长率，以及该项新技术被初次采用时所处的经济周期为影响技术扩散的补充因素。其他学者也对技术创新与扩散有一定的理解，例如 Reinganum 的博弈论认为垄断博弈均衡会导致潜在采用者在不同的时期采用新产品，从而形成扩散曲线。美国经济学家斯通曼曾将“一项新技术的广泛应用和推广”称为“技术扩散”。而我国学者傅家骥认为技术创新扩散是技术创新通过一定的渠道在潜在使用者之间传播、采用的过程。技术创新扩散作为技术创新成果效应逐步放大的过程，不仅关系到技术创新自身价值的实现，而且对促进产业结构的合理化、高级化，提高科技投入的经济效益，有效将技术创新渗透到各行业、部门或其他领域，从而改善地区、行业间的不平衡，加速技术进步、促进经济发展和社会全面进步等都有着举足轻重的作用。

五、知识管理理论

对知识的生产与使用的研究是知识经济最重要的领域之一，尤其是对知识的共享形成机制、途径及方法的研究，可以有效地提高企业的生产效率。知识管理理论的出现为 21 世纪知识经济时代的企业组织提供了必需的管理基础。对于知识管理，世界各国学者都在从不同的角度进行研究，例如彼得·圣吉的“学习型组织”、沙利文的“智力资本管理”等，但是最具代表性的仍属彼得·德鲁克博士和斯威比博士提出的“知识管理”理论。

管理大师德鲁克是最早感知和预言知识经济时代来临的人物之一，德鲁克认为，进入21世纪，组织最有价值的资产是组织内的知识工作者和他们的生产力。随着信息时代的到来，知识的淘汰和生成的速度都大大加快，因此知识管理系统不是一个静态的系统，而应是一个动态的开放系统，不断积累新增的知识，淘汰不在使用的旧知识。知识管理的一个重要职能，就是管理完整的知识生命周期，知识的产生、共享、利用和创新表现为一个完整的管理周期，知识管理应该重视整个知识生命周期的管理。在企业的业务流程中，伴随业务的不断发展，需要同时持续深化和创新企业的现有知识，以帮助企业达成更低的学习成本和更快的业务提升。

管理大师斯威比博士从20世纪70年代开始探索知识型企业的管理，并于1986年在世界上首次提出了知识型企业和知识管理的概念。作为一个企业家，他将知识管理直接建立在对企业资产的重新认识、测量、管理上。他提出企业家的使命就是全面认识和掌握企业的有形资产和无形资产（特别是无形资产），有效地对企业资产进行成功运作，达到资产有机增长的发展目标。此外，斯威比博士还指出，知识资本是企业一种以相对无限的知识为基础的无形资产，是企业核心竞争能力的源泉。斯威比博士的理论明晰、简洁，具有较强的可操作性，目前已成为知识管理方面最具影响力的理论和方法。

关于知识管理的内涵，其他学者也有自己的看法，美国企业家卡尔弗拉保罗认为知识管理就是运用集体的智慧提高应变能力和创新能力，是为了企业实现显性知识和隐性知识共享提供新途径。管理大师欧勒瑞认为知识管理是将组织可得到的各种来源的信息转化为知识，并将知识与人联系起来的过程，知识管理是对知识进行规范的管理，以便知识的发掘、获取和重新利用。还有学者将知识管理定义为：在组织中建构一个人文与技术兼备的知识系统，让组织中的信息与知识，通过获得、创造、分享、整合、记录、存取、更新等过程，达到知识不断创新的最终目的，并回馈到知识系统内，个人与组织的知识得以永不间断地累积，从系统的角度进行思考，这将成为组织的智慧资本，有助于企业做出正确的决策，以适应市场的变迁。

第二节 产业转型升级相关理论

一、产业转型升级概念界定

产业转型升级可以分为产业转型和产业升级两个层面。产业转型目前有两种解释，一种是较宏观的，是指一个国家或地区在一定历史时期内，根据国际和国内经济、科技等发展现状和趋势，通过特定的产业、财政金融等政策措施，对其现存产业结构的各个方面进行直接或间接的调整。也就是一个国家或地区的国民经济主要构成中，产业结构、规模、组织以及技术装备等发生显著变动的状态或过程。从这一角度说，产业转型是一个综合性的过程，包括了产业在结构、组织和技术等多方面的转型。另一种解释是指一个行业内，资源存量在产业间的再配置，也就是将资本、劳动力等生产要素从衰退产业向新兴产业转移的过程。

产业升级主要是指产业结构的改善和产业素质、效率的提高，产业结构的改善表现为产业的协调发展和结构的提升。从微观来看，产业升级指一个企业中产品的附加值提高。产品附加值提高的途径主要有：企业技术升级、管理模式改进、企业结构改变、产品质量与生产效率提高、产业链升级。从中观来看，产业升级指一个产业中产品的平均附加值提高。产品平均附加值提高的途径主要有：同一产业中的各个企业技术升级、管理模式改进、企业结构改变、产品质量与生产效率提高、产业链升级。产业升级、产业平均附加值提高不仅仅是产业的平均利润率提高，而是最终表现为产业结构升级。产业结构升级前的附加值提高是产业升级的量变，产业结构升级是产业升级的质变。产业结构升级使产业升级到了经济增长方式转型阶段。从宏观来看，产业升级指产业结构升级，即一个国家经济增长方式转变，如从劳动密集型增长方式向资本密集型、知识密集型增长方式转变，资源运营增长方式向产品运营、资产运营、资本运营、知识运营增长方式转变。宏观的产业升级或产业结构升级既指旧的产业结构升级，也指新的、更高级的业态产生。无论微观、中观还是宏观，产品附加值提高都是产业升级的核心与灵魂，经济活动的主体性提高是产品附加值提高的根本。

二、微笑曲线理论

微笑曲线理论最早由我国台湾企业家施振荣先生于 1992 年提出，在之后的十多年里，施振荣先生不断将“微笑曲线”加以修正，推出了所谓施氏“产业微笑曲线”，该曲线因相似于微笑嘴型而得名，是一种类似于 U 图的图形。

微笑曲线理论的形成，源于国际分工模式由产品分工向要素分工的转变，也就是参与国际分工合作的世界各国企业，由生产最终产品转变为依据各自的要素禀赋，只完成最终产品形成过程中某个环节的工作。最终产品的生产，经过市场调研、创新形成、技术研发、模块制造与组装加工、市场营销、售后服务等环节，形成了一个完整链条。以制造加工环节为分界点，全球产业链可以分为三个环节：产品的研发与设计、制造加工、流通与服务，产业链上各环节创造的价值随各种要素需求禀赋的不同而不同。微笑曲线指出，抛物线的中间环节（生产制造环节）的产品附加值最低，利润空间最小，向抛物线的左右两端移动都能够提升产品的附加值。其中，向抛物线的左侧移动意味着逐渐掌握产品的研发技术，向抛物线的右侧移动意味着逐渐建立销售渠道、创立品牌，微笑曲线说明了“技术、服务”对提高产品附加值的关键作用。当前制造业产生的利润低，全球制造也已供过于求，但是研发与营销的附加价值高，因此产业未来应该朝微笑曲线的两端发展，也就是在左边加强研究，提高产品的科技含量，在右边加强客户导向的营销与服务，完善销售渠道。事实表明，各国企业在微笑曲线上的位置并不是一成不变的，因此，发展中国家的企业应勇于和善于进行产业升级，向产业链高端发展。

三、产业结构理论

产业结构理论主要研究各产业间的结构关系以及产业结构层次的优化问题，为产业结构的规划与优化提供理论依据，主要研究内容包括对影响和决定产业结构的因素的研究、对产业结构的演变规律的研究、对产业结构优化的研究、对战略产业的选择和有关产业结构政策的研究等。该理论的思想源头可以追溯到 17 世纪，配第第一次发现了世界各国国民收入水平的差异、经济发展的不同阶段的关键原因是在于产业结构的不同。在配第之后，亚当·斯密在《国富论》中虽未明确提出产业结构概念，但论述了产业部门、产业发展及资本投入应遵循农工批零商业的顺序。就此而论，配第、斯密的发现和研究是产业结构理论的重要思想来源之一。

产业结构理论在 20 世纪 50—60 年代得到了较快的发展。1940 年，英国学者克拉克出版了《经济进步的条件》一书，他以配第的研究为基础，对 40 多个国家和地区不同时期三次产业的劳动投入产出资料进行了整理和归纳，总结出随着经济发展和人均国民收入水平的提高，劳动力首先由第一产业向第二产业转移，然后再向第三产业转移的演进趋势，这就是著名的配第—克拉克定理。里昂惕夫对产业结构进行了更加深入的研究，他通过建立了投入产出分析体系，研究经济体系的结构与各部门在生产中的关系，并深入探索了经济增长与产业结构关系问题。霍夫曼定理指出，在工业化的过程中，消费资料工业的净产值与资本资料工业的净产值之比（这一比值被称为霍夫曼比率）是不断下降的。库茨涅滋通过对配第—克拉克定理一、二、三产业在 GDP 中比重的演变趋势研究提出经济发展与产业结构变化密切相关，只有产业结构从低级向高级不断适时转换才能实现赶超并保持领先地位。罗斯托经过长期的研究，提出了著名的主导产业扩散效应理论和经济成长阶段理论。他认为，无论在任何时期，甚至在一个已经成熟并继续成长的经济体系中，经济增长之所以能够保持，是为数不多的主导部门迅速扩大的结果，而且这种扩大又产生了具有重要意义的对其他产业部门的作用，即产生了主导产业的扩散效应，因此，在区域经济发展中应该重视发挥主导产业的扩散效应。钱纳里对产业结构理论的发展贡献颇多，他认为，经济发展中资本与劳动的替代弹性是不变的，从而发展了柯布—道格拉斯的生产函数学说，此外，他指出在经济发展中产业结构会发生变化，对外贸易中初级产品出口将会减少，逐步实现进口替代和出口替代。

四、产业生命周期理论

生命周期理论最初是作为生物学概念提出的，一般来说，生物有机体从出生到死亡要经历出生、成长、成熟直至衰老死亡几个过程，这就是生物学上所说的一个完整生命周期，后来这一理论被引入经济学和管理学中，首先应用于产品，后来又扩展到企业和产业当中。

产业生命周期理论是在雷蒙德·弗农（Raymond Vernon）的产品生命周期理论基础上逐步发展、演化而形成的。80 年代，高特和克莱珀按照产业中的厂商数目将产品的生命周期划分为引入、大量引入、稳定、大量退出、成熟五个阶段，从而建立起产业经济意义上的第一个产业生命周期模型，即 G－K模型。1990 年，克莱珀和格莱特对 G－K 模型进行了改进，按照厂商数目重新将产业生命周期划分为成长、淘汰和稳定三个阶段，产业生命周期理论逐步走向成熟。产业生命周期理论是指产业出现到退出经济活动的整个时期，这一过程一般分为形成期（某个产业产生以后要素投入、产出规模和市场需求缓慢增长的时期）、成长期（某个产业的要素投入、产出规模和市场需求迅速增长的时期）、成熟期（某个产业的市场饱和，要素投入和产出规模进入缓慢增长的时期）和衰退期（某个产业的要素趋于退出，产出规模和市场需求下降趋势日益增强的时期）四个阶段，在这一过程中研究产业内厂商数量、竞争程度、产品创新、价值链创新、关系网络创新等动态变化的理论。产业生命周期的各个阶段是紧密相关的，产业成长过度或者成长不足都会导致产业早熟或早衰现象，所以产业应当在每个阶段正常进行，充分经过每个阶段。此外，在产业生命周期的不同阶段，要素投入、产出规模和市场需求的发展变化不同，利润有升有降。Agarwal 等学者对产业生命周期也有自己的看法，他认为新产业从诞生到成熟会经历价格下降、质量提升和企业数量上升随后下降的过程，Jovanovic 将这种变化趋势归因为产业层次上技术创新的结果。Audretsch 等根据产业创新能力和采取创新行为的企业类型两个维度，划分产业为初创产业、成长产业、成熟产业、衰退产业。

目前对产业生命周期研究的重点主要有以下几方面：产业生命周期曲线的存在或不同特征的产业和不同市场条件下产业生命周期曲线的特征；产业生命周期某个特定阶段尤其是成熟和衰退阶段；不同阶段的进入、退出及其壁垒、市场集中度等变化规律；产业生命周期与创新的关系；产业生命周期不同阶段的企业战略规划；产业生命周期的动力机制；产业生命周期与产业政策的制定等。

五、后发优势理论

相比英国学者李嘉图的比较优势理论、德国学者李斯特的培养优势说，后发优势指后起国家在推动工业化方面的特殊有利条件，这一条件是与其经济的相对落后性共生的，是来自于落后本身的优势，因此，这一理论也被称为是“后发性优势”“落后优势”“落后的有利性”。

后发优势理论由美国经济史学家格申克龙（Gerchenkron）在总结德国、意大利等国经济追赶成功经验的基础上，于 1962 年最先创立。格申克龙对后发优势做了比较清晰、完整的界定，概括起来有三方面：相对落后造成的紧张状态，替代性的广泛存在，引进先进国家的技术、设备和资金。格申克龙指出，引进先进技术是一个正在进入工业化国家获得高速发展的首要保障因素。后进国家引进先进国家的技术和设备可以节约科研费用和时间，快速培养人才，在一个较高的起点上推进工业化，同时资金的引入也能解决后进国家工业化中资本严重不足的问题。纳尔逊（Nelson）等学者对格申克龙的后发优势假说进行了说明，指出一个后进国家的技术水平提高同它与技术前沿地区的技术差距呈线性正比，并指出后发国家的技术进步速度虽然高于先发国家，但是逐渐接近时会慢下来，从而保持“均衡技术差距”。列维则从现代化理论的角度，将格申克龙的后发优势理论进行了具体化，并分析了后进国家与先进国家在经济发展前提条件上的异同。到了 20 世纪 80 年代，随着日本和亚洲新兴工业化国家经济的高速增长，南亮进、大川一司等学者将格申克龙的后发优势应用于日本的工业化进程分析，渡边利夫用这一理论分析了韩国经济，这在很大程度上验证了后发优势存在的客观性。伯利兹、克鲁格曼在总结发展中国家成功经验的基础上，提出了基于后发优势技术的“蛙跳”模型，指出技术发展到一定程度，本国已有一定的技术创新能力，在此前提下，后进国家可以直接采用某些处于技术生命周期成熟前阶段的技术，以高新技术为起点，在某些领域、某些产业实施技术赶超。

六、国际产业转移理论

国际产业转型理论的基本思想是：发达国家将本国的劳动密集型产业、处于衰落阶段的夕阳产业及其他一些低附加值的产业，逐步转移到落后的国家，而本国则将资源重点投向技术密集型等高附加值的产业，并形成发展中国家生产并出口劳动密集型产品和低附加值的初级产品，发达国家则生产并出口技术密集型等高附加值产品的国际分工格局。

（一）雁行模式理论

雁行模式理论最早出现在《我国经济发展的综合原理》一文中，由赤松要先生提出，主要用以说明当时日本的工业成长模式，在这一理论模式中，赤松要先生认为日本的产业通常经历了进口新产品、进口替代、出口和重新进口四个阶段并呈现周期循环，在图表上呈现倒“V”形，酷似飞行中的雁阵，故而取名“雁行形态”，这就是人们通常所称的“雁行形态”的最初表述。

雁行模式理论主要是针对发展中国家提出的，当进入到工业化时期，一些发展中国家，由于经济和技术的落后，不得不把某些产品的市场向发达国家开放。等到这种产品的国内需求达到一定数量的时候，也就为本国生产这种产品准备了基本的市场条件和技术条件，换句话说，这时国内已初步掌握了这种产品的生产技术，由于本国资源和劳动力价格的优势，该产品的进口也就逐步让位于本国自己生产了。随着生产规模的扩大、规模经济的利用以及廉价劳动力的优势，本国产品的国际竞争力不断上升，最终实现这种产品的出口，达到了经济发展和产业结构升级的目的。

（二）边际产业扩张理论

1978 年，日本学者小岛清提出了著名的边际产业扩张理论。该理论认为，对外投资国应该从本国（投资国）已经或即将处于比较劣势的产业，即边际产业（这也是对方国家具有显在或潜在比较优势的产业）依次进行。此外，一国应对具有比较优势的产业实行专业化，出口该产品，同时收缩比较劣势的产业，然后再由东道国将产品出口到母国。小岛清指出，边际产业扩张不仅可以使国内的产业更加合理、促进本国对外贸易的发展，而且有利于东道国产业结构的调整，促进东道国劳动密集型行业的发展，对双方都有有利的影响。在国际直接投资理论中，边际产业扩张理论被认为是发展中国家对外直接投资理论的典范，对于广大发展中国家开展对外直接投资指明了方向和道路，具有巨大的借鉴和指导意义。

（三）产业转移理论在我国的发展

随着国际产业转移的推进，我国学者也对这一经济现象进行了深入细致的研究，他们在传统国际产业转移理论的基础上，提出了一些有价值的理论和观点，其中代表性的理论为重合产业论、梯形产业转移理论。

卢根鑫认为，重合产业是指发达国家和欠发达国家在一定时期内存在的技术构成相似的同类产品生产部门，它们使用相似的机器设备或生产线，运用相似的技术工艺，需要相似比例的生产资料和劳动力，生产相似的商品。产业贸易和产业投资越是发展，这种重合产业就会不断出现、发育、成长和持续演变。当产业深化不能够抵消别国相对较低的成本优势，发达国家重合产业就只有一个调整方向即产业转移，这是因为产业转移不仅能够摆脱重合产业绝对成本较高的不利地位，而且能够实现重合产业的再次价值增值。

石东平、夏华龙指出，梯形产业转移和升级是指发达国家不断向发展中国家或地区转移已经失去比较优势的产业，从而推动发展中国家或地区的产业升级。这种产业转移和升级呈梯形，沿着劳动密集产业—资本密集产业—技术密集产业的方向进行转移和升级。当发达国家因原有的比较优势日趋衰落，并通过研究与开发投资创造新的比较优势而进入比较优势的高阶梯时，发展中国家或地区将通过吸收他们的直接投资和技术紧跟进入他们所退出的产业，一段时间后，这些发展中国家或地区原来具有比较优势的产业也将因失去比较优势而转移给紧跟其后的更低发展水平的国家或地区，使它们自己的产业得到升级。

第三节 创新驱动相关理论

一、迈克尔·波特意义的创新驱动

创新驱动的概念最早由管理学大师迈克尔·波特于2002年提出，波特以钻石理论为研究工具，将国家经济与产业创新相联系，以竞争优势来考察经济表现，从竞争现象中分析经济的发展过程，从而提出国家经济发展的四个阶段：生产要素驱动阶段、投资驱动阶段、创新驱动阶段和财富驱动阶段。经济体必然或顺序或交叉并行地经历各个发展阶段，顺序发展意味着经济体的发展依次由要素、投资、创新或财富四个因素之一驱动，交叉并行意味着经济体的发展可能同时由四个因素中的两个以上驱动，且发展阶段之间没有明确的划分，比如经济体可能同时处于要素驱动和投资驱动发展阶段。要素驱动发展阶段的主要动力是丰富的劳动力和自然资源；投资驱动发展阶段的主要动力是大规模的投资；创新驱动发展阶段的主要动力是创新能力与水平，波特认为创新驱动通过高技术和新知识增强区域企业创新意识和创新能力，从而驱动经济发展；财富驱动发展阶段的主要动力是大规模的财富资本投入，但是与投资驱动不同的是，财富驱动发展阶段的资本较多地流入了金融等财富型产业。其中前三个阶段是国家竞争优势的主要来源，一般伴随着经济上的繁荣，而第四个阶段则是个转折点，国家可能由此开始衰退。

根据波特对创新驱动的描述，一国进入创新驱动发展阶段应具备如下特征：①企业摆脱了对国外的技术和生产方式的绝对依赖，开始发挥自主创造力，在产品、工艺流程和市场营销等方面已经具备竞争优势；②创新向两个方向发展，一是产业集群垂直深化，产业上下游互相带动，推动企业向更高产业环节发展；二是水平发展，形成更新更大的产业集群，产生跨产业的扩散效应；③消费者对服务提出更高的要求；④企业对市场营销、工程顾问、测试等专业服务提出更高需求，带动服务业快速发展；⑤政府不再直接干预产业发展，多采取刺激、鼓励或创造更多高级生产要素、改善需求质量、鼓励新商业等间接措施实行无为而治。

二、创新驱动的本质内涵

创新驱动本质是一种高效集约的经济发展方式，是创新能力不断提升逐渐成为核心驱动力的过程。在创新驱动阶段，科技成为驱动经济发展的核心力量，高新技术产业和现代服务业成为主导产业，技术密集型产业产值占比大幅提升，经济体对科技创新的需求日益提升，呼唤要素的新组合和技术创新。产品的科技附加值较高，更具有国际竞争力。在创新驱动高效期，知识密集型产业、现代服务业、文创产业、战略性新兴产业成为主导产业，科技进步、创新型人才、制度创新、管理创新等是评价创新驱动水平的核心指标。

创新驱动发展即以企业创新为主导、具有更高生产效率和更先进技术水平的经济发展，是波特理论中各种驱动模式的最高级发展阶段。创新驱动经济发展是针对全社会而言的，不只是企业的新发明转化为新技术，更重要的是全社会推广和扩散。创新驱动的要素不再是资源、土地和大量的劳动力，而是诸如资本、技术、人才、制度和管理水平等的新型生产要素。其中，资本是创新驱动的前提，技术创新是创新驱动的核心，人才是创新驱动的重要因素，制度是实施创新驱动的保障，管理是创新驱动的基础。创新驱动可分创新与驱动两个阶段，创新是以教育为基础、人才为根基、科技为核心的一系列科学技术发现过程，而驱动则关乎前者创新成果的转化率。对此，本著作结合前人对创新的理解，将创新驱动定义为：以知识、人力资本为主要生产要素，以科技创新、制度创新、组织创新为核心，通过创新环境将创新成果有效应用于生产商业链中以实现高效化和技术集约化的投入产出过程。

三、创新驱动战略的特征

第一，创新驱动战略是一项多主体参与、多要素互动的系统工程。从创新发生的全过程看，创新是由用户需求、技术研发、试点示范、推广应用、标准监督和用户反馈等多环节构成，涉及进行技术创新的企业、科研院所、高等院校，制度创新的政府、提供服务支持的科技服务中介等多个主体及消费者、供应商等推动力量，包括人才、资金、技术、管理等多种要素。是否存在高端创新创业人才、科研和研发机构、风险和创业投资、科技企业家等创新要素的高度集聚以及是否拥有较强的创新能力是判断创新驱动型经济的重要标准。第二，创新驱动战略以企业为核心主体，强调价值的实现和利润的获取。创新驱动战略虽然参与主体众多，但真正的落脚点在企业，技术创新的最终目标应该是“获取商业利益”，而其核心则是“企业家抓住市场的潜在盈利机会”，即以市场导向来进行技术创新，创新价值的实现是衡量创新成效的基本依据。第三，创新驱动战略以技术创新及其产业化为主要内容，以分散高风险为重要着力点。在特定的制度环境下，创新驱动发展体现为技术创新及其产业化带来的经济增长，在这一过程中，风险能否分散和补偿是关键。风险性和不确定性是与技术创新相伴随的重要特征，也是实施创新驱动战略必须要解决的核心问题。第四，创新以科技人力为第一资源，与创新活动相关的产业越来越具有智力密集的特征。相比投资驱动和生产要素驱动，创新驱动更加强调人才资源和智力资源的投入，且随着经济的迅猛发展，创新活动表现出了越来越强的知识依赖性，逐渐成为高知识群体才能完成的工作。第五，创新驱动战略具有深刻的文化根植性特征，它的实施需要培育独特的区域创新文化，营造开放和包容的创新氛围。创新驱动的战略核心是促进原始创新，而原始创新来自适宜的科技创新文化，中外许多成功实施创新驱动战略的地区，如美国硅谷、中国深圳和中关村等均离不开区域创新文化。

四、产业创新理论

产业创新就是企业突破已结构化的产业约束，运用技术创新、产品创新、市场创新或组合创新等来改变现有产业结构或创造全新产业的过程。产业创新是企业创新战略的核心和最高目标，是企业技术创新、管理创新、市场创新的系统集成，也是企业家创新精神的主要体现。从能力的角度看，产业创新是指新兴产业的形成过程，产业创新能力是指形成新兴产业的能力，即指能够满足新的需求，或者满足同样的需求却可以节约更多资源的产业的形成与普及能力。

产业创新理论起源于奥地利经济学家熊彼特提出的“创新”概念和理论，随着社会经济的发展，产业创新的思想逐渐引起学界的重视，特别是20世纪40年代以来，在经济发展和创新理论的双重推动下，产业创新的研究逐步走向深入。真正对产业创新进行系统阐述的是英国经济学家弗里曼，1997年，弗里曼在前人研究的基础上，首次系统地提出产业创新理论，他认为产业创新由五个部分组成，分别是产品创新、技术和技能创新、流程创新、管理创新（含组织创新）、市场创新，这与熊彼特的定义极为一致。弗里曼还在产业创新理论的基础上，提出了国家创新理论，指出国家创新的核心是产业创新。

之后，意大利学者Malerba参考国家创新理论、技术系统理论，并运用进化经济学理论建立了产业创新系统理论，他认为所谓的产业创新系统，就是在一定的知识和技术的基础之上，全部与某种特定产品相关的机构、组织与个人在相关制度规制下，通过各种类型的相互联系构成网络系统，该系统促进着创新的产生、扩散与产品的生产，并最终影响着企业的绩效和竞争力。同时，该理论指出，产业创新系统由知识和技术体系、各个行为主体以及他们之间的联系网络与制度三部分组成，这三部分共同进化从而引致产业创新。产业创新系统理论注重从系统的、动态的视角去观察问题，能使人们更好地理解产业的学习和创新过程，更详尽地分析影响创新的因素，更系统地了解产业中各类行为主体以及他们之间的关系，更准确地解读产业中影响产业绩效和竞争力的因素，现已成为研究产业创新、产业组织、产业绩效和竞争力的有力工具。

五、创新驱动与产业转型升级

没有产业的转型升级和区域的转型发展，就不可能有国家的转型发展，也就谈不上国家的创新发展。国家的创新发展和经济发展方式的转变都依赖于创新驱动战略的实施。因此，创新驱动与产业转型升级是不可割裂的两个部分，创新驱动是产业转型升级的重要驱动力，而产业转型升级又必须以创新驱动为主要手段。基于系统论和协同论的视角，创新及产业转型升级各自都是一个复杂系统，两个复杂系统之间的作用关系不仅仅是系统层面的表象关系，更多的应该是系统要素与系统要素间的深层次关系。

创新是推动经济社会持续健康发展的动力，我国经济正处在转变发展方式、优化经济结构、转换增长动力的关键期，推动经济发展质量变革、效率变革、动力变革，必须紧紧依靠创新驱动来实现。在创新驱动战略下，科技成果加速转化、创新环境持续优化、创新平台不断拓展、创新人才高度集聚、创新主体更加凸显、高新产业蓬勃发展，科技创新是区域加快产业转型升级、建设创新型城市的强大引擎和不竭动力。

产业转型升级需要创新驱动战略的支持，需要创新主体如企业、高校、科研机构、政府、中介机构以及金融机构等全力合作，实现协同创新。处于产业创新系统内的不同创新主体在一定的制度安排下，实现各自知识、资源、能力的共享，互通有无，共享知识和技术，加速技术创新的速度，依靠技术创新提升产品的附加值，促进产业实现技术、组织、管理、市场等一系列创新，进而使产业实现质的飞跃，实现产业转型升级。具备创新能力的产业或者领域需要做到从主要依靠科技的学习和模仿，转向自主设计、研究和发明，然后还需要在知识、人力资本、制度文化等方面进行创新和调整，使得创新成为促进产业转型升级的一种驱动力，促进产业知识结构变得更加合理化、高级化。

第四章　中部六省区域协同创新与产业转型升级现状

中部地区跨经两湖平原、黄淮平原以及鄱阳湖平原，包括河南、山西、湖北、安徽、湖南、江西六省，81 个地级市，占地面积占全国的 10.7%，东临长三角，西靠大西部，北傍京津唐，南邻珠三角，是资源西进、东出、北上和南下的必经通道和枢纽，人、财、物三者交流对接于中部，必然给中部发展带来巨大机遇。

作为我国的人口大区、经济腹地和重要市场，中部六省在中国地域分工中扮演着重要角色，对我国经济协调健康发展有重大的影响。近几年，中部地区取得了较快的发展，但是仍然存在不少的问题。从区域协同创新的角度看，安徽省协同创新能力比较强，这主要得益于其加入了长三角区域协同创新共同体。但是其余五个省市的区域协同创新能力具体情况如何？这需要进行更深一步的探索。在经济发展新常态的倒逼下，产业转型升级更显迫切，其是解决经济发展矛盾和问题的必由之路。本章分为两小节，第一节介绍中部各省市区域协同创新现状，从区域创新现状和协同创新现状两个方面展开；第二节在梳理产业转型升级的路径和特征的基础上，从不同的角度分析中部各省产业转型升级现状。客观地评价中部六省的创新状况、产业转型升级状况以及两个系统在发展的过程中存在的问题，有利于各省市提高区域创新能力，完善科技创新政策，加快产业转型升级的进程，从而有利于地区的可持续发展。

第一节　中部六省区域协同创新现状

在知识经济的背景下，创新已经成为现代区域经济发展的必由之路。如今经济全球化速度加剧，科技发展日新月异，创新能力不仅是企业发展的核心能力，更关乎一个地区可持续发展能力，关乎国家在全球的经济地位。区域协同创新将合作的概念引入创新主体之间，通过整合一个区域的创新要素，使得企业、高校以及科研机构之间在创新实践中加强技术、人才、信息、资金的交流，通过推动彼此之间的创新合作，优化区域内创新要素的配置，实现资源共享、风险共担以及持续提高产业创新能力，从而提高创新成果的产出效率，对地区的发展影响更为重大。

一、区域创新现状

区域创新能力受到多种因素的影响，例如地区经济基础、市场的成熟度、创新基础设施的完善度、地区研发投入强度等，这些要素相互促进，共同造就一批创新能力领先的地区。依据对区域创新内涵的理解，笔者从创新能力综合效用值、R&D 人员全时当量、R&D 经费内部支出、有效专利数以及科技投入指数和强度五个角度分析中部六省各区域创新现状。

（一）创新能力综合效用值

创新能力综合效用值由柳卸林、高太山研究团队测算而出，在历年《中国区域创新能力报告》中公开发布。《中国区域创新能力报告》基于政府统计调查，通过建立包括创新环境、创新资源、企业创新、创新产出和创新效率五个子系统的监测指标体系，共 124 个监测指标，全方位地评价各地区的创新能力。该报告科学性与准确性均较高。因此，在研究中部六省区域创新现状时，笔者把此指标放在第一位。

表 4－1　2015 年中部六省区域创新能力综合指标

2015 年区域创新能力综合指标												
地区	综合值		知识创造		知识获取		企业创新		创新环境		创新绩效	
	效用值	全国排名	效用值	全国排名	效用值	全国排名	效用值	全国排名	效用值	全国排名	效用值	全国排名
河南	25.9	17	16.49	22	13.04	27	26.2	14	26.97	12	40.9	10
山西	20.61	25	11.74	31	16.31	23	22.24	20	20.02	29	29.19	23
湖北	28.59	12	20.54	15	22.13	11	29.6	13	31.14	7	35.03	13
安徽	29.86	9	28.61	8	14.92	26	37.22	9	29.16	8	33.67	19
湖南	29.01	11	18.32	19	17.62	20	38.75	8	25.3	19	38.01	11
江西	23.34	19	12.79	27	17.96	18	21.3	21	26.61	15	33.78	17

数据来源：2015 年的《中国区域创新能力评价报告》。

2015 年，区域创新能力综合值较高的省份为安徽省，综合效用值为 29.86，在全国的排名为第九名，在中部六省中排名第一。其次是湖南省与湖北省，综合效用值分别为 29.01、28.59。河南省、江西省以及山西省在全国的排名比较靠后，尤其是山西省，创新能力综合效用值仅为 20.61，在全国名列 25 名，创新能力比较低。具体看知识创造、知识获取、企业创新、创新环境和创新绩效几个指标，六个省份又有较大的不同，但是共同的特点又可以归纳为发展不协调，即有些指标得分较高，在全国排名较靠前，而另一些指标却相反。

河南省的创新绩效得分最高，为 40.9，在全国的排名为第十名，在中部六省排名第一，其次是企业创新和创新环境两个指标，在全国的排名分为第 12 名、第 14 名，而知识创造与知识获取的效用值较低，仅为 16.49、13.04，在全国排名非常靠后；山西省的五个指标的得分比较低，除了企业创新得分略高一点外，其余四个指标的得分在全国的排名均处在 20 名之后，在中部六省中处于最后一名，这和山西省作为煤炭资源大省的省情相关，对资源的过度依赖使得山西省较重视转变煤炭发展方式，而对其他行业创新重视不足；湖北省这几个指标的得分在全国的排名均为中等偏上，其中创新环境效用值最高，得分为 31.14，在全国排名第七，在中部六省中排名第一，知识创造效用值得分最低，仅为 20.54，在全国排名第 15 名；安徽省作为长三角"三省一市"协同创新共同体的一员，近年来创新能力提升较快，但是安徽省的知识获取能力、整体创新绩效的效用值仍然比较低，在全国 30 个省市中排名也比较落后，这是安徽省在提升区域创新能力的过程中需要重点关注的地方；湖南省的企业创新效用值得分较高，在全国的排名为第八名，创新绩效得分 38.01，在全国的位次为第 11 名，但是知识创造、知识获取和创新环境在全国的排名均比较落后，尤其是知识获取能力，其效用值仅为 17.62，在全国的位次为第 20 名；江西省的这五个指标的效用值在全国的排名均处于中等偏后的位置，尤其是知识创造的效用值最低，得分仅为 12.79，在全国的排名为第 27 名，排名最高的创新绩效指标在全国仅为第 17 名，整体创新能力弱于除山西省之外的中部六省的其余四个省份。

表 4－2　2016 年中部六省区域创新能力综合指标

2016 年区域创新能力综合指标												
地区	综合值		知识创造		知识获取		企业创新		创新环境		创新绩效	
	效用值	全国排名	效用值	全国排名	效用值	全国排名	效用值	全国排名	效用值	全国排名	效用值	全国排名
河南	26.44	15	19.35	23	13.87	26	21.31	20	26.69	11	47.32	4
山西	18.17	29	12.04	29	19.95	21	17.73	26	15.05	31	28.12	23
湖北	29.07	12	24.36	13	22.16	13	28.15	12	27.37	9	40.54	12
安徽	30.02	9	30.05	10	12.88	28	40.05	7	23.49	16	38.47	13
湖南	27.77	13	20.90	19	15.56	23	34.71	10	24.42	14	37.60	14
江西	21.85	21	11.81	30	19.51	15	20.09	23	20.38	22	35.18	16

数据来源：2016 年的《中国区域创新能力评价报告》。

2016 年，中部六省的区域创新能力各指标的效用值以及各指标在全国的排名均有了微妙的变化，但大体特征仍与 2015 年比较相似。河南省的创新绩效在全国的排名往前推进了六名，成功挤入全国前五的位次，这说明河南省比较重视创新成果的产出，但是企业创新的效用值在全国的排名落后到了第 20 名，得分仅为 21.31，知识创造的效用值与排名仍然比较低，在全国的位次较落后，河南省自主创新研发的能力有待进一步增强。山西省的创新能力各项指标在全国的排名均处于保持或落后的状态，创新能力提升的速度有待提高，此外，山西省更要注重区域创新环境的建设，引导创新主体加强合作，为创新活动的进行营造良好的氛围。湖北省的创新能力各项指标在全国的排名没有太大的变化，其知识创造、企业创新、创新绩效的排名有所提升，而知识获取、创新环境在全国的排名有所落后。安徽的创新能力综合效用值在全国的排名没有变化，但是具体五个指标在全国的排名却有了较大的变化，其中创新环境效用值在全国的排名跌到了第 16 名，相比 2015 年落后了八个名次，进步较大的指标为创新绩效，在全国的排名由 2015 年的第 19 名上升到 2016 年的第 13 名，进步了七个名次。湖南省的综合创新能力在全国的排名下降到了第 13 名，同时名次下降的还有知识获取、企业创新、创新绩效三个指标，只有创新环境在全国的排名有了一定的进步，效用值从全国的第 19 名上升到了第 14 名。江西省的创新能力综合效用值在全国的排名有所进步，此外，从具体指标来看，相比 2015 年，除了知识获取、创新绩效两个指标在全国的排名有了较小的上升外，其余三个指标在全国的排名均有不同程度的下降。

综合 2015 年和 2016 年的数据，可以明显看出，中部六省的创新能力在全国范围并不算是很强，尤其是知识创造能力，除了安徽省之外，其余五个省份在全国的排名均处于中等偏后的位次，而中部六省的知识获取能力在全国的排名也相当靠后。另外，整体区域创新能力提升速度较慢，这也是 2016 年中部六省的某些创新指标在全国排名下降的重要原因。

（二）R&D 人员全时当量

R&D 人员全时当量指全时人员数加非全时人员按工作量折算为全时人员数的总和，该指标反映区域自主创新人力的投入规模和强度。在创新活动中，科技从业人员是最重要、最积极的因素，他们的知识水平和科研能力直接关系到创新成果的产出。下面将中部六省以及全国 R&D 人员投入情况汇总如表 4－3。

从表 4－3 可以看出，在大多数年份，中部六省各地区的 R&D 人员全时当量处于增长的状态。单从数量上来看，在所研究时间段内，虽然河南省只有一所 211 高校，但是其 R&D 人员全时当量一直处于领先地位，且在 2010 年，河南省的 R&D 人员全时当量达到六位数，可以说河南省区域自主创新人力投入规模和强度较高。湖北省和河南省相差不大，R&D 人员全时当量基数较高，在河南省 R&D 人员全时当量达到六位数的第二年，湖北省也破了十万的大关，之后便稳定地增长。湖南省和安徽省的 R&D 人员全时当量处于中间的位置，以 2012 年为分水岭，2009—2011 年，湖南省 R&D 人员全时当量高于安徽省，2012 年，两个省份的 R&D 人员全时当量同时达到了十万人年，之后，安徽省 R&D 人员全时当量反超湖南省，在中部六省中排名第三。在人才投入方面，山西省和江西省略显落后，这两个省份的 R&D 人员全时当量基数比较低，而且增速比较慢，但整体上来说，江西省要好于山西省。

从增长速度来看，中部六省各区域相差较大。2009—2016 年，安徽省 R&D 人员发展壮大的速度最快，R&D 人员全时当量连续增长，由 2009 年的 59697 人年增加到 2016 年的 135829 人年，八年时间增长了 2.28 倍，且除了

表 4－3　2009—2016 年中部六省 R&D 人员投入情况及年增长率

地区	R&D 人员全时当量（人年）								年增长率						
	2009	2010	2011	2012	2013	2014	2015	2016	2010	2011	2012	2013	2014	2015	2016
全国	2291252	2553829	2882903	3246840	3532817	3710580	3758848	3878057	11. 46%	12. 89%	8. 81%	8. 81%	5. 03%	1. 30%	3. 17%
中部地区	481650	524466	595115	539330	600615	631359	632186	652827	8. 89%	13. 47%	11. 36%	11. 36%	5. 12%	0. 13%	3. 27%
河南	92571	101467	118041	128323	152252	161444	158858	166279	9. 61%	16. 33%	18. 65%	18. 65%	6. 04%	－1. 60%	4. 67%
山西	47772	46279	47355	47029	49035	48955	42873	44147	－3. 12%	2. 32%	4. 27%	4. 27%	－0. 16%	－12. 42%	2. 97%
湖北	91161	97924	113920	122748	133061	140741	135481	136608	7. 42%	16. 34%	8. 40%	8. 40%	5. 77%	－3. 74%	0. 83%
安徽	59697	64169	81087	103047	119342	129319	133558	135829	7. 49%	26. 37%	15. 81%	15. 81%	8. 36%	3. 28%	1. 70%
湖南	63843	72637	85783	100032	103414	107432	114869	119345	13. 77%	18. 10%	3. 38%	3. 38%	3. 89%	6. 92%	3. 90%
江西	33055	34823	37517	38152	43512	43469	46548	50620	5. 35%	7. 74%	14. 05%	14. 05%	－0. 10%	7. 08%	8. 75%

2010 年和 2016 年，安徽省的 R&D 人员全时当量年增长率均高于全国和中部六省的整体水平，这种变化和安徽省对人才引入、人才培养等政策的实施密不可分，也显示了安徽省对区域创新的重视程度。湖南省和河南省 R&D 人员全时当量的增长速度紧跟其后，八年的总增速分别为 1.87 倍、1.80 倍，湖南省的 R&D 人员全时当量年增长率均为正值，且 2010 年和 2011 年的增速较高，之后几年，增长速度有大幅度的降低，直到 2015 年才有所上升，增速达到 6.92%，高于全国和中部六省整体水平。对于河南省来说，2010—2013 年，R&D 人员全时当量年增长率较高，年增长率最高达到了 18.65%，2014 年之后，增速显著降低，且在 2015 年出现了负增长，但这不影响河南省 R&D 人员全时当量在中部六省的领先地位。江西省的 R&D 人员全时当量增速较低，但是在八年内，除了 2014 年 R&D 人员全时当量有稍微的下降，其余年份均处于上升的状态，从数量上来看，江西省 R&D 人员全时当量共增加了 17565 人年，总增速为 1.53 倍。在中部六省中，山西省的科研人才投入强度和规模处于最后一名，R&D 人员全时当量总共增加了 1263 人年，远远低于第五名江西省的增长数量，R&D 人员全时当量年增长率较低，且在 2015 年，增长率为 -12.42%，这严重影响了山西省的区域创新能力。

（三）R&D 经费内部支出

创新实践活动需要的最直接的支持即资金支持，一个地区 R&D 经费支出的强度反映了该地区对创新的重视程度，R&D 经费支出分为内部支出和外部支出，为避免对实施单位和委托单位的重复计算，本书选择 R&D 活动的内部支出来衡量一个地区的创新能力。查找中部六省各区域的 R&D 经费内部支出并统计如表 4-4 所示。

总体来看，中部六省各省份的 R&D 经费内部支出呈现逐年上升的状态。2007 年，R&D 经费内部支出最高的省份为湖北省，R&D 经费内部支出达到 111.31 亿元。其次是河南省，R&D 经费内部支出为 101.13 亿元，且这两个省份的 R&D 经费内部支出远远高于其他四个省份。第三名和第四名分别为湖南省和安徽省，R&D 经费内部支出为 73.55 亿元、71.79 亿元，数值上相差不大。位于第五名的山西省和位于第六名的江西省，R&D 经费内部支出更为相近，分别为 49.25 亿元、48.79 亿元，仅仅相差 0.46 亿元。到 2016 年，

表 4-4　2007—2016 年中部六省 R&D 经费内部支出

年份	河南 R&D 经费内部支出（亿元）	年增长率（%）	山西 R&D 经费内部支出（亿元）	年增长率（%）	湖北 R&D 经费内部支出（亿元）	年增长率（%）	安徽 R&D 经费内部支出（亿元）	年增长率（%）	湖南 R&D 经费内部支出（亿元）	年增长率（%）	江西 R&D 经费内部支出（亿元）	年增长率（%）
2007	101.13	-	49.25	-	111.31	-	71.79	-	73.55	-	48.79	-
2008	124.09	22.7	62.56	27.0	148.99	33.9	98.32	37.0	112.7	53.2	63.15	29.4
2009	174.76	40.8	80.86	29.3	213.45	43.3	135.95	38.3	153.50	36.2	75.89	20.2
2010	211.38	21.0	89.88	11.2	264.11	23.7	163.72	20.4	186.56	21.5	87.15	14.8
2011	264.49	25.1	113.39	26.2	323.01	22.3	214.64	31.1	233.22	25.0	96.75	11.0
2012	310.78	17.5	132.35	16.7	384.52	19.0	281.80	31.3	287.68	23.4	113.65	17.5
2013	355.32	14.3	154.98	17.1	446.20	16.0	352.08	24.9	327.03	13.7	135.50	19.2
2014	400.01	12.6	152.19	-1.8	510.90	14.5	393.61	11.8	367.93	12.5	153.11	13.0
2015	435.04	8.8	132.53	-12.9	561.74	10.0	431.75	9.7	412.67	12.2	173.18	13.1
2016	494.19	13.6	132.62	0.1	600.04	6.8	475.13	10.0	468.84	13.6	207.31	19.7

数据来源：2007—2017 年历年的《中国科技统计年鉴》。

各省市的 R&D 经费内部支出都有了较大的提升，但是所处位次有了改变。R&D 经费内部支出较高的省份仍为湖北省和河南省，R&D 经费内部支出分别为 600.04 亿元、494.19 亿元，第一名湖北省的 R&D 经费内部支出已经远远超过河南省，说明湖北省对区域创新能力的重视程度更高。在中部六省中，位于第三名的为安徽省、第四名为湖南省，这两个省份的 R&D 经费内部支出与第二名河南省相差不大，分别为 475.13 亿元、468.84 亿元。最后两名仍为江西省和山西省，但是江西省的 R&D 经费内部支出已经远超过山西省，两省的 R&D 经费内部支出分别为 207.31 亿元、132.62 亿元。

从增长速度来看，2007—2016 十年的时间内，除了山西省的 R&D 经费内部支出在 2014 年、2015 年有稍微的下降外，其余五个省份的 R&D 经费内部支出均处于增长的状态，但是不同年份、不同省份的增速有很大的区别。河南省的 R&D 经费内部支出增速最高的年份为 2009 年，年增速达到了 40.8%，增长速度最低的年份为 2015 年，R&D 经费内部支出增速为8.8%，其余年份的 R&D 经费内部支出年增长率保持在 12.6% ~25.1%之间，2016 年的 R&D 经费内部支出是 2009 年的 4.89 倍。2008—2013 年，山西省的 R&D 经费内部支出还能保持比较高的增速，但 2014—2016 年，山西省的 R&D 经费内部支出基本呈现零增长甚至负增长的状态。2016 年山西省的 R&D 经费内部支出仅为 2009 年 R&D 经费内部支出的 2.69 倍。湖北省的 R&D 经费内部支出增速最高的年份为 2009 年，年增速达到了 43.3%，增长速度最低的年份为 2016 年，R&D 经费内部支出增速为 6.8%，2009 年之后，湖北省的 R&D 经费内部支出的年增长率呈现出逐年下降的特征。在所研究的时间段，安徽省的 R&D 经费内部支出保持着比较高的增长速度，2016 年的 R&D 经费内部支出是 2009 年的 6.62 倍，总体增长速度在中部六省中排名第一。在 2008 年，湖南省的 R&D 经费内部支出增长速度达到了历年的最高点，年增长率为 53.2%，但是之后几年其 R&D 经费内部支出年增长率逐渐下降，只有在 2016 年才上升了 1.4 个百分点。江西省的 R&D 经费内部支出年增长率不是很稳定，增速最高的年份为 2008 年，年增速达到了 29.4%，增长速度最低的年份为 2011 年，R&D 经费内部支出增速为 11%，其余年份的 R&D 经费内部支出年增长率保持在 13.0% ~20.2%之间，2016 年的 R&D 经费内部支出是 2009 年 R&D 经费内部支出的 4.25 倍。

（四）有效专利数

发明专利代表了一个地区的发明和创新能力。专利分为发明专利、实用新型专利和外观设计专利三种类型。发明专利可以是一项解决技术问题的方案、构思，具有在工业上应用的可能性，但不能将这种技术方案或构思与单纯地提出课题、设想相混同，因为单纯的课题、设想不具备工业上应用的可能性。实用新型专利指对产品的形状、构造或者其结合所提出的适于实用的新的技术方案，实用新型的技术方案更注重实用性，其技术水平较发明而言，要低一些。外观设计与发明、实用新型有着明显的区别，外观设计注重的是设计人对一项产品的外观所做出的富于艺术性、具有美感的创造但这种具有艺术性的创造不是单纯的工艺品，它必须具有能够为工业上所应用的实用性。外观设计专利实质上是保护美术思想的，而发明专利和实用新型专利保护的是技术思想。虽然外观设计和实用新型都与产品的形状有关，但两者的目的却不相同，前者的目的在于使产品形状产生美感，而后者的目的在于使具有形态的产品能够解决某一技术问题。三种专利授权数反映了拥有自主知识产权的科技和设计成果情况，能够很好地衡量一个地区的创新能力，下面将2007—2016年中部六省各省份的有效专利数统计如表4－5所示。

表4－5　中部六省各省份有效专利数　（单位：件）

年份	河南	山西	湖北	安徽	湖南	江西	全国	中部地区
2007	13324	4125	12252	6438	12571	3820	622409	52530
2008	20713	6076	19931	10447	17633	5706	923797	80506
2009	26917	7921	25745	16608	20640	7050	1193110	104881
2010	39972	11998	40580	32460	32516	10931	1825403	168457
2011	50785	14764	50906	60400	43108	14237	2303015	234200
2012	67824	19561	64719	88326	59428	19663	3005023	319521
2013	84420	25037	82392	119704	75530	26037	3635929	413120
2014	99590	29077	96682	135785	88779	34458	4032362	484371
2015	126381	34009	119345	162177	107088	51824	4792356	600824
2016	148862	38702	143802	188240	122584	73745	5527183	715935
2015年增长率	26.90%	16.96%	23.44%	19.44%	20.62%	50.40%	18.85%	24.04%
2016年增长率	17.79%	13.80%	20.49%	16.07%	14.47%	42.30%	15.33%	19.16%

整体来看，我国有效专利数、中部地区有效专利数以及各地区有效专利数均处于不断上升的状态。2007—2010 年，河南省、湖北省以及湖南省的各年份的有效专利数处于较领先的状态，且历年有效专利数相差不是很大，河南省有效专利数略高于湖北省，湖北省有效专利数略高于湖南省。但是到 2011 年以后，安徽省历年有效专利数在中部六省中开始处于领先的地位，且有效专利数远远高于剩下的五个省份，有效专利数从 2007 年的 6438 件达到了 2016 年的 188240 件，十年间增长了 29.2 倍，且在最近的 2015 年、2016 年仍保持较高的增长率，增长速度高于全国和中部六省的平均水平。江西省和山西省的有效专利数在中部六省中处于比较低的水平。2007—2011 年，山西省历年有效专利数多于江西省历年有效专利数。2012—2013 年，两省的有效专利数基本持平，江西省略微高于山西省。2013 年之后，江西省历年有效专利数开始远远超过山西省，名次也从最后一名上升到第五名，2015 年和 2016 年，江西省的有效专利数年增长率分别为 50.4% 和 42.3%，在中部六省中遥遥领先。而山西省历年的有效专利数虽然也在上升，但是由于基数比较低，再加上增长速度较慢，因此，不管从数量上来看，还是从增长速度上来看，都落后于中部其余的五个省份。

（五）科技投入强度

科学研究与实验发展投入强度是衡量一个国家或某个地区、某个企业对科技或创新的投入力度，是国际社会广泛使用的科技指标，对一个地区来说，R&D 投入强度 = R&D 经费内部支出/地区生产总值 * 100%。从全国的科技投入强度及排名情况可以看出，2009—2016 年 R&D 科技投入强度排名前三的一直为北京、上海、天津三个城市，陕西和江苏紧随其后，2009—2011 年，在全国一直保持第四、第五的名次，但是 2011 年以后，江苏省保持了在全国排名第四的位次，陕西省却落后到全国第八名的位次。而处在最后几名的一直为海南、新疆、内蒙古、青海以及广西。另外，我国 R&D 科技投入强度的百分比整体来看都较小，并且区域差异比较明显。八年内，大多数地区 R&D 科技投入强度增长幅度较小，有的地区甚至出现了负增长。

表 4－6　中国各地区 2009—2016 年 R&D 科技投入强度及排名情况

（单位:%）

地区	2009	排名	2010	排名	2011	排名	2012	排名	2013	排名	2014	排名	2015	排名	2016	排名
北京	5.50	1	5.82	1	5.76	1	5.95	1	5.98	1	5.95	1	6.01	1	5.96	1
天津	2.37	3	2.49	3	2.63	3	2.80	3	2.96	3	2.96	3	3.08	3	3.00	3
河北	0.78	22	0.76	22	0.82	22	0.92	20	0.99	20	1.06	20	1.18	18	1.20	18
山西	1.10	19	0.98	18	1.01	17	1.09	16	1.22	16	1.19	16	1.04	20	1.03	20
内蒙古	0.53	28	0.55	28	0.59	28	0.64	27	0.69	25	0.69	25	0.76	25	0.79	25
辽宁	1.53	10	1.56	10	1.64	10	1.57	11	1.64	11	1.52	12	1.27	15	1.69	13
吉林	1.12	16	0.87	21	0.84	20	0.92	21	0.92	22	0.95	22	1.01	22	0.94	23
黑龙江	1.27	13	1.19	14	1.02	16	1.07	18	1.14	17	1.07	19	1.05	19	0.99	21
上海	2.81	2	2.81	2	3.11	2	3.37	2	3.56	2	3.66	2	3.73	2	3.82	2
江苏	2.04	5	2.07	5	2.17	4	2.38	4	2.49	4	2.54	4	2.57	4	2.66	4
浙江	1.73	6	1.78	6	1.85	8	2.08	6	2.16	6	2.26	6	2.36	6	2.43	6
安徽	1.35	12	1.32	12	1.40	11	1.64	10	1.83	9	1.89	9	1.96	9	1.97	9
福建	1.11	17	1.16	16	1.26	14	1.38	14	1.44	13	1.48	13	1.51	13	1.59	14
江西	0.99	20	0.92	19	0.83	21	0.88	22	0.94	21	0.97	21	1.04	21	1.13	19
山东	1.53	9	1.72	8	1.86	7	2.04	7	2.13	7	2.19	7	2.27	7	2.34	7
河南	0.90	21	0.91	20	0.98	18	1.05	19	1.10	18	1.14	17	1.18	17	1.23	16
湖北	1.65	8	1.65	9	1.65	9	1.73	9	1.80	10	1.87	10	1.90	10	1.86	10
湖南	1.18	15	1.16	15	1.19	15	1.30	15	1.33	15	1.36	15	1.43	14	1.50	15
广东	1.65	7	1.76	7	1.96	6	2.17	5	2.31	5	2.37	5	2.47	5	2.56	5
广西	0.61	26	0.66	25	0.69	25	0.75	24	0.75	24	0.71	24	0.63	26	0.65	26

续表

地区	2009	排名	2010	排名	2011	排名	2012	排名	2013	排名	2014	排名	2015	排名	2016	排名
海南	0.35	30	0.34	30	0.41	30	0.48	30	0.47	30	0.48	30	0.46	30	0.54	30
重庆	1.22	14	1.27	13	1.28	13	1.40	13	1.38	14	1.42	14	1.57	12	1.72	12
四川	1.52	11	1.54	11	1.40	12	1.47	12	1.52	12	1.57	11	1.67	11	1.72	11
贵州	0.68	25	0.65	26	0.64	26	0.61	28	0.58	28	0.60	28	0.59	27	0.63	27
云南	0.60	27	0.61	27	0.63	27	0.67	26	0.67	26	0.67	26	0.80	24	0.89	24
陕西	2.32	4	2.15	4	1.99	5	1.99	8	2.12	8	2.07	8	2.18	8	2.19	8
甘肃	1.10	18	1.02	17	0.97	19	1.07	17	1.06	19	1.12	18	1.22	16	1.22	17
青海	0.70	24	0.74	23	0.75	23	0.69	25	0.65	27	0.62	27	0.48	29	0.54	29
宁夏	0.77	23	0.68	24	0.73	24	0.78	23	0.81	23	0.87	23	0.88	23	0.95	22
新疆	0.51	29	0.49	29	0.50	29	0.53	29	0.54	29	0.53	29	0.56	28	0.59	28

数据来源:2010—2017 年历年的《中国科技统计年鉴》。

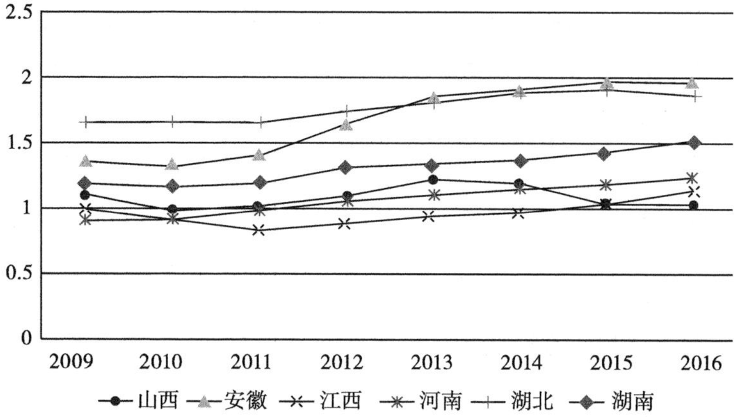

图4－1　2009—2016年中部六省科技投入强度变化趋势图

由图4－1更加直观地看出，2009—2016年，中部六省中科技投入强度较高的为湖北和安徽两个省份，且两省的科技投入强度一直在提高，但是在全国所处的名次却有很大的不同。湖北省2009年在全国的位次为第八名，随后三年在全国的位次变为第九名，而2013—2016年，在全国只能保持第十名的位次，这主要是由于湖北省的R&D科技投入强度增速较慢引起的，在所研究的时间段，只有四年的时间保持了增长状态。2009—2016年，安徽省的科技投入强度仅在2010年有0.03个百分点的下降，在其余的年份，科技投入强度与在全国所处的位次一直在上升，八年时间科技投入强度虽然只增长了0.62个百分点，但是在全国30个省市自治区中，增速算是比较可观。总体来看，八年时间内，安徽省科技投入强度在全国所处的名次也由第12名进步到第9名。

河南、江西、湖南、山西四个地区的科技投入强度在全国位于中等靠下的位次。其中，湖南省在全国的位次保持在第14、15名，在中部六省中基本可以排到第三名的位次，其科技投入最高的年份为2016年，科技投入强度为1.5%，科技投入强度最低的年份为2010年，科技投入强度为1.16%，科技投入强度最高的年份与最低的年份相差0.34个百分点。河南省、江西省与山西省三个省份的科技投入强度在全国的排名相差不大，均处在第16名到第22名的范围内，相比之下，河南省的科技投入强度与在全国的位次一直处于稳定上升的状态，科技投入强度由2009年的0.9%上升到2016年的1.23%，在全国的所属名次也随之从第21名上升到第16名，江西省和山西的科技投入强度在全国所处的位次不稳定，科技投入强度有些年份上涨，而有些年份则出现下降的情况，因此，河南省科技投入强度高于山西省、江西省。总体来说，中部六省的科技投入强度与我国科技投入强度位于前五名的省市有很大的差距，要想进一步提高区域创新能力，中部各省需要加大对创新实践的财力、物力以及人力支持。

二、区域协同创新现状

区域创新系统是由区域内参加新技术的发展扩散的企业、大学、科研机构以及政府组成的，为创造知识、分配知识、应用创新、产生经济价值而相互作用的网络系统。区域协同创新能力是各个创新主体相互配合、各种创新要素相互融合的结果，反映区域创新系统对区域经济社会发展的贡献能力。区域协同创新能力不仅与区域各创新主体创新能力紧密相关，更与区域创新环境密切相关。协同创新能力的提高需要政府发挥统筹领导作用，科技中介发挥沟通作用，受到区域产学研合作水平的影响。研究中部六省的区域协同创新能力，不仅有利于激活区域创新活力、增强区域核心竞争力，而且能推动各创新主体提高合作意识，从而达到高效率的创新。

与区域创新能力相同，区域协同创新能力也受到多种因素的影响，考虑到数据的可得性，笔者从高校与企业合作研发经费支出、研发机构与企业合作研发经费支出、技术市场成交额、高技术产业技术获取情况以及产学研平台建设情况几方面研究中部各省创新主体之间的协同创新能力。

（一）高校、科研机构与企业合作研发经费支出

作为区域创新的三大主体，在知识社会环境下，随着科技创新从“产学研”向“政产学研用”，再向“政用产学研”协同发展的转变，高校、科研机构与企业在政府的统筹与市场的引领下，在协同创新中发挥着越来越重要的作用。其中高校具有较高的理论研究能力和科研攻关能力，并且高校培养出的高素质人才未来有很大可能性在各创新主体之间流动，从而实现理论知识的转移。科研机构围绕政府引导的发展方向，开展具有前沿性和广泛应用性的关键技术的研究，其研究工作产生的成果一般可以直接被企业运用于生

产过程中，产生较大的生产效益。因此科研机构和高校成为区域内的持续创新因子，而企业直接接触市场，客户需求敏感，创新需求明确，因此企业是整个创新活动的最大动力源。

本部分运用高校与企业的合作研发经费支出、科研机构与企业的合作研发经费支出来反映高校、科研机构与企业的合作的密切程度与变化趋势，从而推测出中部各省区域协同创新能力的大小。

表 4－7　2009—2016 年中部六省高校与企业合作研发经费支出

（单位：万元）

年份	河南	山西	湖北	安徽	湖南	江西
2009	31878	22872	104823	34837	57994	25770
2010	30479	21944	122112	38805	63422	31695
2011	28508	23196	134684	39942	68383	27814
2012	36357	27029	141139	49669	65610	28087
2013	36225	32577	159039	62820	73694	21955
2014	34444	23872	164034	50759	64420	21753
2015	36412	29191	162272	48299	67104	21529
2016	45308	15959	142520	37046	67661	25674
平均年增长率	3.7%	-5.4%	3.3%	0.7%	1.9%	0.0%

数据来源：2010—2017 年历年的《中国科技统计年鉴》。

由表 4－7 整理的数据可以看出，虽然中部六省的高校与企业合作研发经费支出总体呈现上升的趋势，但是历年的年增长率、八年时间内高校与企业的合作研发经费支出的总增长值却比较低，且在某些年份，中部六省的高校与企业合作研发经费支出还有所降低。将六个省份进行大致的对比，可以看出湖北省的高校与企业合作研发经费支出最高，其次是湖南省，第三名与第四名分别为安徽省和河南省，两个地区的高校与企业合作研发经费支出相差不大。最后两名为山西省和江西省，两省的高校与企业合作研发经费支出呈现出“你追我赶”的特征。

具体来看，河南省的高校与企业合作研发经费支出在 2011 年最低，仅为 28508 万元，在 2016 年达到最高，额度为 45308 万元，八年时间内的平均年增长率为 3.7%，在中部六省中最高。山西省的高校与企业合作研发经费支出的起点虽然比较低，但是之后经过几年的发展，水平有了较大的提高，在 2013 年，高校与企业合作研发经费支出达到了 32577 万元，但是到了 2016 年，高校与企业合作研发经费支出出现了大幅度的下滑，数额仅为 15959 万元，为历年各省份的高校与企业合作研发经费支出额度的最低值，这直接导致山西省的高校与企业合作研发经费支出的平均年增长率为 -5.4%。在中部六省中，湖北省的高校与企业合作研发经费支出历年均处于第一名的位置，高校与企业合作研发经费支出最高的年份为 2014 年，支出额度为 164034 万元，支出额度最低的年份为 2009 年，高校与企业合作研发经费支出为 104823 万元，平均年增长率为 3.3%，仅次于河南。安徽省的高校与企业合作研发经费支出额度呈现出先上升后下降的特征，在 2013 年，安徽省的高校与企业合作研发经费支出达到最高，额度为 62820 万元，2013 年之后，安徽省的高校与企业合作研发经费支出额度又开始迅速下降，这使得安徽省的高校与企业合作研发经费支出的平均年增加值较低，八年时间内，平均年增长率仅为 0.7%。湖南省的高校与企业合作研发经费支出在 2013 年达到最高，额度为 73694 万元，八年时间内的平均年增长率为 1.9%。江西省的高校与企业合作研发经费支出在 2010 年有了较大的突破，额度达到 31695 万元，成为所研究的八年时间的最高值，之后几年有升有降，2016 年，江西省的高校与企业合作研发经费支出基本与 2009 年持平，这使得江西省高校与企业合作研发经费支出的平均年增长率为 0.0%。

表 4-8　2009—2016 年中部六省研发机构与企业合作研发经费支出

（单位：万元）

年份	河南	山西	湖北	安徽	湖南	江西
2009	1786	5685	9148	3779	2926	339
2010	9957	5331	15752	2837	1586	92
2011	12150	9454	8675	3621	18874	84
2012	1654	9342	15422	11622	60675	166
2013	4879	7617	25584	13978	32452	70
2014	9988	6543	35296	13650	22899	342
2015	10014	8265	36621	18209	40378	5140
2016	12993	9448	45525	17245	31592	7513
平均年增长率	10.8%	5.0%	10.0%	9.8%	11.3%	12.0%

数据来源：2010—2017 年历年的《中国科技统计年鉴》。

表 4－8 显示，单从经费支出这一指标的数额来看，中部六省各地区的研发机构与企业合作研发强度要比高校与企业合作研发强度小得多，且不稳定更强，尤其是河南省、湖南省和江西省几个地区，这种不稳定性更加明显。但是也有一点值得肯定，总体来说，中部六省各省市研发机构与企业合作强度在增强，这表现在各地区研发机构与企业合作的研发经费支出整体呈现上升的趋势，且总体增长额度比较高。将六个省市进行大致的对比，可以看出湖北省的研发机构与企业合作研发经费支出最高，湖南省研发机构与企业合作研发经费支出位居第二，第三名到第六名分别是：安徽省、河南省、山西省和江西省。

具体来看，河南省的研发机构与企业合作研发经费支出在 2016 年达到最高值，经费支出额度为 12993 万元，在 2012 年达到最低，经费支出额度为 1654 万元，研发机构与企业合作经费支出额度的最高值是最低值的 7.86 倍。山西省的研发机构与企业合作研发经费支出的基数比较高，在 2009 年就达到了 5685 万元，在中部六省中排名第二。但是研发机构与企业合作研发经费支出增长速度却比较慢，八年内年平均增长率仅为 5.0%，远低于中部其余五省的增长速度，使得在 2016 年，山西省的研发机构与企业合作研发经费支出才达到 9448 万元，在中部六省中的位次为倒数第二。在多数年份，湖北省的研发机构与企业合作研发经费支出都远远高于其他五个省市，从增长速度来看，只有在 2011 年，湖北省的研发机构与企业合作研发经费支出有明显的降低，其余年份均保持稳定高速增长的状态。安徽省的研发机构与企业合作研发经费支出也呈现出稳定增长的趋势，研发机构与企业合作研发经费支出的最高值为 18209 万元（2015 年），最低值为 2837 万元（2010 年）。湖南省的研发机构与企业合作研发经费支出变化幅度比较大，2010—2013 年间最为明显，其中 2011 年的研发机构与企业合作研发经费支出是 2010 年的 11.9 倍，2012 年合作经费支出是 2011 年的 3.21 倍，2013 年又迅速减少了近一半，但八年内的年均增长率为 11.3%，增幅比较大。江西省的研发机构与企业合作研发经费支出情况更值得关注，八年时间内，江西省的研发机构与企业合作研发经费支出年增长率为 12.0%，在中部六省中最高，但是每年的变化幅度也是最大的，2015 年的研发机构与企业合作研发经费支出是 2014 年的 15 倍，这反映了江西省研发机构与企业之间合作越来越频繁，合作金额也越来越大。

（二）技术市场成交额

从协同创新网络成员间的关系来看，技术流动能力在区域技术创新协同中发挥着关键作用，一般来说，技术成交频率越高，数额越大，企业与企业、企业与高校、科研机构之间的合作越密切，反之，则说明区域内技术市场不活跃，创新主体之间合作交流较少。作为反映地区科技创新与转化能力的重要指标，技术市场成交额反映了区域内各个创新主体交流的活跃程度，能很好地衡量一个地区的协同创新现状。从定义上来看，技术市场成交额主要指登记合同成交总额中，明确规定属于技术交易的金额。技术交易的总体特点、技术转移和成果转化的效果可以反映技术市场的主要趋势以及科技投入的含量。

由表4－9可以看出，除了个别地区个别年份的技术市场成交额有波动外，我国各地区的技术市场成交额整体呈现出增长的态势。在数量上，北京远远超过其他的地区，其次是上海、天津、江苏、广东几个经济比较发达的地区。而技术市场成交额比较低的地区则为海南、贵州、宁夏、广西等相对落后的地区，这说明技术市场成交额也与一个地区的所处位置、经济发展水平等因素紧密相关。

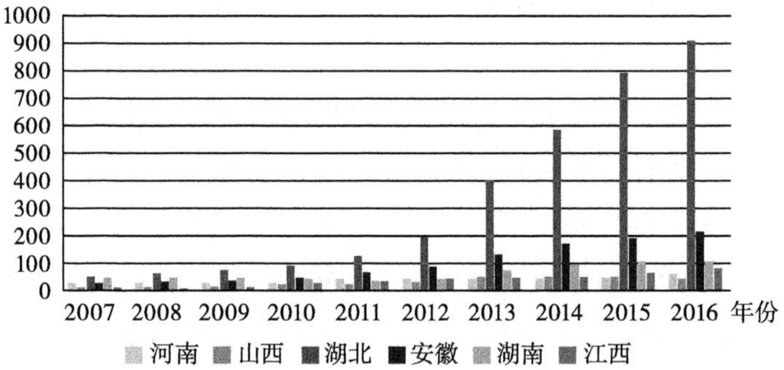

图4－2　中部六省各省份技术市场成交额（单位：亿元）

由图4－2可以看出，中部六省历年的技术市场成交额差别很大。2007—2016年，湖北省一直处于领先的地位，2011年之后这种领先的地位更加明显，总的技术市场成交额从2007年的52.21亿元增长到2016年的903.84亿元，十年总增速为17.31倍。其次是安徽省，该省在2007年的技术市场成交额仅为26.45亿元，到2016年增长到217.37亿元，十年总增速为

表 4 - 9　中国各地区技术市场成交额

（单位：亿元）

地区	2007	2008	2009	2010	2011	2012	2013	2014	2015	2016	2015 年增长率	2016 年增长率
北京	882.56	1027.22	1236.25	1579.54	1890.28	2458.5	2851.72	3137.19	3453.89	3940.98	10.10%	14.10%
天津	72.34	86.61	105.46	119.34	169.38	232.33	276.16	388.56	503.44	552.64	29.57%	9.77%
河北	16.43	16.59	17.21	19.29	26.25	37.82	31.56	29.22	39.54	59	35.32%	49.22%
山西	8.27	12.84	16.21	18.49	22.48	30.61	52.77	48.46	51.2	42.56	5.65%	-16.88%
内蒙古	10.98	9.44	14.77	27.15	22.67	106.1	38.74	13.94	15.39	12.05	10.40%	-21.70%
辽宁	92.93	99.73	119.71	130.68	159.66	230.66	173.38	217.46	267.49	323.22	23.01%	20.83%
吉林	17.48	19.61	19.76	18.81	26.26	25.12	34.72	28.58	26.47	116.42	-7.38%	339.82%
黑龙江	35.02	41.26	48.86	52.91	62.07	100.45	101.77	120.28	127.26	125.81	5.80%	-1.14%
上海	354.89	386.17	435.41	431.44	480.75	518.75	531.68	592.45	663.78	780.99	12.04%	17.66%
江苏	78.42	94.02	108.22	249.34	333.43	400.91	527.5	543.16	572.92	635.64	5.48%	10.95%
浙江	45.35	58.92	56.46	60.35	71.9	81.31	81.5	87.25	98.1	198.37	12.44%	102.21%
安徽	26.45	32.49	35.62	46.15	65.03	86.16	130.83	169.83	190.47	217.37	12.15%	14.12%
福建	14.56	17.97	23.26	35.66	34.57	50.09	44.69	39.19	52.14	43.22	33.04%	-17.11%
江西	9.95	7.76	9.79	23.05	34.19	39.78	43.06	50.76	64.85	79.01	27.76%	21.84%
山东	45.03	66.01	71.94	100.68	126.38	140.02	179.4	249.29	307.55	395.95	23.37%	28.74%
河南	26.19	25.44	26.3	27.2	38.76	39.94	40.24	40.79	45.04	58.71	10.42%	30.35%
湖北	52.21	62.9	77.03	90.72	125.69	196.39	397.62	580.68	789.34	903.84	35.93%	14.51%
湖南	46.08	47.7	44.04	40.09	35.39	42.24	77.21	97.93	105.06	105.63	7.28%	0.54%
广东	132.84	201.63	170.98	235.89	275.06	364.94	529.39	413.25	662.58	758.17	60.33%	14.43%
广西	1	2.7	1.77	4.14	5.64	2.52	7.34	11.58	7.31	33.99	-36.87%	364.98%

续表

地区	2007	2008	2009	2010	2011	2012	2013	2014	2015	2016	2015 年增长率	2016 年增长率
海南	0.73	3.56	0.56	3.27	3.46	0.57	3.87	0.65	2.19	3.44	236.92%	57.08%
重庆	39.57	62.19	38.32	79.44	68.15	54.02	90.28	156.2	57.24	147.19	-63.35%	157.15%
四川	30.39	43.53	54.6	54.74	67.83	111.24	148.58	199.05	282.32	299.3	41.83%	6.01%
贵州	0.66	2.04	1.78	7.72	13.65	9.67	18.4	20.04	25.96	20.44	29.54%	-21.26%
云南	9.75	5.05	10.25	10.88	11.71	45.48	42	47.92	51.84	58.26	8.18%	12.38%
陕西	30.17	43.83	69.81	102.41	215.37	334.82	533.28	640.02	721.82	802.79	12.78%	11.22%
甘肃	26.21	29.76	35.63	43.08	52.64	73.06	99.99	114.52	129.7	150.66	13.26%	16.16%
青海	5.3	7.7	8.5	11.41	16.84	19.3	26.89	29.1	46.88	56.92	61.10%	21.42%
宁夏	0.66	0.89	0.9	1	3.94	2.91	1.43	3.18	3.52	4.05	10.69%	15.06%
新疆	7.17	7.4	1.21	4.52	4.38	5.39	3	2.82	3.03	4.28	7.45%	41.25%

8.21 倍，在中部六省中排名第二，但是距第一名湖北省仍有较大的差距。剩下的四个地区技术市场成交额比较少，增长速度也比较慢。其中湖南省的技术市场成交额的基数比较高，2007 年技术市场成交额为 46.08 亿元，在中部六省中排名第二。到了 2016 年，技术市场成交额为 105.63 亿元，虽然名次仅退后了一步，但是 10 年增速仅为 2.29 倍，增长速度较慢，这也是其被安徽省赶超的重要原因。河南省的技术市场成交额和湖南省有所相似，即起点较高，但增长速度较慢，2013 年、2014 年与 2015 年，河南省的技术市场成交额在中部六省中均处于最后一名，一度被山西省和江西省所赶超，虽然个别年份技术市场成交额的增长速度较高，但是长远来看，河南省十年间的技术市场成交额仅仅增长了 2.22 倍，在中部六省中总体增速最低。山西省和江西省的技术市场成交额虽然在 2007 年比较低，但是经过几年的发展，也有了很大的进步，2016 年，江西省和山西省的技术市场成交额的分别是 2007 年各自技术市场成交额的 7.94 倍和 5.15 倍，说明这两个省份创新主体合作力度逐渐增强。

（三）高技术产业技术获取情况

技术之间的交流是创新主体合作的重要方式，对技术的吸收与再创新是提升自主创新能力的重要措施。按合作对象的国籍来分，技术获取包括技术引进和购买境内技术两种方式。新引进的技术通过一定程度的改造，可以快速符合自身产品的特点，从而提高产品的科技含量。因此，技术引进能够提高企业经济效益、降低生产成本、促进产品换代升级，对企业的发展有很大的作用。

从表 4－10 来看，中部六省高技术产业花在技术获取上的经费无明显的变化规律可言，六个省份都存在某一年经费支出上升飞快，另一些年份下降迅速的情况。在同一年份，不同省份的技术引进经费支出和购买境内技术经费支出有很大的差别。大多数年份，中部各省份的购买境内技术经费支出高于技术引进经费支出，这说明，中部各省的高技术产业与我国其他省份的技术合作交流更加频繁。

2011 年，河南省的技术引进经费支出最高，为 20849 万元，这和当年河南省政府加大开放力度、实施大招商战略有直接关系，这两项决定使得外资

表4－10　中部六省高技术产业购买技术经费支出情况

（单位：万元）

年份	河南省		山西省		湖北省		安徽省		湖南省		江西省	
	技术引进经费支出	购买境内技术经费支出	技术引进经费支出	购买境内技术经费支出	技术引进经费支出	购买境内技术经费支出	技术引进经费支出	购买境内技术经费支出	技术引进经费支出	购买境内技术经费支出	技术引进经费支出	购买境内技术经费支出
2009	1942	3457	1850	1898	1957	1502	89	2303	9041	4963	36	1909
2010	1131	2838	–	908	260	2765	312	2935	8257	4937	5020	970
2011	20849	2036	–	975	1664	1885	13235	6745	1705	6135	5220	1131
2012	1175	1707	–	4552	2524	3627	942	3198	614	8638	1655	220
2013	471	5059	1277	1024	20777	7571	8218	3184	1160	6183	483	88
2014	1434	4612	–	917	23058	2995	3873	4070	820	6528	509	99371
2015	549	2288	600	451	35205	6216	308	5060	2371	11896	551	3583
2016	508	1886	–	70	24163	5718	6282	10735	2685	3519	1403	1270

数据来源:2010—2017年《中国科技统计年鉴》。

大量涌入，随之而来的还有各种技术。河南省购买境内技术经费支出最高的年份为2013年，支出经费5059万元。山西省的历年技术引进经费支出缺失数据较多，不同年份购买境内技术经费支出有很大的差别，其中，购买境内技术经费支出额度最高的年份为2012年，数额高达4552万元，购买境内技术经费支出最低的年份为2016年，数额仅为70万元，购买境内技术经费支出的最高数额是最低数额的65倍。2013—2016年，湖北省的技术引进经费支出很高，远远超过了中部其余五个省份，除了2011年和2014年两年，湖北省购买境内技术经费支出整体呈现上升的趋势，这说明湖北省的高技术产业注重技术的获取。安徽省的历年技术引进经费支出与购买境内技术经费支出的波动幅度均比较大，2011年，其技术引进经费支出较高，达到13235万元，2016年，购买境内技术经费支出最高，为10753万元。湖南省技术引进经费支出最高为9041万元，购买境内技术经费支出最高为11896万元，相比其他省份，波动幅度较小。在技术引进经费支出方面，江西省最低支出额度为36万元，最大额度为5220万元，在购买境内技术经费支出方面，最高支出费用和最低支出费用也有很大的差别，2013年，购买境内技术经费支出才88万元，但是下一年，购买境内支出经费就达到了八年时间内六个省份的最高值99371万元，变化幅度非常大。

（四）中部各省产学研合作与平台建设情况

从经济实力来看，河南省的生产总值一直位于中部六省的第一位，但是在产学研平台建设以及举办的政产学研交流活动方面，河南省相较于中部其余五个省份，还有一定的差距，不过也取得了不小的成果。从2012年开始，河南省教育厅、财政厅在全国率先启动省级协同创新中心的遴选与认定，累计投入6.78亿元财政专项经费，在全省建设了3个国家级协同创新中心、37个省级协同创新中心，各高校也培育建设了157个校级协同创新中心，构建了国家、省、校三级高校协同创新中心建设体系。根据陈润儿省长的讲话精神“要推进产学研金的协同，通过建立产业技术创新联盟，完善多赢的利益共享机制，打通产学研金之间的互通壁垒，形成协同创新的‘磁场效应’，推动创新资源加速释放”的要求，2016年12月，河南省科学院联合河南省中国科学院科技成果转移转化中心启动了“河南省科技成果转化产学研金创新联盟（筹备）”工作，2017 年 10 月 28 日，由河南省科学院联合河南省中国科学院科技成果转移转化中心牵头发起筹建的“河南省科技成果转化产学研金创新联盟”在省政府和社会各界的大力支持下在郑州正式成立，该联盟为联盟会员提供了相互交流与合作的平台，具有很强的影响力。

山西省对产学研合作项目集中在煤炭、冶金、钢铁、化工、交通等资本密集型的传统产业。近年来，省内开展产学研合作的项目越来越多，投入的资金也越来越大，合作项目总体运行情况良好。早在 2000 年，为了推动创新主体之间的技术交流，加速科技成果的转化，山西省政府就颁布了《山西省推动产学研合作实施办法》，这极大激发了科研人员进行合作的热情。此外，山西省建立了互联网 + 与旅游产业升级协同创新中心。2015 年，山西省安科院打造“政产学研用”一体化模式。2016 年 9 月，太原理工大学协同创新中心批准成立。2017 年，举办山西省军民融合协同创新成果展洽会。2018 年，中国矿业大学建筑与设计学院赴山西省晋城市开展产学研合作交流活动。虽然山西省有不少的产学研交流活动，这极大地促进了当地创新主体之间的合作，但是与其他五个省份相比，仍然有很多的不足，区域整体协同创新氛围不够浓厚。总之，山西省产学研协同创新需要各方积极参加，需要完善制度机制、激励机制、管理机制以及合作机制，需要当地政府的大力推动。

湖北省是我国的高教大省，也是产学研模式在我国起步较早的省份，1981 年 1 月，武汉成立全国首家科技中介服务公司，提出“科技成果商品化，科技服务社会化”，同年 8 月，举办全国第一次技术交易会；在 20 世纪 90 年代中期，企业与部分高校、科研机构已经展开合作。从 2005 年开始，湖北省政府每年举办一次产学研合作项目洽谈会，搭建产业和科技直接对接的平台，推动科技成果转化和产业化，取得明显成效。同一年，湖北省经信委面向省内部分高校、科研院所的实验室、工程技术研发中心和企业技术中心命名“湖北省中小企业共性技术研发推广中心”53 个，引导社会力量为中小企业技术进步和创新服务。2013 年，湖北省相关部门整理并分析了开展产学研合作的 25 所重点院校和 28 家民营科技企业 2010—2013 年的相关数据。结果显示：在 2013 年，被调查的重点高校平均承担的产学研项目为 119 项，相比 2010 年增长了 25%，被调查的民营企业开展的产学研项目中，

75%是和高校一起进行的，这说明湖北省的高校在区域协同创新中扮演着重要的角色。2018 年，湖北省分别在宜都、武汉经济技术开发区、孝感等地区举办产学研合作对接系列活动，极大地推动了政府、企业、高校与科研机构的项目签约，也为企业解决技术方面的问题提供了指导。总之，随着“一会两台”（即产学研合作项目洽谈会、共性技术平台、湖北产学研合作与创新服务网络平台）建设的完善，湖北省产学研合作的深度、广度和质量水平不断提高，区域整体创新实力进一步增强。

安徽省比较重视创新主体之间的合作与交流，产学研联合已经成为创新的重要形式。2009 年 9 月，安徽省创建并开通了产学研网上对接和交易平台，这使得企业遇到技术难题时可及时联系有关专家，高校院所科研成果也能借此寻找“婆家”。也是在 2009 年，为促进企业与两院院士等高层次人才建立产学研长效合作机制，安徽启动了组建企业院士工作站计划，通过“柔性引进”高端领军型人才的方式，大大提升了安徽企业的自主创新能力。另外，安徽省科技厅通过建立面向企业的科技特派员、特聘员和联络员的“三员”制度，深层次服务企业提升自主创新能力。近年来，安徽省每年都会举办 2 ~ 3 次大规模的产学研对接活动，形式也从过去的“大而全”逐渐向分行业、分区域“小而精”转变。安徽省深入实施产学研合作“1 + N”行动计划，聚焦行业共性技术、关键核心技术攻关，推动企业、高校、科研机构三方联合，截止到 2018 年 10 月，安徽省共成立了 114 个产业技术创新战略联盟，拥有省级以上企业技术中心与高校、科研院所合作开发机构 1042 个，产学研合作项目占企业在研科技项目的 1/3 以上，产学研协同创新环境进一步优化。

湖南省的整体创新能力在中部六省中处于中等偏上的位置。近年来，湖南省也比较重视政产学研的交流，希望通过创新主体之间的协同创新，促进当地经济的发展。2012 年，为了落实国家 2011 协同创新计划，对接“法治湖南建设”的重大需求，湖南省成立了法治湖南建设与区域社会治理协同创新中心，中心以“8 +2”创新平台为依托，以机制体制创新为突破口，以资源整合为重点，发挥优势、突出特色、服务大局，成为湖南重要的科学研究高地、人才培养基地、信息交流中心与社会服务中心。此外，湖南省还成立了产业技术协同创新研究院，2018 年，成立湖南北斗军民融合协同创新中心，印发促进校企合作实施办法，这都为当地企业、科研机构、高校的合作提供了良好的条件。在举办产学研交流会方面，湖南省也取得了较多的成果，2016年，长沙市与湖南大学举办政产学研对接活动；2017年，长沙—湖南农业大学政产学研对接活动举办成功；2018年10月，湖南大学科技专家小分队到郴州市开展产学研对接活动，同年10月，长沙—湖南中医药大学政产学研对接活动举办成功；2019年1月，湖南工业职院成立四个科研发展中心，进一步整合了校企资源。这些活动都在一定程度上促进了创新主体之间的技术交流，促成了合作项目的签约以及科技成果的转化。

江西省属于我国欠发达省份，科技与经济实力相对较弱，科技服务能力严重不足，但是在产学研合作与平台建设方面也取得了一定的成果。早在2006年，江西省就开全国先河，实施科技入园工程，这为江西省协同创新发展提供了很强的动力，也为园区企业、产业的创新需求提供便利高效的全方位“一站式”服务。2007年，为了加快产学研联合向产学研融合转变，江西省教育厅批准建立了首批“江西省产学研合作示范培育基地”六个。2012年9月，首批10个江西省“2011协同创新中心”授牌成立，这对于江西省高等教育事业的发展有很大的推动作用。2013年，江西在全国首创“科技协同创新体”模式，打通、整合了从研发到产业孵化、市场销售的全创新链、产业链、资金链，从根本上解决了科研与产业“两张皮”问题。2016年，江西省财政厅又下达6000万元，采取有偿使用、溢价返还的资金扶持方式，用于组建的5个省战略性新兴产业科技协同创新体，这进一步加强了全省战略性新兴产业的创新驱动力。

另外，根据中华产业网统计的我国各省科技中介服务企业名录，截至2016年，河南省、山西省、湖北省、安徽省、湖南省以及江西省分别拥有科技中介服务企业304家、131家、461家、225家、401家、336家，明显看出，湖南省科技中介服务企业数目最多，而山西省科技中介服务企业数目较少，这也是导致各省区域整体创新能力与协同创新能力不同的重要原因。

三、区域协同创新存在的问题及原因分析

在供给侧结构性改革和经济新常态的背景下，创新成为经济发展的重要驱动力。而协同创新作为我国创新驱动战略的重要组成部分，对于提升区域

整体创新能力、实现区域间协调发展具有重要意义。根据以上对于中部六省各省份创新现状、协同创新现状的分析，我们可以发现中部六省各省份区域创新能力与协同创新能力均有所提高，但是区域创新能力差别很大，尤其是江西省、山西省两个地区的协同创新能力有很大的提升空间，本部分将中部六省区域协同创新中存在的问题及原因归纳如下。

（一）科技投入力度不足，自主创新能力较弱

科技投入如科技人员、科技经费投入力度不足，将会直接导致区域创新活动产出不足，也对区域自主创新能力有重要的影响。虽然近几年来，我国各地区的科技投入力度整体呈现上升的状态，但距离创新能力较强的国家和地区仍有很大的差距。根据 2017 年的中国科技统计年鉴可知，2015 年，我国科技投入强度为 2.06%，而同年美国和日本的科技投入强度分别为 2.79%、3.49%，从投入与产出的角度来看，这个数字足以解释我国创新能力不强的原因。在对中部六省的 R&D 人员投入情况、R&D 经费内部支出、各省份科技投入强度的分析中，可以看出中部六省在创新实践的过程也存在科技投入力度不足的问题，这导致各区域自主创新能力较弱。2016 年，科技投入强度最高的安徽省的科技投入强度为 1.97%，略低于国家整体水平，但和第一名北京市 5.96% 的科技投入力度相比，仍有较大的差距，安徽省的科技投入强度在全国的排名也仅为第九名，而科技投入强度最低的江西省的科技投入强度为 1.04%，在全国的排名为第 21 名。在 2015 年，湖北省规模以上工业企业科研经费占主营业务收入的比重只有 0.94%，而全国规模以上工业企业科研经费投入强度为 1.28%。2016 年，河南省全社会研发投入占 GDP 的比重仅为 1.22%（其中企业研发投入占全社会研发投入总量的 88.5%），而当年全国平均水平为 2.08%。这些数据足以说明中部六省的科技投入强度不足，对自主创新能力提升的推动作用比较弱小。

这种问题的出现有两方面的原因：一是中部六省各省份对于科技投入的重视不够，在对科技人员的管理以及资金投入上面还有很大的欠缺，不能较好地发挥科技投入对自主创新能力提升的推动作用；二是国内一些一线城市、沿海地区发达城市甚至是发达国家有更好的人才培养政策和创新环境，使得中部六省各区域的科技人才尤其是科学家、高级工程师等外流情况严重。

（二）企业作为创新主体的地位有待加强

创新是企业在众多竞争对手中获得核心竞争优势、取得长久发展的生存之道，企业作为创新主体的地位能否确立，主导作用能否发挥，很大程度上决定了协同创新网络的形成，对于中部六省走好加快转型、绿色发展、跨越提升的新路，具有十分重要的意义。2014 年，我国企业对全社会研发经费增长的贡献为 84.2%，对研发经费增长的引领作用进一步增强，这也说明了企业的创新能力正处于逐步提升的阶段。在对区域创新能力综合指标的研究中，可以清楚地看出，在中部六省中，除了安徽省和湖南省，剩余四个省份的企业创新效用值均不高，在全国中的排名也比较落后。2016 年，企业创新效用值最高的为安徽省，在全国的排名为第七名，而河南省、山西省以及江西省的企业创新效用值得分在全国的排名均在二十名之外，这直接说明了中部六省企业的创新能力较弱。而企业创新主体地位的强化关乎创新活动面向市场的程度，关乎创新成果与市场结合的强度，关乎区域整体的创新绩效。因此，企业作为创新主体地位的弱化对于中部六省实现创新的市场导向很不利。

中部六省的制造业比较强，尤其是河南省，近年来承接了许多来自东部沿海较发达地区的产业，这虽然促进了河南省经济的增长，却也无形中使得企业沉迷于单纯的承接、生产、加工的低附加值的产业链，乐于借鉴外来技术并对技术进行改造，而对耗时耗力的自主研究开发投入力度较少，从而严重影响企业创新能力的提升，进一步，企业作为创新主体的地位也受到了削弱。此外，当前经济下行的压力加大，这给企业的经营带来了较大的困难，造成企业参与科技创新活动的主动性有所降低，怕担风险、不敢创新的现象较为普遍，这也在一定程度上削弱了企业作为创新主体的地位。

（三）创新主体在协同创新过程中动力不足

不管是企业、高等学校还是科研机构，创新主体进行合作的动力在于提高创新效率、降低创新成本，从而实现各自所需利益。这种合作机制是市场机制，应该由企业来主导，各个创新主体的合作意愿是内生的，这是协同创新的基本源动力。在对中部六省区域协同创新现状的研究中，可以清楚地看出，中部六省各区域的高校与企业合作研发经费支出、科研机构与企业合作研发经费支出的数额均比较低，尤其是江西省，好几年的时间，科研机构与企业合作研发经费支出不超过100万元。另外，创新主体之间合作研发经费支出的增长速度比较慢，有些年份合作研发经费支出甚至出现了负增长。从技术市场成交额来看，与全国其他省市相比，中部六省的技术市场成交额比较低，且增速比较缓慢。这说明了创新主体之间的合作不够密切，而出现这种现象的根本原因，在于创新主体之间合作动力不足。

从高校的角度来看，校企合作动力不足的原因在于企业普遍没有足够的耐心参与到高素质、专利技术研发人才的培养过程中，与高校共同办学也只投资对自己有利益价值的学科，这为其他学科的发展造成了困境，以至于两者联合办学很难取得实质性的进展。从企业的角度来看，合作动力不足的原因在于高校对培养应用型人才、获得足够的经费搞科研重视力度较大，而对企业的利益诉求考虑的比较少。各创新主体之间创新动力不足的原因还在于政府在协同创新中作为第三方的功能发挥不到位，不能很好地解决各创新主体之间的矛盾。

（四）区域协同创新氛围不浓

协同创新合作的过程是一个人才相聚、思维相通、文化相融的过程，人们的创新意识、全社会尊重高素质高科技人才的程度、崇尚科学知识的社会风气均对区域协同创新氛围的形成有较大的影响，同时政府对区域创新的认识不到位也会使得区域整体创新氛围不浓。虽然受到了创新驱动战略的引导、我国“大众创业，万众创新”战略的影响，中部六省不断优化创新环境，但是鼓励、宽容协同创新的尺度还需要进一步放宽。由表4－1、表4－2从《中国区域创新能力评价报告》统计的数据可以看出，中部六省在创新环境这一指标中的得分并不高，除了安徽省和湖北省的创新环境效用的得分较高、在全国排名较靠前之外，剩余四个省份的创新环境在全国都没有很高的竞争力，在2016年，安徽省的创新环境在全国的排名还落后到了第16名，这使得中部六省在创新环境的建设中面临更大的挑战。而创新主体之间合作研发经费比较低、技术市场成交额较低也说明了中部六省的区域协同创新氛围不浓，不能很好地引导创新主体之间的合作实践，从而提升总体的区域创新能力、区域协同创新能力。

区域协同创新环境的优化需要各方的努力，创新氛围不浓厚说明了推动区域协同创新的环境没有得到很好的优化。首先，在硬环境方面，创新基础设施不完善，导致产学研平台不能很好地发挥作用，创新资源未能集聚并得到高效利用。其次，在软环境方面，约束创新的体制机制、相关政策障碍未能很好地得到清除，创新活力尚未完全释放。这是中部六省区域协同创新环境不够浓厚的两个重要原因。

（五）科技中介服务机构作用不明显

科技中介服务机构属于知识密集型服务业，主要面向社会开展技术扩散、成果转化、科技评估、创新资源配置、创新决策和管理咨询等活动，是区域创新体系的重要组成部分，是制约创新知识和资源流动的瓶颈。因此，科技中介服务机构虽然不进行研究与开发活动，但是其重要作用仍然不言而喻。从宏观来看，科技中介机构不完善，是导致区域大量的科技产出成果不会被市场所认知，专利、科技论文等科研成果向市场转化效率不高的重要原因。对于企业来说，科技中介机构服务环节薄弱会使得其在国内外技术知识的获取、技术市场信息获取、技术知识咨询等方面的表现比较迟钝。对于科研人员来说，会使得其难以掌握研究过程中所需要的市场、管理与贸易信息。虽然在各种统计年鉴中，对各地区科技中介服务机构没有进行具体的统计，但是我们仍然从侧面看出在中部六省的区域协同创新体系中，存在科技中介服务机构作用不明显的问题，例如高校、科研机构与企业合作研究经费支出金额均比较低，技术市场成交额也显著低于国内其他省市的水平。2016年，中部六省中技术市场成交额最高的省份为湖北省，金额达到903.84亿元，是第二名安徽省技术市场成交额的4.16倍，是最后一名山西省的技术市场成交额的21.2倍，在中部六省中的领先地位特别突出，但是与第一名北京市的技术市场成交额相比，仍有很大的差距。

科技中介服务机构作为市场经济的产物，目前其发展也有很多的问题，例如政策引导作用弱、经费短缺、吸引人才力量不强、基础设施落后、各研究所等机构之间联系不紧密等情况。在中部六省中，这些问题普遍存在，从而制约着科技中介服务机构的发展，也使得科技中介机构在区域协同创新体系中发挥的作用不明显。

（六）产学研合作相关法律法规不完善

在中部各省创新主体进行产学研协同创新的过程中，法律和政策发挥着其独特的作用，是重要的基础性保障。在 20 世纪 70 年代，我国政府已经意识到法律和政策对产学研结合的重要性，并在之后的几十年里，推出了一系列法律法规和政策，许多地方政府也根据《科学技术进步法》等国家法律制定了专门促进地方产学研合作的具体措施。这些法律、政策以促进产学研合作为目标，内容差不多覆盖到了产学研结合的主要领域，但仍然存在诸多问题：一是缺乏宏观上的整体协调，法律法规错综复杂，缺乏衔接，许多规定缺乏实际可操作性。二是系统性和针对性不足，尚没有针对政产学研用协同创新的专门立法，基本制度建设还不健全，现有政策法规内容还存在缺失。三是与政产学研用协同创新法律配套的激励和促进协同创新的政策和措施不到位。此外，政府的领导体制也影响着产学研合作工作的顺利开展。一方面，产学研合作的各方都有自己的政府主管部门，政府各职能部门希望推进产学研合作，但是又不想放弃自己所属基层单位的利益。另一方面，经贸体系、科技系统和教育系统的运行机制不尽相同，各部门之间还没有形成有效的合力来共同推进产学研合作发展，这样的政府领导体系的分割有时会给产学研合作带来阻力。同时，长期以来，在计划体制的影响下，政府职能的转变不到位，产学研合作的相关政策与法律法规不完善，现行的产学研合作的规定大多依附于其他方面的法规，因此，在产学研合作过程中，发生利益与权益纠纷时，各创新主体的需求不能得到合理的解决，这严重影响了产学研合作的顺利进行。

第二节　中部六省产业转型升级现状

产业转型升级是指以技术创新为动力，推动产业结构有序化、高级化的过程，即由传统的低层次、低效率、低附加值产业向现代高层次、高效率、高附加值产业转变的过程。在 2018 年的“两会”上，习近平总书记明确提出推动经济高质量发展，要把重点放在推动产业结构转型升级上，把实体经济做实、做强、做优。在经济新常态背景下，产业转型升级、以创新链支撑产业链成为区域发展的必经之路，与时俱进地推动产业结构优化升级，是实现高质量发展必须攻克的时代课题，也是当前我国发展的重要任务。

本小节首先对产业转型升级的路径、特征等概念进行梳理，在此基础上，考虑到产业转型升级是一个综合性的概念，也是一个动态发展过程，从产业层次上看趋向结构高级化，从价值链上看趋向高收益化环节，从能耗上看趋向低碳化，因此需要从投入、产出、结构、效益、环境多个角度进行综合衡量。考虑到数据的可得性，笔者择优选择了三次产业产值及比重变化、三次产业贡献率、高新技术企业数、高新技术企业工业总产值、规模以上工业企业新产品的开发与销售情况、万元地区生产总值能耗几个指标，全面地反映中部六省产业转型升级过程，以及各地区产业结构的高级化、合理化和可持续发展水平。

一、产业转型升级的路径与特征

（一）产业转型升级的路径

产业的发展包括纵向提升、横向提升两个方面，以纵向产业结构调整为主的称为“转型”，而在保持纵向产业结构基本稳定的前提下，某个具体产业在链条上的局部技术提升，被称为“升级”。不管是产业转型还是产业升级，其最终的标志均为：产业资源的消耗和环境污染更少，产出的利润更高。此外，在产业转型升级的过程中，产业发展现状会出现以下几种变化：如由规模扩张为主向质量提升为主的转变，由加工制造向创新创造转变，由比较优势向竞争优势转变，而进行这种转变的目的就是要加快构建产业新体系，全面提高产业核心竞争力。产业转型升级的路径具体来说有以下几种：

1. 产业间转型，这种转型是比较宏观的，是指一个国家或地区在一定历史时期内，根据国际和国内经济、科技等发展现状和趋势，通过特定的产业、财政金融等政策措施，对其现存产业结构的各个方面进行直接或间接的调整。产业间转型特别需要现代服务业等相关产业的支撑和匹配，因为这类产业会对产业转型存在“推”和“拉”两方面的作用。产业间转型有两种基本路径，一种为平稳渐进式转型，产业结构由第一产业为主导逐渐向由第二产业为主导，再向以第三产业为主导的推进过程就属于平稳渐进式的转型。另一种为倾斜突进式转型，指国家或某一地区根据其发展特点和特定阶段，选定一个或几个主导产业，重点倾斜发展，以此来带动整个经济飞跃进而实现产业结构的优化提升。

2. 产业内转型，这种转型是微观的，指一个产业内部诸多子产业之间的跨越发展，或一个行业内，资源存量在产业间的再配置，也就是将资本、劳动力等生产要素从衰退产业向新兴产业转移的过程。例如第二产业内部两个子制造业之间的转型。产业内转型可以归纳为“加、减、乘、除”四种渠道，这四种渠道分别代表：“加法”是有实力的企业投资新兴战略性产业或在老企业内部孵化出新的高技术产业；“减法”是减少企业的某些环节，让企业轻装上阵，从而有更多的资源和条件实现转型；“乘法”是指通过本地竞争优势和全球竞争环境的适当交叉，改变企业文化去鼓励企业实现转型；而“除法”和“减法”有些相似，是指除去企业产业链中重复的部分以提高企业资源的利用效率。

3. 产业的升级，表示制造型企业从加工制造环节向研究开发或销售等高技术含量、高附加值的环节转变，即往“微笑曲线”两端提升。典型的案例如美特斯·邦威从以服装制造为主升级为服装的研究开发和营销为主，杭州制氧机集团公司从制造空分设备向为顾客提供专业化服务转变。除了企业积极从事研发、销售等活动，产业升级还有另外六种基本的路径，分别为：①企业学习和技术能力的提升，这是企业实现产业升级的重要基础；②产品的开发和替代，在此过程中，多重技术领域的跨越嫁接和产品功能技术的交叉至关重要；③企业组织架构的重建，如将原来属于企业内部的研发、营销环节分离出去并成立新的企业，依靠这些新企业实现原有企业的升级；④商业模式的创新，这是企业升级的重要支撑和实现目标；⑤企业合作关系的建设，如采取合作研发、战略联盟等方式加快新产品的开发进程，或者将同一地区不同企业的相关产品捆绑在一起销售；⑥产业链及价值链的建设，即企业提高技术开发和营销能力，逐渐向产业链的上下游扩展。

4. 产业间转型升级，也可以称为“跨产业升级”，这条路径既包括转型又包括升级。产业间转型升级包括三种路径：①先转型再升级，如制造业向服务业转型时往往会使企业的技术、人才等要素资源得到提升，使企业向价值链附加值较高的位置迁移；②先升级后转型，即随着企业向价值链附加值相对较高的位置发展，越来越多地从事研发和营销活动，企业有可能完全从制造业发展为服务业；③转型与升级一起进行，当企业一方面面临着成本上升、市场萎缩等压力，另一方面又具备能力的不断提升时，它就可能会考虑跨产业的其他环节迁移。产业转型升级一起进行对企业的要求比较高，需要企业的技术以及商业模式均发生转变。

另外，在新常态的背景下，"互联网 +" 正逐渐成为产业转型升级的新动力、新路径，影响着企业发展的方向。上述产业转型升级的路径只是一种可能性的描述，要真正实现除了企业本身的努力以外，还需要完善政策的支持、政府的组织领导、专家智囊作用的发挥、各种资源要素的保证等条件。最后，从其他的角度考虑，产业转型升级的路径还可以为归纳为技术升级、市场升级、管理升级等，本著作只从一个角度进行归纳。

（二）产业转型升级的特征

产业转型升级是经济从高速增长向高质量增长转变的核心和关键，在产业结构发生变化的过程中，除了有从低附加值转向高附加值、从高能耗高污染转向低能耗低污染、从粗放型转向集约型升级三大特点外，产业转型升级还有战略性、全局性、系统性三个特征，也可以说，产业转型升级是一个战略性、全局性和系统性的动态变革过程。

所谓战略性，是指产业转型升级的目标明确，通过转型升级，增强产业核心竞争力和可持续发展水平。从国家或地方的层面来说，产业转型升级的最终目的是要促进国家或某一地区经济的"绿色"发展，最终使得国家或该地区的综合竞争力得到不断提升。从公司或企业的角度来说，实现产业转型升级不只是为了当前的利润，更是为了提高产品的整体竞争能力和日后的可持续发展水平，因此实现转型升级要经过慎重的考虑，把握住整体发展的方向，并作为公司长久发展的战略来对待。

所谓全局性，是指产业转型升级要立足于长远发展，考虑全面，不是只考虑眼前既得的利益，一味简单追求经济的快速发展，而忽视了资源的浪费和环境的污染。急功近利是当前我国很多企业的通病，它们在考虑产业转型升级时，仅仅为了当前利润的增加，过少甚至不考虑公司的现有实力、资源禀赋情况以及未来的可持续发展。而政府部门在考虑此问题时，有些政府官员为了政绩的需要，也会犯同样的错误，不惜以资源过度浪费和环境污染严重为代价，这成为一种恶性循环，对于产业实现整体的转型升级很不利。

所谓系统性，是指产业转型升级不是短时间就能完成的，而是一个漫长的动态过程，需要不断调整发展模式和方向。在产业转型升级的过程中，会面对各种各样的变化，受到各种各样的影响，这种影响不只是来源于同行业的竞争、技术变革带来的冲击、竞争对手战略的改变，也来源于国内外经济、政策方面的宏观变化。因此，实施产业转型升级的主体必须具有系统认识事物的思维，将影响产业转型升级因素综合起来考虑，不断调整自身的发展状况，才能应对转型升级过程中出现的国内外环境变化和重大挑战。

二、中部六省产业结构变迁过程

产业结构是指一个国家或某个地区各个产业部门的各种生产要素在该国家或者地区各产业部门之间的比例构成及它们之间的相互依存和相互制约关系。产业结构状况不仅直接关系着资源配置效率和区域经济效益，也是地区未来经济增长的重要基础。产业结构优化是指产业结构高度化和合理化，体现在产业的高附加值、高技术化、高集约化和高加工度化，尤其高新技术产业的比重以及各产业之间按比例发展的协调程度。产业结构变迁是产业转型升级的现实基础，产业转型升级是产业结构变迁的理论凝练。

（一）河南省产业结构变迁过程

河南省地处平原，不仅拥有肥沃的土地和水资源，而且有较强的区位交通优势，是我国的第一大粮食生产基地，素有“粮仓”美誉，也是重要的新兴工业大省、经济大省、人口大省。自改革开放以来，河南省努力发展三次产业，争取升级、优化产业结构，尤其是在国际和我国东部沿海产业转移的浪潮下，河南省取得了较快的发展，产业结构有了较大的改变。2013 年，河南省制定了产业结构的战略调整意见，提出以发展优势产业为主导，要把河南省建设成为现代农业、先进制造业、高成长服务业大省。党的十八大以来，河南省经济与全国经济增长基本保持一致，经济总量在中部六省中稳居第一，工业生产平稳增长，调结构、促创新等领域投资力度加大，产业结构加快向中高端迈进。

表 4－11　1978—2016 年河南省三次产业产值及比重变化

年份	第一产业产值（亿元）	比重（%）	第二产业产值（亿元）	比重（%）	第三产业产值（亿元）	比重（%）
1978	64.86	39.81	69.45	42.63	28.61	17.56
1979	77.3	40.66	80.52	42.36	32.27	16.98
1980	93.23	40.68	94.44	41.21	41.49	18.11
1981	106.04	42.47	95.79	38.36	47.86	19.17
1982	108.18	41.09	102.76	39.03	52.36	19.89
1983	143.49	43.75	116.36	35.48	68.1	20.77
1984	155.28	41.96	136.29	36.83	78.47	21.21
1985	173.43	38.39	170.07	37.65	108.24	23.96
1986	179.02	35.60	202.15	40.20	121.74	24.21
1987	220.22	36.13	230.25	37.77	159.13	26.10
1988	240.72	32.13	299.83	40.03	208.54	27.84
1989	289.95	34.08	317.13	37.28	243.63	28.64
1990	325.77	34.85	331.85	35.51	277.03	29.64
1991	334.61	32.00	388.09	37.11	323.03	30.89
1992	353.92	27.66	545.21	42.60	380.62	29.74
1993	410.45	24.72	764.2	46.03	485.53	29.25
1994	546.68	24.66	1058.89	47.77	611.26	27.57
1995	762.99	25.53	1394.98	46.68	830.4	27.79
1996	937.64	25.80	1677.62	46.16	1019.43	28.05
1997	1008.55	24.96	1861.28	46.06	1171.26	28.98
1998	1071.39	24.87	1937.83	44.98	1299.02	30.15
1999	1123.14	24.86	1981.07	43.85	1413.73	31.29
2000	1161.58	22.99	2294.15	45.40	1597.26	31.61
2001	1234.34	22.31	2510.45	45.37	1788.22	32.32
2002	1288.36	21.35	2768.75	45.87	1978.37	32.78
2003	1198.7	17.45	3310.14	48.20	2358.86	34.35
2004	1649.29	19.28	4200.39	48.89	2729.74	31.83
2005	1844.05	17.36	5510.12	51.87	3267.39	30.76
2006	1869.83	15.06	6693.46	53.92	3849.57	31.01
2007	2168.16	14.38	8203.37	54.41	4704.68	31.20
2008	2604.38	14.39	10132.48	55.99	5360.19	29.62

续表

年份	第一产业产值（亿元）	比重（%）	第二产业产值（亿元）	比重（%）	第三产业产值（亿元）	比重（%）
2009	2708.42	13.82	10816.54	55.21	6065.39	30.96
2010	3192.40	13.74	12930.83	52.68	7099.68	30.57
2011	3440.39	12.09	14978.99	57.63	10041.40	35.28
2012	3692.49	12.77	16063.24	55.56	9157.57	31.67
2013	3972.7	12.25	16942.15	52.25	11508.70	35.49
2014	4160.01	11.81	18041.82	51.25	12996.82	36.92
2015	4209.56	11.29	18156.04	48.70	14912.60	40.00
2016	4286.21	10.59	19275.82	47.63	16909.76	41.78

河南省是传统的农业大省，1978 年，河南省第一产业的产值为 64.86 亿元，占全省生产总值的比重为 39.81%，第二产业产值为 69.45 亿元，占全省生产总值的比重为 42.63%，第三产业生产总值为 28.61 亿元，占全省生产总值的比重为 17.56%。在接下来的 38 年中，河南省三次产业的产值均呈现上升的状态，但是三次产业占全地区生产总值的比重却有了很大的变化。到 2016 年，河南省第一产业的产值为 4286.21 亿元，占比 10.59%，第二产业产值为 19275.82 亿元，占比 47.63%，第三产业产值为 16909.76 亿元，占比 41.78%。

综合来说，河南省第二产业发展最快，增量也最大，主导产业的位置逐渐稳固，带动作用不断增强，为河南省的经济发展做出了巨大贡献，是地区财政收入的主要来源。2011 年河南省第二产业占 GDP 的比重为 57.63%，达到改革开放以来的最高值，主要原因在于 2010 年河南省实施大招商战略，吸引了来豫客商对冶金、机械电子、新能源、轻工纺织等第二产业的大规模投资；第一产业产值所占比重逐年下降，且产值增长速度远远低于同期第二产业和第三产业的发展水平；第三产业在 1980—1990 年发展速度较快，占生产总值的比重也达到了历史的小高峰，1990 年之后，比重变化幅度较少，甚至有所下滑，直至 90 年代后期才又一次充满生机，2003 年达到 34.35% 的新顶点，之后几年一直在 30% 左右徘徊，从 2011 年开始，第三产业占生产总值的比重开始有了较大幅度的增长。总之，河南省第三产业发展状况良好，这很大程度上归因于当时改革开放所带来的市场活力以及政策上的倾斜。但是与全国发达省份相比，河南省第三产业发展还是比较落后的，相信随着知识经济、信息经济的发展，河南省第三产业将迎来良好的发展机遇，第三产业发展速度和总量会进一步提升，其在国民经济中所占比重也会进一步提高，以下是历年河南省三次产业贡献率的变化情况：

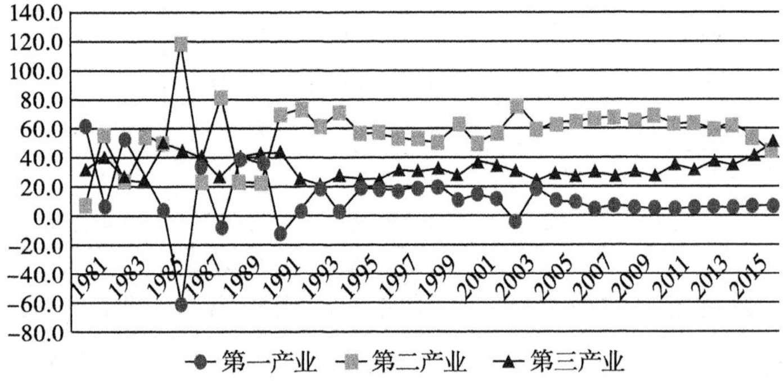

图 4-3　1981—2016 年河南省三次产业贡献率变化（单位：%）

数据来源：2017 年《河南统计年鉴》。

三次产业贡献率指各产业增加值增量与 GDP 增量之比。由图 4-3 可以明显看出，在 1991 年之前，河南省三次产业贡献率变化幅度比较大，1991 年之后，三次产业贡献率基本保持平稳。其中，第一产业对经济增长的促进作用减弱，20 世纪 90 年代以来，河南省第一产业的贡献率均低于 20%，且在 2007 年之后，贡献率进一步下降到 10% 以下。第二产业对经济增长促进作用最强，贡献率保持在 50% 以上，而第三产业贡献率维持在 20%～40%，2016 年，第三产业对经济增长的贡献率首次超过第二产业，河南省的产业结构得到了进一步的优化。

（二）山西省产业结构变迁过程

山西是我国中部地区地处最北部的一个省份，位于黄河中游以东，黄土高原之上，东临河北，西毗陕西，南邻河南，北接内蒙古，区位优势明显，交通便利。山西的优势产业为以自然资源为基础的农业、原材料与能源工业，是我国的煤炭产业大省，其煤炭资源约占全国煤储量的 25%，同时，山西也是重要的有色金属大省，为全国的经济社会发展做出了重要贡献。受到经济增速放缓、生态环境约束等影响，2012 年以来我国煤炭需求不断放缓，市场对煤炭资源的需求量减少，煤炭行情整体低迷的情况直接影响了山西省的经济增速，2012—2015 年，山西省经济增速分别为 10.2%、9.0%、4.9%、3.0%，在各省中处于倒数的位置，经济深层次矛盾和问题开始凸显。2017 年，山西省地区生产总值增速延续了 2016 年下半年以来逐季回升的发展态势，全年增长 7.0%，在全国的位次大幅前移。关于推进产业结构升级，近年来，山西省一直走在革命兴煤的道路上，谋求转变煤炭发展方式，科学“去产能”，不断推进资源经济结构转型，产业结构调整也取得了一些成效，例如对外贸易的跨越发展、出口结构的明显优化等，以下主要从三次产业产值与占比情况分析山西省产业结构变迁历程。

表 4－12　1978—2016 年山西省三次产业产值及比重变化

年份	第一产业产值（亿元）	比重（%）	第二产业产值（亿元）	比重（%）	第三产业产值（亿元）	比重（%）
1978	18.2	20.68	51.47	58.50	18.32	20.82
1979	22.65	21.28	62.73	58.94	21.05	19.78
1980	20.63	18.97	63.51	58.39	24.62	22.64
1981	31.13	25.58	64.45	52.95	26.13	21.47
1982	37.33	26.81	70.25	50.46	31.64	22.73
1983	37.79	24.37	82.55	53.24	34.72	22.39
1984	46.25	23.43	103.12	52.23	48.06	24.34
1985	42.26	19.30	120.06	54.82	56.67	25.88
1986	37.9	16.12	128.25	54.55	68.96	29.33
1987	39.06	15.18	137.97	53.64	80.19	31.17
1988	48.54	15.33	163.29	51.56	104.86	33.11
1989	63.75	16.94	188.75	50.16	123.76	32.89
1990	80.81	18.82	210.07	48.94	138.39	32.24
1991	68.77	14.68	236.28	50.43	163.46	34.89
1992	82.94	15.05	270.28	49.04	197.9	35.91
1993	97.27	14.30	335.03	49.24	248.11	36.46
1994	123.84	14.98	396.57	47.97	306.25	37.05
1995	168.69	15.68	494.45	45.95	412.89	38.37
1996	202.98	15.65	600.21	46.28	493.62	38.06
1997	201.05	13.54	707.57	47.64	576.59	38.82

续表

年份	第一产业产值（亿元）	比重（%）	第二产业产值（亿元）	比重（%）	第三产业产值（亿元）	比重（%）
1998	222.35	13.67	761.25	46.81	642.58	39.51
1999	175.68	10.44	785.47	46.68	721.67	42.88
2000	202.22	10.83	858.37	45.95	807.49	43.23
2001	196.92	9.58	956.01	46.51	902.43	43.91
2002	233.06	9.88	1134.31	48.06	992.69	42.06
2003	259.57	8.95	1463.38	50.47	1176.65	40.58
2004	341.19	9.38	1919.4	52.79	1375.67	37.83
2005	331.73	7.71	2357.04	54.82	1611.07	37.47
2006	358.17	7.22	2755.66	55.56	1846.18	37.22
2007	413.30	6.75	3454.49	56.39	2257.99	36.86
2008	425.28	5.73	4242.36	57.12	2759.46	37.15
2009	477.59	6.49	3981.97	54.13	2896.82	39.38
2010	554.48	6.03	5202.36	56.62	3431.99	37.35
2011	641.42	5.72	6573.96	58.62	3998.82	35.66
2012	698.32	5.76	6649.55	54.83	4778.71	39.41
2013	741.01	5.85	6613.06	52.21	5311.18	41.94
2014	788.89	6.18	6293.91	49.32	5678.69	44.50
2015	788.1	6.17	5194.27	40.67	6789.06	53.16
2016	784.78	6.02	5028.99	38.59	7218.12	55.39

1978 年，山西省第一产业产值为 18.2 亿元，占全省生产总值的比重为 20.68%，第二产业产值为 51.47 亿元，占全省生产总值的比重为 58.50%，第三产业产值为 18.32 亿元，占全省生产总值的比重为 20.82%，和第一产业占比大体相当，三次产业结构比重为二、三、一的状态。到 2016 年，山西省第一产业的产值上升到了 784.78 亿元，但占生产总值的比重下降到了 6.02%，第二产业生产总值为 5028.99 亿元，占生产总值的下降到了 38.59%，这是 38 年间首次第二产业生产总值占比低于 40%，这与习近平总书记当年对山西省发展提出的总要求“形成产业多元支撑的结构格局”相关，2016 年，山西全省规模以上工业企业原煤产量 81641.5 万吨，同比下降 14.4%。与此同时，山西省第三产业生产总值 7218.12 亿元，占比为

55.39%，根据山西省人民政府网站的统计数据，该年第三产业税收增幅38.61%，第三产业所创造的经济收益越来越高。从三次产业占地区生产总值的比重的变化情况来看，山西省三次产业占生产总值的比重不稳定，一些年份变化幅度较大。总体来说，与中部省份相比，山西产业结构“二、三、一”特征突出，虽然山西省产业结构调整展现出积极变化，但是其产业结构仍然比较单一，重工业所占比重过大，正处于“第一产业基础不牢，第二产业效益不好，第三产业发展不足”的尴尬境地，在中部六省中属于发展比较落后的省份。

（三）湖北省产业结构变迁过程

湖北省是中部六省中最具教育科技优势的地区，是中部崛起的重要战略支点，也是我国重要的老工业基地之一，经过了几十年的发展，现已形成了大中型企业为主体，汽车、冶金、机电、化工、电力、建材、轻纺为支柱的门类齐全的工业体系。从地理位置上看，湖北的省会武汉市在我国交通运输战略格局中具有重要地位，是华中地区最大的综合性工业城市和经济中心。近年来，湖北省经济发展迅速，2016年，湖北省GDP总量首次跨进“3万亿俱乐部”，超过河北，跃居全国第七位，在中部六省中更是处于较领先的地位，全省规模以上工业企业达到16464家，比2015年增长3.4%，工业增加值增长8.0%，工业企业实现利润2441.35亿元，增长9.6%。随着经济的发展，湖北省的三次产业产值与占生产总值的比重也发生了很大的变化。

表4-13　1978—2016年湖北省三次产业产值及比重变化

年份	第一产业产值（亿元）	比重（%）	第二产业产值（亿元）	比重（%）	第三产业产值（亿元）	比重（%）
1978	61.11	40.47	63.71	42.19	26.18	17.34
1979	85.15	45.18	73.03	38.75	30.28	16.07
1980	71.22	35.72	91.67	45.98	36.49	18.30
1981	87.00	39.59	92.85	42.25	39.9	18.16
1982	101.73	42.12	94.97	39.32	44.85	18.57
1983	105.41	40.14	106.5	40.56	50.68	19.30
1984	126.36	38.50	136.5	41.59	65.36	19.91
1985	144.44	36.45	174.35	44.00	77.47	19.55

续表

年份	第一产业产值（亿元）	比重（%）	第二产业产值（亿元）	比重（%）	第三产业产值（亿元）	比重（%）
1986	163.61	37.01	187.96	42.52	90.47	20.47
1987	183.99	35.54	224.53	43.36	109.25	21.10
1988	214.66	34.26	271.25	43.29	140.61	22.44
1989	239.07	33.34	300.45	41.90	177.55	24.76
1990	289.45	35.11	313.39	38.02	221.54	26.87
1991	279.3	30.58	359.86	39.40	274.22	30.02
1992	303.00	27.84	444.61	40.85	340.78	31.31
1993	346.39	26.13	537.6	40.55	441.84	33.33
1994	501.44	29.48	657.63	38.66	541.84	31.86
1995	619.77	29.38	780.18	36.99	709.43	33.63
1996	716.34	28.66	923.68	36.95	859.75	34.39
1997	767.92	26.88	1071.86	37.52	1016.69	35.59
1998	778.22	24.99	1199.08	38.51	1136.71	36.50
1999	653.99	20.25	1314.44	40.70	1260.86	39.04
2000	662.3	18.68	1437.38	40.54	1445.71	40.78
2001	692.17	17.84	1574.4	40.57	1613.97	41.59
2002	707.01	16.78	1709.9	40.59	1795.93	42.63
2003	798.35	16.78	1956.02	41.11	2003.08	42.10
2004	1020.09	18.11	2320.6	41.19	2292.55	40.70
2005	1082.13	16.42	2852.12	43.28	2655.94	40.30
2006	1140.41	14.97	3365.08	44.18	3111.98	40.85
2007	1378.05	14.76	4143.06	44.39	3812.34	40.85
2008	1780.00	15.71	5082.07	44.86	4466.85	39.43
2009	1795.91	13.86	6038.08	46.59	5127.12	39.56
2010	2147.04	13.45	7767.24	48.64	6053.37	37.91
2011	2569.32	13.09	9815.94	50.00	7247.02	36.91
2012	2848.77	12.80	11193.1	50.31	8208.58	36.89
2013	3030.27	12.22	11786.64	47.54	9974.92	40.23
2014	3176.89	11.60	12852.4	46.94	11349.93	41.45
2015	3309.84	11.20	13503.56	45.70	12736.79	43.10
2016	3659.33	11.30	14375.13	44.50	14263.45	44.20

1978 年，湖北省第一产业产值为 61. 11 亿元，占全省生产总值的 40. 47%，第二产业产值为 63. 71 亿元，占全省生产总值的 42. 19%，略高于第一产业，第三产业生产总值最低，仅为 26. 18 亿元，占生产总值的比重为 17. 34%。1985—1991 年，湖北省产业结构模式从开始的“二、一、三”逐渐转变为“二、三、一”型。由于制度性的外部冲击，造成第一产业在改革开放前后有些短暂的上升，但是 1991 年之后第一产业下降趋势较为明显，而第三产业超过第一产业的时间也是在 1991 年左右。到了 2016 年，湖北省三次产业的产值均有很大的变化，该年份第一、第二、第三产业的产值分别是 1978 年对应产业产值的 59. 88 倍、230. 02 倍、548. 19 倍，三次产业所占地区生产总值的比重分别为 11. 30%、44. 50%、44. 20%，很明显，湖北省的三次产业产值增速有较大差别，其中，第三产业发展最为迅速，第二产业的发展特点为稳中有升，而第一产业发展最为缓慢。

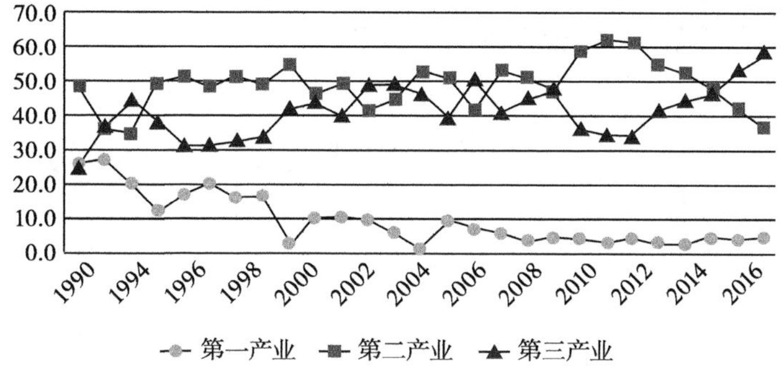

图 4 -4　1990—2016 年湖北省三次产业贡献率变化（单位:%）

数据来源：2017 年《湖北统计年鉴》。

由图 4 -4 可以看出，1992 年之前，湖北省三次产业对经济增长的贡献率变化幅度还比较大，过了 1993 年，基本形成第二产业对经济增长的促进作用最大，第三产业次之、第一产业对经济增长的促进作用最小的格局，且 2001 年、2002 年、2013 年以及 2015 年与 2016 年，湖北省第三产业对经济增长的贡献率略微超过第二产业，尤其是 2016 年，第三产业贡献率连续两年超过第二产业，其中房地产、盈利性服务业、金融业等的快速增长功不可没。这说明，湖北省第三产业发展潜力较大，发展前景良好，而要继续调整产业结构，湖北省还要深挖科教、区位等各种资源，将得天独厚的条件转化为发展优势。

（四）安徽省产业结构变迁过程

安徽是中部六省占地最小的省份，从地理位置上看，安徽省位于中国东南部，地处长江下游，是我国东部地区南北之间和东西之间的过渡地带，距离东部地区、长三角地区都比较近，受到区域经济的辐射作用，在中部六省中的发展还算不错，但是也存在省内不同地区经济差别较大、工业化发展规划不合理等问题。在产业转型升级方面，自改革开放以来，尤其是随着国家皖江城市带承接产业转移示范区的规划和“中部崛起”战略的实施，安徽省在调整产业结构方面取得了很大的进展，全省国内生产总值的构成经历了由“二、一、三”演进到“二、三、一”的过程。而近几年，安徽省加入了长三角区域协同创新共同体，创新能力进一步增强，高技术产业与服务业发展的动力更足，这使得第三产业对经济增长的贡献又提高了一个层次，在未来，安徽省的经济水平将会有进一步的提高。

表 4－14　1978—2016 年安徽省三次产业产值及比重变化

年份	第一产业产值（亿元）	比重（%）	第二产业产值（亿元）	比重（%）	第三产业产值（亿元）	比重（%）
1978	53.8	47.15	40.6	35.58	19.7	17.27
1979	61.2	48.00	44.8	35.14	21.5	16.86
1980	64.7	45.89	50.1	35.53	26.2	18.58
1981	88.4	51.82	52.5	30.77	29.7	17.41
1982	90	48.10	59.7	31.91	37.4	19.99
1983	96.6	44.78	73.2	33.94	45.9	21.28
1984	116.3	43.75	92.8	34.91	56.7	21.33
1985	141	42.55	117.9	35.58	72.5	21.88
1986	155.9	40.73	137.6	35.95	89.3	23.33
1987	176.4	39.86	157.8	35.65	108.4	24.49
1988	210.5	38.49	201	36.75	135.4	24.76
1989	225.4	36.58	227.8	36.97	163	26.45
1990	246.1	37.40	251.5	38.22	160.4	24.38
1991	190.5	28.71	280.3	42.24	192.8	29.05
1992	230.5	28.77	333	41.56	237.7	29.67

续表

年份	第一产业产值（亿元）	比重（%）	第二产业产值（亿元）	比重（%）	第三产业产值（亿元）	比重（%）
1993	286	27.58	445	42.91	306.1	29.51
1994	339.3	25.69	542	41.05	439.2	33.26
1995	584.1	32.26	660.1	36.46	566.4	31.28
1996	668.4	31.93	742.1	35.45	682.8	32.62
1997	736.3	31.37	828.9	35.31	782.2	33.32
1998	744.1	29.26	920.5	36.20	878.3	34.54
1999	746.7	27.53	974.3	35.92	991.3	36.55
2000	741.8	25.56	1056.8	36.41	1103.6	38.03
2001	760.8	23.43	1254.9	38.65	1231	37.92
2002	783.7	22.27	1337	37.99	1399.1	39.75
2003	749.4	19.10	1535.3	39.13	1638.4	41.76
2004	950.5	19.97	1844.9	38.76	1963.9	41.26
2005	966.5	18.06	2245.9	41.98	2137.77	39.96
2006	1011.03	16.54	2711.18	44.35	2390.29	39.10
2007	1200.18	16.30	3370.96	45.80	2789.78	37.90
2008	1418.09	16.02	4198.93	47.44	3234.64	36.54
2009	1495.45	14.86	4905.22	48.75	3662.15	36.39
2010	1729.02	13.99	6436.62	52.08	4193.68	33.93
2011	2015.31	13.17	8309.38	54.31	4975.96	32.52
2012	2178.73	12.66	9404.84	54.64	5628.48	32.70
2013	2267.15	11.79	10390.04	54.03	6572.15	34.18
2014	2392.39	11.47	11077.67	53.13	7378.69	35.39
2015	2456.69	11.18	10946.83	49.75	8602.11	39.10
2016	2567.72	10.65	11590.25	48.05	9959.92	41.30

安徽作为传统的农业大省和人口大省，长期以来其产业构成都是以第一产业为主，随着工业化的推进和中部经济的崛起，安徽省的产业结构有了明显的变化，其中，第一产业比重逐渐下降，第二、第三产业比重有所上升。1978 年，我国农村土地改革在安徽省拉开帷幕，家庭联产承包责任制的实施极大地推动了安徽省第一产业的发展，当年，安徽省第一产业产值为 53.8 亿元，占全省生产总值比重的 47.15%，对全省经济的发展促进作用最大，

这种情况一直持续到1988年，这也能看出制度的改革对生产力的巨大推动作用。1978年，第二产业产值为40.6亿元，占全省生产总值的比重为35.58%，第三产业产值仅为19.7亿元，占全省生产总值的比重为17.27%，属于发展的初级阶段。自1995年以来，安徽省产业结构有了明显的变化，第一产业在全省经济中的比重持续下滑，第二产业逐渐突出并成为主导产业，第三产业发展稳定。到2005年，安徽省产业结构出现一个新的拐点，主要表现为第三产业比重下滑，第二产业比重上扬，这主要与当时安徽省主动调整投资方向有关，在2004—2011年，安徽省把基础设施投资和改善民生的社会事业投资作为重点，并通过政策和区位优势，加快引进东部沿海地区来皖投资，推动了相关产业的发展，这是第二产业尤其是基建产业和制造加工业发展迅猛而第三产业比重下降的直接原因。2011年以来，受到全球经济危机和国家政策的影响，安徽省开始推动传统产业升级改造，提高第三产业发展比重，2016年，安徽省第一产业产值为2567.72亿元，占全省生产总值的比重为10.65%，第二产业产值为11590.25亿元，占比为48.05%，已经远远超过第一产业，第三产业也得到了较好的发展，生产总值达到9959.92亿元，占全省生产总值的比重为41.3%，对经济增长的拉动作用越来越强，可见，安徽省产业结构的发展受到政府政策影响很大。

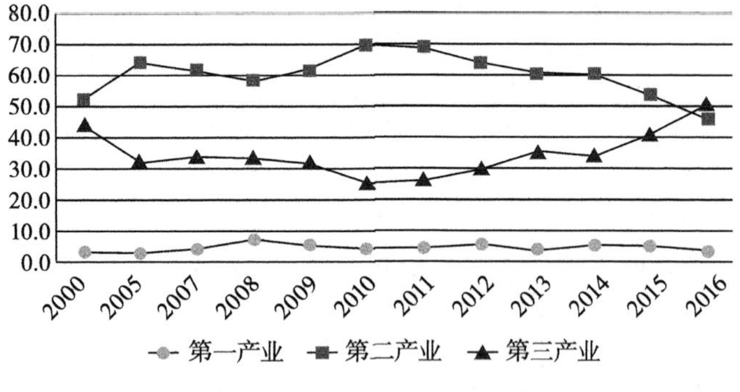

图4-5　2000—2016年安徽省三次产业贡献率变化（单位:%）

数据来源：2017年《安徽统计年鉴》。

由图4-5可以看出，2000年之后，安徽省三次产业对经济增长的贡献情况差别较大。其中，第二产业对经济增长的贡献率一直处于50%以上，一直到2016年才下降到45.8%，对经济增长的贡献最大。而第一产业对经济增长的贡献率比较稳定，一直处于10%以下，对经济增长的拉动作用比较小。第三产业对经济增长的贡献呈现“U”型曲线状态，在2010年，第三产业贡献率最低，在2016年，第三产业的贡献率超过50%且对经济增长的贡献率首次超过第二产业，产业结构得到了进一步的优化。

（五）湖南省产业结构变迁过程

湖南属于我国老工业基地，处于东部沿海地区和中西部地区的过渡带、长江开放经济带和沿海开放经济带的结合部，具有承东启西、连南接北的枢纽地位。此外，湖南省是著名的“有色金属之乡”“非金属矿之乡”，矿种齐全，分布面广。从经济发展角度来看，湖南省在改革开放以来取得了快速的发展，经济规模不断增加，人民生活水平有了大幅度的提升。从产业转型升级的角度来说，湖南省产业结构的发展逐渐适应了经济发展的新常态，产业结构升级明显，但湖南省仍处于工业化中期阶段，产业内部结构在不断优化，但仍有上升空间。

表4-15　1978—2016年湖南省三次产业产值及比重变化

年份	第一产业产值（亿元）	比重（%）	第二产业产值（亿元）	比重（%）	第三产业产值（亿元）	比重（%）
1978	59.83	40.70	59.82	40.70	27.34	18.60
1979	79.4	44.60	68.42	38.44	30.19	16.96
1980	81.14	42.32	76.99	40.16	33.59	17.52
1981	93.29	44.49	77.78	37.09	38.61	18.41
1982	107.99	46.44	82.51	35.49	42.02	18.07
1983	117.79	45.76	93.37	36.27	46.27	17.97
1984	128.28	44.65	104.34	36.32	54.67	19.03
1985	147.72	42.21	127.08	36.31	75.15	21.47
1986	165.28	41.56	143.31	36.04	89.09	22.40
1987	187.09	39.85	172.45	36.74	109.9	23.41
1988	217.03	37.16	221.28	37.89	145.76	24.96
1989	234.31	36.57	238.15	37.16	168.34	26.27
1990	279.09	37.49	249.98	33.58	215.37	28.93
1991	301.02	36.12	281.95	33.84	250.33	30.04
1992	323.91	32.82	337.17	34.16	325.9	33.02

续表

年份	第一产业产值（亿元）	比重（%）	第二产业产值（亿元）	比重（%）	第三产业产值（亿元）	比重（%）
1993	383.68	30.82	470.05	37.76	390.98	31.41
1994	532.89	32.30	589.72	35.74	527.41	31.96
1995	685.3	32.14	770.67	36.15	676.16	31.71
1996	793.98	31.26	920.06	36.22	826.09	32.52
1997	855.75	30.03	1041.79	36.56	951.73	33.40
1998	828.31	27.38	1123.08	37.12	1074.14	35.50
1999	778.25	24.21	1192.99	37.11	1243.3	38.68
2000	784.92	22.10	1293.18	36.41	1473.39	41.49
2001	825.73	21.55	1412.82	36.87	1593.35	41.58
2002	847.25	20.41	1523.5	36.70	1780.79	42.89
2003	886.47	19.02	1777.74	38.15	1995.78	42.83
2004	1041.10	18.12	2190.54	38.83	2428.95	43.05
2005	1100.65	16.69	2612.57	39.61	2882.88	43.71
2006	1272.2	16.55	3187.05	41.45	3229.42	42.00
2007	1626.48	17.23	3977.72	42.14	3835.4	40.63
2008	1892.4	16.38	5028.93	43.52	4633.67	40.10
2009	1969.69	14.97	5759.09	43.77	5427.49	41.25
2010	2325.5	14.40	7433.22	46.02	6394.53	39.59
2011	2768.03	13.97	9479.15	47.83	7569.37	38.20
2012	3004.21	13.45	10655.6	47.70	8678.52	38.85
2013	2990.31	12.04	11732.7	47.24	10111.64	40.72
2014	3148.75	11.54	12690.72	46.52	11442.3	41.94
2015	3331.62	11.42	13043.68	44.71	12796.87	43.87
2016	3578.37	11.34	13341.17	42.28	14631.83	46.37

1978 年，湖南省第一产业产值为 59.83 亿元，占全省生产总值比重的 40.7%，第二产业产值为 59.82 亿元，所占比重与第一产业相同，第三产业产值为 27.34 亿元，占全省生产总值的比重为 18.6%。自 1999 年开始，湖南省第三产业总量首次超过第二产业，但是这并不意味着湖南省经济进入后工业化阶段，而是工业化中期阶段工业发展不充分而带来的产业结构“虚高度化”的表现，这种现象到 2007 年才开始有所好转，第二产业产值所占比

重超过第三产业。到 2016 年，湖南省三次产业的产值都有了大幅度的上升，第一产业产值为 3578. 37 亿元，为 1978 年第一产业产值的 59. 81 倍，但是第一产值所占比重却下降到了 11. 34%。第二产业产值为 13341. 17 亿元，为 1978 年第二产值的 223. 02 倍，所占比重与 1978 年相比变化不大，仅增长了 1. 58 个百分点。第三产业产值为 14631. 83 亿元，是 1978 年第三产业产值的 535. 18 倍，所占比重增长到了 46. 37% 且超过了第二产业占生产总值的比重，湖南省产业结构调整开始走向正轨。

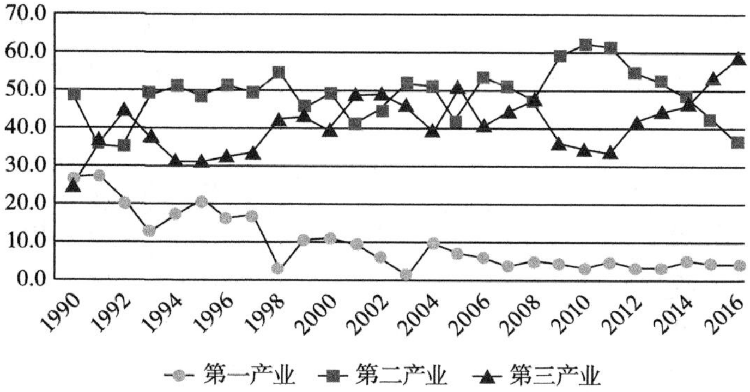

图 4 -6　1990—2016 年湖南省三次产业贡献率变化（单位:%）

数据来源：2017 年《湖南统计年鉴》。

由图 4 -6 可以看出，湖南省第一产业对经济增长的促进作用比较低，在 2004 年之后，第一产业对经济增长的贡献维持在 10% 以内。第二产业与第三产业对经济增长的贡献率大体相当，1993—2001 年，第二产业对经济增长的贡献率高于第三产业，1994—2008 年，两者对经济增长的贡献率最为接近，2014 年之后，第三产业对经济增长的贡献率超过第二产业，总体来说，在中部六省中，湖南省产业结构较为合理。

（六）江西省产业结构变迁过程

江西、湖北、湖南三省两两接壤，同处长江中游地区，在国家层面上，也同属长江经济带、长江中游城市群、中部崛起等战略规划。此外，三省省域面积、人口数量、文化习俗等彼此都在同一个层次。但是江西省的整体发展情况却远低于湖北、湖南两省。此外，与我国其他地区相比，江西省发展也是比较落后，地区生产总值在全国处于中下游的位置。另外，江西省的国有经济比重过大，企业规模较小且活跃度不高，科技创新能力较弱，高等教育质量也不强，这都是导致江西省发展落后的重要原因。改革开放后，江西省的产业结构和全国其他的省份一样，都有了较大的变化，对江西省的国民经济也起到了一定的促进作用，2017 年，江西省地区生产总值首次突破 2 万亿大关，GDP 增速也位于中部六省前列，但是相比于其他地区，江西省仍然存在较大的问题，例如传统产业比例过高（2018 年，传统产业占江西省工业比重大约七成）、三次产业演进基础不牢等。为了解决此问题，江西省人民政府制定了 2018—2020 年江西省传统产业优化升级行动计划，这对于优化江西省产业结构有重大的意义，以下是江西省三次产业产值及比重变化情况。

表 4 - 16　1978—2016 年江西省三次产业产值及比重变化

年份	第一产业产值（亿元）	比重（%）	第二产业产值（亿元）	比重（%）	第三产业产值（亿元）	比重（%）
1978	36.18	41.59	33.08	38.02	17.74	20.39
1979	48.7	46.76	36.41	34.96	19.04	18.28
1980	48.31	43.46	41.00	36.89	21.84	19.65
1981	56.09	46.26	41.1	33.89	24.07	19.85
1982	63.91	47.71	42.64	31.83	27.41	20.46
1983	63.98	44.39	49.2	34.14	30.95	21.47
1984	71.89	42.51	61.31	36.25	35.91	21.23
1985	84.06	40.43	76.05	36.58	47.78	22.98
1986	90.27	39.11	83.6	36.22	56.95	24.67
1987	104.63	39.80	92.44	35.16	65.83	25.04
1988	119.18	36.58	117.38	36.02	89.27	27.40
1989	133.19	35.38	131.23	34.86	112.04	29.76
1990	175.96	41.05	133.56	31.16	119.1	27.79
1991	183.27	38.23	154.77	32.29	141.33	29.48
1992	200.81	35.07	199.4	34.83	172.34	30.10
1993	225.58	31.20	282.46	39.07	215	29.74
1994	314.35	33.15	338.23	35.67	295.58	31.17
1995	374.64	32.03	403.74	34.52	391.35	33.46
1996	440	31.21	481.3	34.14	488.44	34.65

续表

年份	第一产业产值（亿元）	比重（%）	第二产业产值（亿元）	比重（%）	第三产业产值（亿元）	比重（%）
1997	475.18	29.59	548.84	34.18	581.75	36.23
1998	450.44	26.19	608.22	35.36	661.21	38.45
1999	464.4	25.05	648.82	35.00	740.43	39.94
2000	485.14	24.22	700.76	34.98	817.17	40.80
2001	506	23.26	786.12	36.13	883.56	40.61
2002	535.98	21.87	941.77	38.43	972.73	39.70
2003	560	19.95	1204.33	42.90	1043.08	37.15
2004	664.5	19.22	1566.4	45.31	1225.8	35.46
2005	727.37	17.93	1917.47	47.27	1411.92	34.80
2006	786.14	16.31	2419.74	50.20	1614.65	33.50
2007	905.77	15.62	2975.53	51.30	1918.95	33.08
2008	1060.38	15.21	3554.81	50.99	2355.86	33.79
2009	1098.66	14.27	3955.38	51.37	2646.3	34.37
2010	1206.98	12.70	5163.42	54.34	3131.82	32.96
2011	1391.07	11.82	6441	54.74	3934.16	33.44
2012	1520.23	11.67	7003.63	53.78	4499.95	34.55
2013	1588.51	10.96	7783.87	53.69	5124.57	35.35
2014	1683.72	10.65	8330.03	52.68	5798.73	36.67
2015	1772.98	10.53	8506.79	50.53	6555.03	38.94
2016	1904.53	10.30	8829.54	47.73	7764.93	41.97

1978 年，江西省的第一产业产值为 36.18 亿元，占全省生产总值的比重为 41.59%，是全省的支柱产业。第二产业产值为 33.08 亿元，占全省生产总值的比重为 38.02%，第三产业产值为 17.74 亿元，占全省生产总值的比重为 20.39%。1979 年之后，除了个别年份外，第一产业产值占地区生产总值的比重稳定下降，而第二产业产值所占比重较不稳定。值得注意的是：1996—2002 年，江西省第三产业产值比重均超过第二产业，在 2000 与 2001 两年甚至超过了 40%，过早地结束了以工业为主导的产业结构，这种现象的出现是不利于经济发展的，这个阶段江西省第三产业比重虽然大，却是以传统的流通和服务业为主，而现代金融、通信和信息产业相当薄弱，现代化水

平不高，究其原因，第二产业发展不足是导致这种超社会发展阶段现象出现的深层原因，这也说明江西省产业结构向高度化演进的基础不牢靠。2003 年之后的几年，第三产业产值占生产总值的比重得到控制，有些年份甚至出现了小幅度的下降，随之而来，第二产业产值占生产总值的比重不断上升，这一阶段江西省的产业结构调整已经走向稳步前进的状态。到 2016 年，江西省三次产业的产值有了较大的提高。第一产业、第二产业、第三产业的产值分别为 1904.53 亿元、8829.54 亿元、7764.93 亿元，占全省生产总值的比重分别为 10.30%、47.73%、41.97%，第二产业与第三产业都有了较大的发展，产业结构得到了一定的优化。

（七）省级比较

将中部六省的产业结构状况进行比较，可以更好地发现不同省份的发展特点。对此，笔者选择 1978—2016 年中部各省三次产业产值比重这一指标，绘制 1978—2016 年中部各省三次产业比重变化趋势图，通过分析中部六省第一产业、第二产业、第三产业的产值变化趋势，把握中部六省的产业结构变迁的总体趋势。图 4－7 是中部各省历年来第一产业产值比重变化趋势状况。

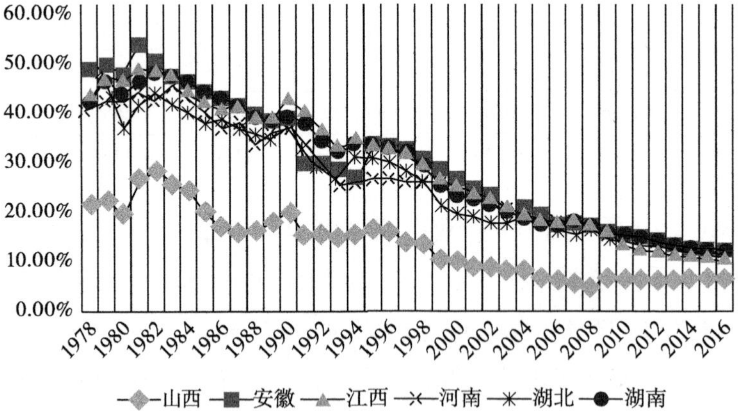

图 4－7　1978—2016 年中部各省第一产业产值比重变化趋势

由于地理优势，中部地区一直是我国重要的粮棉油生产基地，农业的规模和基础比较雄厚，在改革开放的前期，第一产业产值所占比重比较大。由图 4－7 可以看出，除个别年份有所波动外，中部各省第一产业产值比重整体呈现出下降的趋势。1978 年，除了山西省，其余五个省份第一产业产值所占比重均在 40% 以上。而到了 2016 年，中部六省第一产业产值所占比重有了大幅度的变化。在这六个省份中，山西省第一产业产值所占比重显著低于其余五个省份，但是 2010 年之后，这种差距开始有所减缓，中部六省第一产业产值比重维持在 10% 左右。第一产业产值比重下降说明中部各省工业现代化程度得到了一定提高。

自改革开放以来，我国开始大力发展工业，工业化水平有了大幅度的提高，中部六省也是如此，对于中部六省的每个省市来说，第二产业均属于支柱产业，其产值占地区生产总值的比重均比较大，中部六省 1978—2016 年第二产业产值比重变化如图 4 - 8 所示。

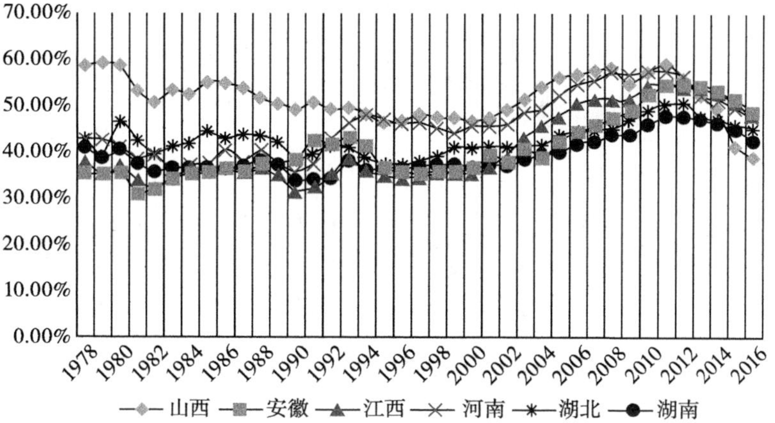

图 4 - 8　1978—2016 年中部各省第二产业产值比重变化趋势

由图 4 - 8 可以看出，1978—2016 年，中部各省第二产业产值比重没有大的变化，基本维持在 30% ~60%，发展比较稳定。其中，在 2010 年之前，山西省第二产业产值所占比重略高于其余五个省份，尤其是 1978—1990 年间，这种差距较为明显。1991 年之后，河南省第二产业产值所占比重基本与山西省持平。还有一点值得说明，在 2004 年之后，由于“中部崛起”战略的提出，中部省域第二产业所占比重开始进入相对较快的增长时期。2008 年，由于全球经济危机的冲击，除了能源基地山西省第二产业所占比重出现了阶段性的下降，其余五个省份的第二产业比重均得到保持甚至仍处于上升的状态。2010 年之后，随着第三产业的快速发展，中部六省第二产业产值占地区生产总值的比重有所降低，但是降低的幅度不是很大。

第三产业具有资源消耗相对较低、环境污染较少、就业弹性较高等特点，是促进产业结构高度化的重要因素，可以从结构层面上改善经济增长的质量。相比第二产业，中部省域第三产业发展相对滞后，尤其是在中部六省壮大工业发展部门的同时，服务业的份额被挤占。但是总体来说，中部六省第三产业所占份额呈现上升的状态，尤其是2010年之后，在第二产业占地区生产总值比重下降的同时，第三产业产值所占比重迅速提升。1978—2016年，中部六省第三产业所占比重变化趋势如图4－9所示。

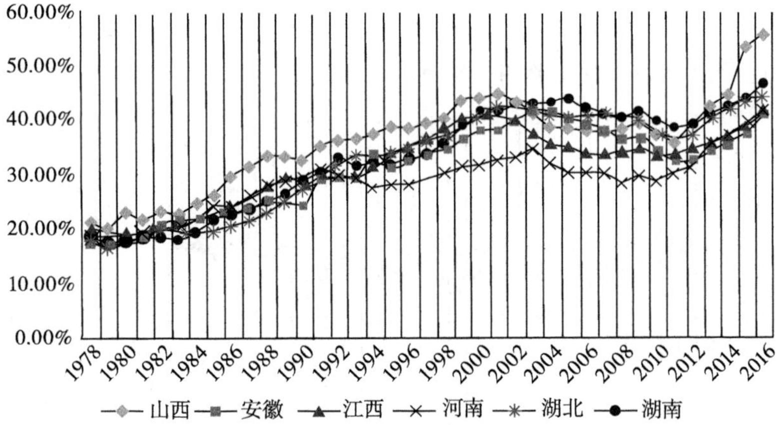

图4－9　1978—2016年中部各省第三产业产值比重变化趋势

“十一五”以来，中部省份优先发展现代服务业，推进重点行业发展，发展壮大金融、信息服务等现代产业，大力发展商务服务、现代物流、科技服务等生产性服务业，第三产业产值所占比重不断攀升。由图4－9可以看出，1978年，中部六省第三产业产值的比重在20%以下，到了2016年，第三产业产值占生产总值比重最高的山西省的第三产业的产值比重已经接近60%，第三产业产值占地区生产总值比重最低的安徽省也超过了40%，可见，第三产业的发展潜力、对经济发展的重要推动力已经被各省份所认知，第三产业发展前景良好，中部省份产业结构得到了进一步的优化。

中部各省的产业结构、经济基础等呈现着明显的聚类特征，如历史形成的低层次生产分工定位，到现在未能改变其农业区和资源粗加工区的经济结构，这使其在资源配置中具有很不利的特点，然而由于资源禀赋、发展沿革以及战略取向的差异，中部六省区域经济发展也显现出各自发展的特点和不平衡的现象。总体来说，中部六省产业结构变化符合经济发展规律，产业布局日益完善，产业结构层次进一步提升，产业结构效率整体得到了提高，三次产业结构变化合理。改革开放以来，产业结构实现了“二、一、三”到“二、三、一”的历史性转变，第一产业占 GDP 的比重持续下降，第二产业的比重基本稳定，第三产业的比重持续上升，对经济增长的推动作用越来越强，产业结构不断得到优化。

三、高新技术企业发展情况

相比高技术产业，高新技术企业所包含的范围更加广泛，它是指在《国家重点支持的高新技术领域》内，持续进行研究开发与技术成果转化，形成企业核心自主知识产权，并以此为基础开展经营活动，在中国境内（不包括港、澳、台地区）注册一年以上的居民企业。高新技术企业是知识密集、技术密集的经济实体，如今已经成为全球推动经济发展的动力，成为世界大国争夺的战略制高点，对一个地区整体发展水平提高更是意义非凡。

2008 年以来，在国际金融危机的冲击下，中部地区高新技术产业规模持续扩大，活力不断增强，集群化趋势日益明显，有力地促进了中部地区产业结构的优化和升级，成为推动新型工业化和中部崛起的重要力量。笔者根据中国火炬年鉴统计的数据，汇总出中部六省各省份入统的高新技术企业数、工业总产值，如表 4－17、表 4－18 所示，需要说明的是，2010—2013 年的《中国火炬统计年鉴》将湖北省和武汉市的高技术企业分开统计，在此，为了更好地进行纵向对比，笔者将湖北省和武汉市的指标进行合并处理，相加得出湖北省总的高技术企业入统企业数、高技术企业工业总产值。

首先来看中部各省高新技术入统企业数，从数据可以直观地看出，2009—2016 年，河南、山西、湖北、安徽、湖南以及江西的高新技术入统企业数整体呈现上升的趋势。湖北省和安徽省的高新技术入统企业数较高，湖南省和河南省次之，而山西省和江西省的高新技术企业最少。从年均增长率来看，中部六省高新技术企业数的年均增长率相差不大，均超过了 9%，其中江西省的年均增长率最高，达到 11.2%，而安徽省的年均增长率最低，仅为 9.4%。

表 4－17　中部六省高新技术入统企业数　　（单位：个）

年份	河南	山西	湖北	安徽	湖南	江西
2009	381	144	580	951	535	94
2010	515	198	865	1243	816	175
2011	647	257	1062	1608	987	255
2012	748	290	1472	1860	1026	3560
2013	935	364	2081	2189	1279	574
2014	1076	516	2533	2589	1439	786
2015	1339	715	3242	3100	1771	1082
2016	1646	926	4209	3795	2182	1432
年均增长率	9.6%	10.6%	10.8%	9.4%	9.4%	11.2%

数据来源：2010—2017 年《中国火炬统计年鉴》。

2009 年，中部六省中高新技术入统企业数最高的省为安徽省，全省共 951 个，高新技术入统企业数最少的省为江西省，全省仅有高新技术企业 94 个，高新技术企业数仅为安徽省的 10%。到 2016 年，中部六省的高新技术入统企业数都有了很大的提高，名次也发生了很大的转变，湖北省的高新企业数超过安徽省，居于中部六省的首位，而江西省的高新技术入统企业数也超过了山西省，与第四名河南省也更加接近。安徽省保持位列第二，全省共有高新技术企业 3795 个，比第三名湖南省多 1613 家，实力仍然很强。入统的高新技术企业最少的省为山西省，还未突破四位数的大关，远远落后于湖北省，这说明中部六省高新技术企业发展情况差异较大，区域之间发展不平衡。

与各地区入统高新技术企业数相对应，中部六省的高新技术企业工业总产值也有很大的差别。单从工业总产值的数额来看，中部六个省份大致可以分为三类：第一类为湖北、安徽和湖南，这三个省份高新技术企业工业总产值较高；第二类为河南和江西，高新技术企业工业总产值在中部六省中居于中间的位次；第三类为山西省，虽然在 2009—2012 年其高新技术工业总产值高于江西省，但之后就被江西省超过，到 2016 年，山西省高新技术工业总产值已经远远低于江西省的高新技术企业工业总产值。

表 4－18　中部六省高新技术企业工业总产值　　(单位：亿元)

年份	河南	山西	湖北	安徽	湖南	江西
2009	2442.7	1568.4	2369.6	3324.6	2551.0	401.9
2010	3651.6	2231.8	4206.7	4991.2	4063.4	1149.5
2011	4438.6	2573.9	4921.3	6383.1	5202.6	1812.2
2012	4510.5	2171.1	5066.6	7131.7	5424.4	2633.9
2013	5291.9	2397.9	6980.9	7138.7	6897.4	2968.2
2014	5582.3	2528.1	7972.8	7994.0	7923.9	3653.9
2015	4572.8	1945.4	9052.3	7785.0	8950.5	4121.0
2016	4563.5	1918.3	10693.4	9426.9	9725.2	5472.7
年均增长率	5.8%	2.3%	9.7%	8.1%	9.2%	11.6%

数据来源：2010—2017 年《中国火炬统计年鉴》。

首先，除了江西省，中部其他五个省份的高新技术企业工业总产值的年均增长率均低于对应的入统高新技术企业数年增长率，河南省和山西省尤其明显，高新技术工业总产值的年均增长率分别为 5.8%、2.3%，这也从侧面看出这两个省份高新技术企业发展不是太好，所生产的产品附加值不够高。其次，单从历年各省的高新技术企业的工业总产值的数额来看，2009 年，高新技术企业工业总产值最高的省份是安徽省，数额高达 3324.6 亿元，高新技术企业工业总产值最低的省份为江西省，仅为 401.9 亿元。到了 2016 年，湖北省的高新技术企业工业总产值超过安徽省，数额为 10693.4 亿元，其次是湖南省，高新技术企业工业总产值为 9725.2 亿元，第三名为安徽省，高新技术企业工业总产值仅次于湖南省，比湖南省少了 298.3 亿元。高新技术企业工业总产值最低的省份仍为山西省，工业总产值仅为 1918.3 亿元，远远低于其余五个省份。

从图 4－10 可以看出，安徽省的高新技术企业工业总产值占生产总值的比重历年来都高于其他地区，在 2013 年之前尤其明显。2011 年之前，高新技术企业工业总产值占地区生产总值的比重最低的省份为江西省，从 2012 年开始，河南省最低。2009—2012 年，湖南、湖北和山西的高新技术企业工业总产值占生产总值的比重相差不大，之后，由于发展趋势的不同，湖南、湖北两个省份的高新技术企业工业总产值占生产总值的比重呈现上升的趋势，而山西省呈现下降的趋势，这三个省份开始出现较大的差距。在所研究

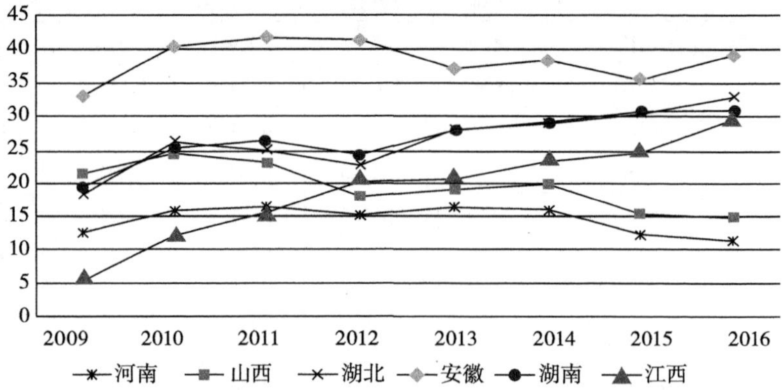

图 4－10　高新技术企业工业总产值占地区生产总值的比重（单位:%）

的时间段内，河南省的高新技术企业工业总产值占生产总值的比重变化不是很大，近几年还有下降的趋势，这说明河南省的高新技术对经济增长的拉动作用不是很强。

四、规模以上工业企业新产品开发与销售情况

新产品在研制生产的过程中采用新技术原理、新设计构思，或在结构、材质、工艺等某一方面比原有产品有明显改进，通过技术创新的运用，新产品的产品性能有显著的提高、使用功能有明显的扩大。新产品的销售收入，是指企业在主营业务收入和其他业务收入中销售新产品实现的收入，该指标可以直接反映企业在科技研发新产品方面的情况。由于统计指标的变更，本书只汇总了中部六省 2011—2016 年的规模以上新产品的开发项目数以及新产品的销售收入。由表 4－19、表 4－20 可以看出，中部六省规模以上工业企业新产品开发与销售情况不尽相同，但是也有一些共同点。

表 4－19　中部六省规模以上工业企业新产品项目数　（单位：项）

年份	河南	山西	湖北	安徽	湖南	江西
2011	7880	2171	8633	11174	7525	2870
2012	9106	2726	9629	15137	8418	3241
2013	11150	2938	10722	17320	9089	4381
2014	11341	2426	11678	18185	9758	5139
2015	9780	1910	8934	17025	6402	4635

续表

年份	河南	山西	湖北	安徽	湖南	江西
2016	10385	2206	10450	19920	7632	8371
年均增长率	4.0%	0.3%	2.9%	7.3%	0.2%	11.0%

数据来源：2012—2017 年《中国科技统计年鉴》。

由于新产品研发需要大量的时间和精力，这使得除了江西省、安徽省两个省份外，其余中部四省的规模以上工业企业新产品开发项目的年均增长率较低，有些年份甚至出现了负增长的情况，湖南省整体年均增长率较低就是由于这种原因形成的。2015 年，湖南省的规模以上工业企业新产品项目数仅为 6402 项，比上一年少了 3356 项，虽然 2016 年规模以上工业企业新产品项目数有所上升，但是拉不回整体的年增长率。2011 年，新产品开发项目数最多的省份为安徽省，数额高达 11174 项，而新产品开发项目数最少的省份为江西省，仅有新产品 2870 项。2016 年，安徽省的新产品开发项目仍位居第一位，远远高于其余几个省份。湖北省和河南省的规模以上工业企业新产品开发项目数相差不大，均超过了五位数，在中部六省中分别位列第二名、第三名。处于第四名和第五名的省分别为江西和湖南，规模以上工业企业新产品开发项目数最少的仍为山西省，仅为 2206 项，这说明山西省的规模以上工业企业对新产品的研发力度比较低，这对于实现区域产业转型升级很不利。

表 4-20 中部六省规模以上工业企业新产品销售收入 （单位：亿元）

年份	河南	山西	湖北	安徽	湖南	江西
2011	2550.2	861.0	3099.4	3182.6	3759.5	941.9
2012	2576.2	928.4	3698.4	3731.9	4769.0	1287.1
2013	4791.4	1027.3	4654.5	4379.1	5724.6	1682.9
2014	5168.95	924.7	5274.6	5280.9	6310.4	1756.4
2015	5789.4	833.3	5676.9	5882.2	7349.8	2058.6
2016	6115.4	1085.0	6713.2	7231.1	8098.5	3136.8
年均增长率	9.7%	3.4%	9.0%	9.3%	8.9%	11.7%

数据来源：2012—2017 年《中国科技统计年鉴》。

由表 4-20 可以明显看出，中部六省规模以上工业企业新产品销售收入整体呈现上升的趋势，相比 2011 年，2016 年中部六省规模以上工业企业新产品销售收入均有所提高，但是提高的幅度不同。其中，山西省六年来的年均增长率最低，仅为3.4%，销售收入共增加224亿元。湖南省的年增长率虽不是最高，但是规模以上工业企业新产品销售收入总体增长数额最大，2016年比2011年多了4339亿元。而江西省六年来的规模以上工业企业新产品销售收入增长数额虽然较低，但是年均增长率在中部六省中位列第一，与江西省新产品开发项目数的年均增长率最高结合在一起，我们可以理解为江西省规模以上工业企业重视新产品的开发与销售，企业创新实力提升，这有助于当地产业转型升级的实现。从新产品销售收入的总体规模来说，湖南省的规模以上工业企业新产品的销售额在中部六省中处于第一名的位次，安徽和湖北跟随其后，且两省之间相差不大，第四名和第五名分别为河南省和江西省，山西省位列最后一名，与其余五个省份相差较大，中部六省之间发展的不协调性仍然很突出。

用规模以上工业企业新产品的销售收入除以新产品开发项目数，可以得到各省份历年来平均每项新产品的销售数额，进一步可以大致分析出中部六省每一项新产品的科技含金量，画出折线图如4-11所示。

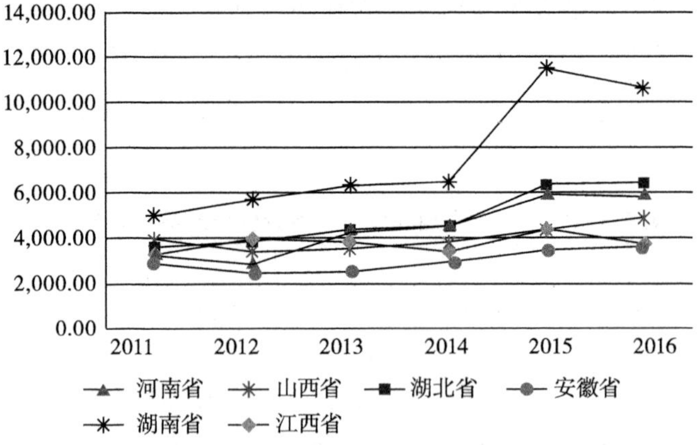

图4-11 中部六省规模以上工业企业平均每项新产品的销售收入（单位：万元）

2011年，中部各省规模以上工业企业平均每项新产品销售收入差距不是很大，经过六年的发展，不同省份规模以上工业企业平均每项新产品的销售收入都有了提高，但是变化速度的不同直接导致了差距开始慢慢扩大。2011—2016年，湖南省平均每项新产品的销售均高于其余五个省份，而安徽省平均每项新产品的销售收入均处于最后一名，这也间接地说明了湖南省的新产品科技含量、销售情况好于安徽省。在 2014 年，河南省、湖北省、江西省和山西省的平均每项新产品销售收入呈现出“你追我赶”的现象，均在 4000 万元左右徘徊，从 2015 年开始，湖北省和河南省开始高于山西省和江西省。到 2016 年，江西省的规模以上工业企业平均每项新产品销售收入与第六名安徽省几乎无差别，这两个省份的产业高级化水平有待进一步提升。

五、万元地区生产总值能耗情况

万元地区生产总值能耗是指一个地区生产每万元地区生产总值所消费的能源总量。在产业转型升级的过程中，高耗能产业逐渐减少，将会导致地区万元 GDP 能耗的下降，这是我国经济结构优化的必然结果和客观反映。万元工业增加值能耗的降低，意味着行业内企业能耗水平有所改善，可持续发展水平不断提升，而且能源消费结构的多元化趋势，也降低了传统能源对行业发展的制约性。

根据国家统计局、国家发改委和国家能源局联合发布的 2014—2017 年各省（区、市）万元地区生产总值能耗降低率等指标公报，可以看出近几年，我国多数省份的万元地区生产总值能耗均处于降低的状态，但是下降的幅度却有很大的差别。2014 年，全国万元国内生产总值能耗降低 4.8%，万元地区生产总值能耗降低最多的地区为上海市，达到了 8.71%，万元地区生产总值能耗降低最少的是新疆，仅为 0.42%。万元地区生产总值能耗有较大的差别。从 2016 年开始，不再统计地区万元工业增加值能耗情况，换为能源消费总量增速，在这一年，各地区能源消费总体增速普遍不高，有些地区的能源消费总体增速甚至为负数。到了 2017 年，各地区万元国内生产总值能耗降低幅度有了明显的改变，全国万元国内生产总值能耗比上年下降 3.7%，能源消费总量增长 2.9%，其中在统计的 30 个省市中，河南位列万元地区生产总值能耗降低率第一名，湖北、江西并列第五位。天津、河南、山东能源消费总量增速出现逆增长。

表 4-21　2014—2017 年我国各地区万元地区生产总值能耗情况

地区	2014 年		2015 年		2016 年		2017 年	
	万元地区生产总值能耗上升或降低(±%)	万元工业增加值能耗上升或降低(±%)	万元地区生产总值能耗上升或降低(±%)	万元工业增加值能耗上升或降低(±%)	万元地区生产总值能耗上升或降低(±%)	能源消费总量增速(%)	万元地区生产总值能耗上升或降低(±%)	能源消费总量增速(%)
北京	-5.29	-10.90	-6.17	-8.16	-4.79	1.6	-3.99	2.5
天津	-6.04	-10.90	-7.21	-13.25	-8.41	-0.2	-6.24	-2.8
河北	-7.19	-8.71	-6.14	-6.02	-5.05	1.4	-4.42	2.0
山西	-4.18	-5.24	-5.31	-7.48	-4.22	0.1	-3.37	3.4
内蒙古	-3.94	-7.39	-4.00	-8.80	-4.06	2.8	-1.57	2.4
辽宁	-5.08	-6.11	-3.52	-1.97	-0.41	-2.9	-1.63	2.5
吉林	-7.05	-7.80	-10.69	-14.44	-7.91	-1.6	-5.00	0.0
黑龙江	-4.50	-7.57	-4.01	-6.52	-4.50	1.3	-4.02	2.1
上海	-8.71	-7.63	-3.92	0.15	-3.70	2.9	-5.28	1.3
江苏	-5.92	-8.07	-6.73	-7.79	-4.68	2.7	-5.54	1.2
浙江	-6.11	-8.17	-3.53	-4.37	-3.82	3.4	-3.34	3.7
安徽	-5.97	-8.40	-5.58	-9.04	-5.30	2.9	-5.28	2.8
福建	-1.53	-1.01	-7.70	-16.43	-6.42	1.5	-3.50	4.3
江西	-3.16	-9.92	-3.92	-6.70	-4.93	3.6	-5.54	2.8
山东	-5.00	-7.22	-3.72	-7.88	-5.15	2.0	-6.94	-0.1
河南	-4.06	-11.29	-6.57	-11.54	-7.64	-0.2	-7.9	-0.8
湖北	-5.24	-8.42	-7.66	-10.05	-4.97	2.7	-5.54	1.8

续表

地区	2014年		2015年		2016年		2017年	
	万元地区生产总值能耗上升或降低(±%)	万元工业增加值能耗上升或降低(±%)	万元地区生产总值能耗上升或降低(±%)	万元工业增加值能耗上升或降低(±%)	万元地区生产总值能耗上升或降低(±%)	能源消费总量增速(%)	万元地区生产总值能耗上升或降低(±%)	能源消费总量增速(%)
湖南	-6.24	-11.90	-6.98	-12.69	-5.34	2.2	-5.24	2.3
广东	-3.56	-9.25	-5.71	-10.47	-3.62	3.6	-3.74	3.5
广西	-3.71	-9.33	-5.11	-12.30	-3.64	3.4	-3.39	3.6
海南	-2.50	-4.28	-1.27	-0.56	-3.71	3.5	-2.03	4.8
重庆	-3.74	-8.00	-6.31	-8.36	-6.90	3.0	-5.12	3.7
四川	-4.64	-8.03	-7.25	-12.05	-4.98	2.4	-5.18	2.5
贵州	-5.78	-13.39	-7.46	-10.84	-6.96	2.8	-7.01	2.5
云南	-3.98	-12.27	-8.83	-16.84	-5.35	2.9	-4.92	4.1
陕西	-3.58	-5.18	-3.21	-2.70	-3.83	3.5	-4.19	3.4
甘肃	-5.21	-7.02	-7.46	-10.66	-9.42	-2.5	-0.75	2.8
青海	-2.97	-7.19	-4.25	-5.49	-7.94	-0.6	-4.71	2.2
宁夏	-4.20	-5.06	1.2	-2.96	-4.30	3.5	-7.65	16.0
新疆	-0.42	2.31	-3.63	-2.95	-3.20	4.2	-0.89	6.7

数据来源：历年中国各省(区、市)万元地区生产总值能耗降低率等指标公报。

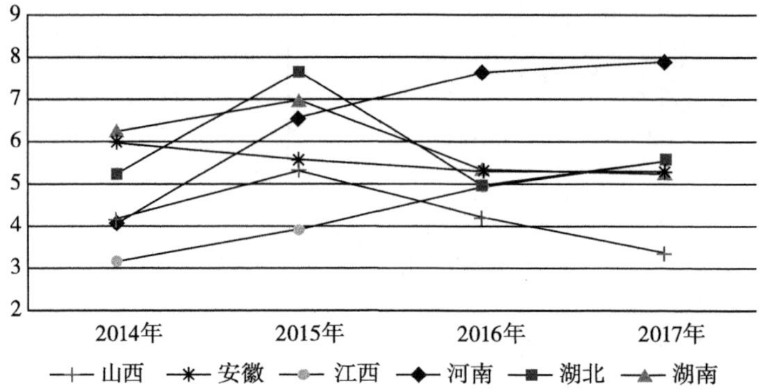

图4-12　中部六省万元地区生产总值能耗降低情况（单位：%）

2014—2017年，中部各省万元生产总值能耗均处于降低的状态，即万元地区生产总值能耗均为负，为了更好地分析各地区万元地区生产总值能耗降低的幅度，在绘制图4-12时，本书将数据转化为绝对值处理。

从图4-12可以看出，四年内，中部六省万元生产总值能耗降低幅度保持在3%~8%，各省之间相差不是很大。2014年，湖南省的万元地区生产总值能耗降低幅度最大，超过6%，而江西省的万元地区生产总值能耗降低幅度最小，略微超过3%。之后，河南省和江西省的万元地区生产总值能耗降幅增大，安徽省的万元地区生产总值能耗降幅减少，而湖北、湖南、山西的万元地区生产总值能耗降幅有一个先上升后下降的过程。因此，在2017年，万元地区生产总值能耗降低幅度最大的省为河南省，而万元地区生产总值能耗降低幅度最小的省为山西省，位于第一名和最后一名的省都发生了改变，这与不同省份实施的产业政策、对高耗能产业的控制力度有很大的关联。例如河南省，一直注重对高耗能产业的控制，在2018年9月，郑州市人民政府发布了《关于发展超低能耗建筑的实施意见》，提出发展超低能耗建筑作为建筑节能工作的重要内容，这对缓解城市发展与能源消费矛盾、提升城市环境质量和人民居住品质具有积极的促进作用，也进一步降低了万元地区生产总值能耗。

六、产业转型升级过程中存在的问题

当前，中国产业发展遇到了诸多问题，例如结构性衰退和结构性繁荣并存，部分产业市场结构不合理现象突出，部分产业产能过剩，以信息化和工业化为主要内容的产业融合进展缓慢，国内产业迁移面临地区产业配套基础差、投资环境恶劣和市场化程度低等问题。在产业转型升级的过程中，中部六省虽取得了不少的进步，但是一定程度上也存在此类问题，在此，笔者将中部六省的产业结构现状以及产业转型升级过程中存在的问题归纳总结如下：

（一）三次产业的结构比重需要进一步优化

根据产业转型升级的相关理论，产业结构状况与经济发展水平有很大的联系，产业结构是否合理，主要看它是否合理有效地利用人力、物力、财力和自然资源，能否有力地推动科技进步和劳动生产率提高，是否既有利于促进近期的经济增长又有利于长远的经济发展，因此产业结构没有理想之分，但是产业结构可以优化，也就是三次产业结构的比重可以得到改善，从而更加适合国家或地区的实际情况。

在对中部各省产业结构变迁过程进行分析的过程中，可以明显地看出，自改革开放以来，中部六省三次产业产值与比重均有了很大的变化，其中三次产业产值一直处于上升的状态，由于增长速度的不同，三次产业产值占地区生产总值比重有了很大的变化，第一产业所占比重下降，第三产业所占比重上升，整体产业结构有了一定的改善，但是产业结构不合理的现象仍然明显存在。例如，各地区工业结构严重趋同，地区之间产业互补性不强，产业结构与就业结构不适应，劳动力结构的演进严重滞后于产业演进，没有起到拉动产业结构转型的作用。另外，中部六省产业结构存在的问题还表现在三次产业内部结构矛盾突出：第一产业仍然保持着传统的单一粮食生产类型，综合生产能力不高，难以形成产业化；第二产业内部结构处于资源初加工阶段，以资源开发型产业为主，缺乏后续和替代产业，整体实力不强；第三产业比重虽有所提高，却是以传统的流通和服务业为主，相比我国较发达的地区，现代工业服务的金融、通讯和信息产业显得薄弱。

（二）第三产业发展相对滞后，竞争优势不明显

第三产业作为经济增长的重要推动力量，具有环境污染少、就业弹性高等特点，是促进产业结构高度化的重要因素，可以从结构层面上改善经济增长的质量。而且，相对第一、第二产业来说，第三产业增长波动比较平稳，

因此可以有效减轻整体的经济波动幅度。当经济发展到一定程度的时候，第三产业将会成为经济增长的主导力量，因此，第三产业发展水平的高低已经成为衡量国家或地区经济发展程度和现代化程度的重要标志。中部六省提高第三产业发展水平，能够有效地改善地区产业结构、实现充分就业，也有利于第一、第二产业的长足发展，从而促进地区经济协调发展。

在发展第三产业方面，中部六省有很大的优势，例如纵横交错的铁路、公路、航空、内河航道等交通运输系统，发达的邮电通信业，决定了它们成为承东启西、沟通南北的必经之地。另外，中部六省是人口大省，有丰富的劳动力资源，对于发展劳动密集型的服务业有人力成本低的优势，能为第三产业提供源源不断的劳动力。中部地区文化资源丰富、科技教育事业发展迅速，在发展旅游业、信息产业、科技服务等知识技术密集型第三产业有先天条件。但是，相比我国较发达的地区，中部六省第三产业中盈利能力较弱的传统产业比重较大，且大多数的传统服务产业经营规模较小，没有建立起完善的管理制度，自主创新能力较弱，进而总体的经济效益不高。此外新兴产业发展迅速但是整体规模较小，金融保险、房地产、教育、文化、科研服务等新兴行业产业带动力不强，还没充分发挥先导作用。总之，中部六省的第三产业有很大的提升空间，需要加快转型升级的步伐。

（三）第二产业的重化工化和高耗能产业的比重较高

国家发改委相关负责人表示，“十三五”时期，我国在“十一五”“十二五”节能工作的基础上，实施能耗总量和强度“双控”行动，明确要求到2020年单位GDP能耗比2015年降低15%，能源消费总量控制在50亿吨标准煤以内。鼓励节约能源、提高能效，保障合理用能、限制过度用能，推动生态文明建设，落实绿色发展理念，加快形成资源节约、环境友好的生产方式和消费模式，以尽可能少的能源消耗，来支撑我国经济社会可持续健康发展的目标。在经济新常态的背景下，绿色发展的重要性更加凸显，重工业化的态势将会对地区的产业转型升级的态势产生不利影响，制约着地区产业转型升级的步伐。

中部六省能源丰富，尤其是山西省、河南省和安徽省三个地区，能源依靠力度更强，在新中国成立以后，我国很多重工业在中部地区落户，这极大地带动了当地经济的发展，而自中部崛起的战略实施以来，伴随着产业的转移，中部也承接了很多来自发达地区的高耗能产业，这使得能源的消耗量也进一步升高，而降低能耗是区域可持续发展和实现经济、产业结构实现转型的关键。在中部六省的能源消耗总量和消耗强度中，第二产业最高，因此降低第二产业能源消耗强度是改善能源消耗状况的根本。近几年来，中部各省也认识到了能源依赖产生的副作用，淘汰了大批高污染、高能耗的夕阳产业，中部各省能源消耗强度有所降低，但是第二产业中化工化和重耗能类的产业仍然较高，这是中部各省产业转型升级过程中亟待解决的问题。

（四）产业技术创新能力不强

技术创新能力是影响各地区产业转型升级的重要因素之一，技术创新不足是制约传统产业转型的一大瓶颈。近年来，中部六省虽然加大了科技研发投入力度，也取得了相应的成果，但技术水平整体不高的情况仍然存在，产业发展大都以技术依附和技术跟随为主，高端产业、低端环节的矛盾突出，具有自主知识产权的核心技术和重要装备不多，核心技术受制于人的情况较为明显。

制造业对于促进中部六省发展有很大的作用。在中部六省的制造型企业的创新活动中，一方面，企业的研发投入较少，自主创新意识较差，另一方面，企业的技术对外依存度高，使得其技术再创新能力明显不足。在生产过程中，很多制造型企业的产品以模仿为主，缺乏自主知识产权，企业间主要进行低层次的价格竞争。此外，中部六省制造业里的高端设备大都从国外购进，一旦出现问题，维修还必须由设备提供商承担，维修成本高昂。缺乏核心技术的新兴或高端产业在市场上失去了核心竞争力，最终只能走向大打价格战、恶性竞争的道路，必定被锁定在市场的低端环节。中部六省产业技术创新能力不强的根本原因，主要在于制造业产业研发资金投入不足。研发与创新是产业转型升级的关键因素，而研发与创新需要大量的资金投入，中部六省在制造业研发的资金投入上较匮乏，对于研发重视力度不够，导致制造业整体创新和知识含量不足，核心技术、关键技术和自我品牌缺乏，严重制约着中部六省制造业产业转型升级的脚步。

（五）产业转移没有伴随产业升级

从地区的角度来看，承接外来企业是推动中部各省产业结构升级、实现经济跨越式发展的重要一步。从国家的层面来说，承接国内地区的产业有利于缩小我国区域经济差距，实现共同富裕；承接来自国外的产业有利于我们更好地利用外资，提高对外开放水平。

在探索优化地区产业结构的过程中，中部地区依托地理位置和资源的优势，不断承接东部地区产业转移，先进的管理经验和技术水平激发了中部地区企业的创新能力，推动了第二产业的快速发展，促进中部地区第二产业比重上升。但是在这个过程中，也存在一个比较明显的问题，即产业转移没有伴随产业升级。以河南省为例，纵观其承接外来产业的过程，我们可以发现，河南省主要承接的是产品生产中的劳动密集型环节，一些高附加值的环节比如研发和销售等仍然没有转移到河南，也可以说其承接的产业多数仍是发达地区不完全的产业，比如为苹果等手机公司生产配件的富士康集团，需要大量劳动力的中亨纺织集团，医药行业比如辅仁药业、河南福森等公司，化工行业如河南煤业化工集团有限公司等。这使得河南省承接外来产业的某些公司在创造价值的过程中收益较低，并且在承接过程中，某些产业对环境造成了巨大的污染，资源也存在极大的浪费，影响了河南地区产业的可持续发展。此外，河南省承接产业时也有重视产业承接和资金引入、轻自主创新和技术学习的现象。这些问题不仅是河南省独有的，在承接外来产业的过程中，中部其余五个省份也多少会出现类似的情况，因此，产业转移没有伴随产业升级是中部六省需要重视的一个问题。

（六）创新驱动产业转型升级的环境有待改善

良好的政策、制度、社会环境是创新驱动产业转型升级的重要保证。但是中部六省在推进产业转型升级的过程中，创新驱动合力有待加强，社会鼓励创新、宽容失败的氛围不足，产业布局和产业链形成缺乏统筹协调，政策碎片化现象不同程度的存在，这在一定程度上造成了区域创新活动、技术交易不活跃，影响了创新驱动产业转型升级的效率。

在国家实施创新驱动的大环境下，中部各省也出台了大量关于创新驱动、转型发展战略以及相关配套政策，但是经过层层下达，政策的效应呈现出明显的逐级递减现象，加上个别省辖市以及部分县市，长期以来习惯了粗放扩张的经济增长模式，产生了强烈的路径依赖，对经济新常态认识不清，缺乏对形势的正确判断，这造成了创新驱动发展战略执行不力，产业转型升级政策落实不到位等问题。中部各省创新驱动产业转型升级的环境有待改善还体现在创新驱动产业转型升级的体制不协调，受到内陆思想的影响，中部一些地区政府开放精神、创新精神不够，相对于沿海发达地区，政府职能转变略显滞后，在体制负面清单、权利清单、责任清单弊端仍然积存的情形下，一些部门改革出现“梗阻现象”，利益矛盾冲突。政府部门迫切需要转变政府职能，简政放权，通过政府体制协调为主体的深化改革，实现从政策推动向制度引领转变。此外，科技创新与产业创新衔接不充分也是一大问题，以河南省为例，河南省的重大战略性产业专项主要集中在郑州、洛阳、新乡三个地区，其他省辖市战略性新兴产业培育发展较慢；部分省辖市产业结构趋同化、低水平建设严重；对围绕产业发展，具有关键性、链接性的创新型产业项目的支持不够；在产业链接、服务配套及集群政策倾斜等方面，项目不够清晰，措施不到位，造成推动过程进展较慢，这也是创新驱动产业转型升级的环境有待改善的明显体现。

第五章　协同创新促进产业转型升级的机理与路径

随着分工的深化，协同创新成为普遍的创新模式，企业需要通过网络化的协调实现创新过程的合作。在中部六省中，制造业始终占据着重要的位置，虽然当前新兴制造业有了一定的发展，但是传统制造业发展仍存在许多问题，产业转型升级迫在眉睫。考虑到产业有不同的发展阶段，不同行业发展状态也不同，本章以制造业为具体研究对象，构建了协同创新促进产业转型升级的理论模型，并结合产业生命周期理论，从产业发展的初创期、成长期、成熟期和衰退期四个阶段，分析协同创新促进产业转型升级的机理。在选择协同创新促进产业转型升级的路径时，笔者根据不同阶段产业发展的不同状态，提出了协同创新促进产业转型升级的三条具体路径，这对于企业通过协同创新网络突破发展瓶颈，进而实现产业转型升级具有重要的意义。

第一节　理论模型构建

一、协同创新促进产业转型升级的一般机理

产业转型升级建立在知识与技术基础之上，而且伴随着技术创新而不断发展变化。在协同创新理念的作用下，产业转型升级的最小单元——企业，通过与区域内其他创新主体共享资源和能力，实现生产工具和生产方法的创新、生产要素的合理配置、新技术的推广与渗透、劳动者综合素质的提高，这种协同效应会促进产业内价值实现最大化，推动区域产业结构内部升级，促进产业获得“质”的发展，最终实现产业转型升级。

根据众多学者对区域协同创新内涵的研究，本书认为区域协同创新系统由参加技术研发和扩散的企业、高校和科研机构组成，通过市场中介服务组

织的广泛介入和政府参与，在区域市场进行资源的协调配置，从而形成的一个为创造、储备和转让知识、技能和新产品而相互作用的网络系统。其中，企业、高校与科研院所是技术创新的主体。基于市场趋利性的特征，企业不仅是产业转型升级的直接推动者，也是产业转型升级的受益者。

在协同创新网络中，企业与其他创新主体联系在一起，展开科研合作，进行创新活动，形成创新合力，逐渐达成主体、战略、资源、文化、能力以及制度等多方面的协同，实现了创新主体的管理创新、组织创新、工艺创新、产品创新以及市场创新，为企业的发展提供更全面的支持，从而缩短企业创新的时间，更好地促进区域整体实现产业转型升级。本书通过对协同创新网络的延伸，构建了协同创新驱动产业转型升级的理论模型，如图 5 - 1 所示。

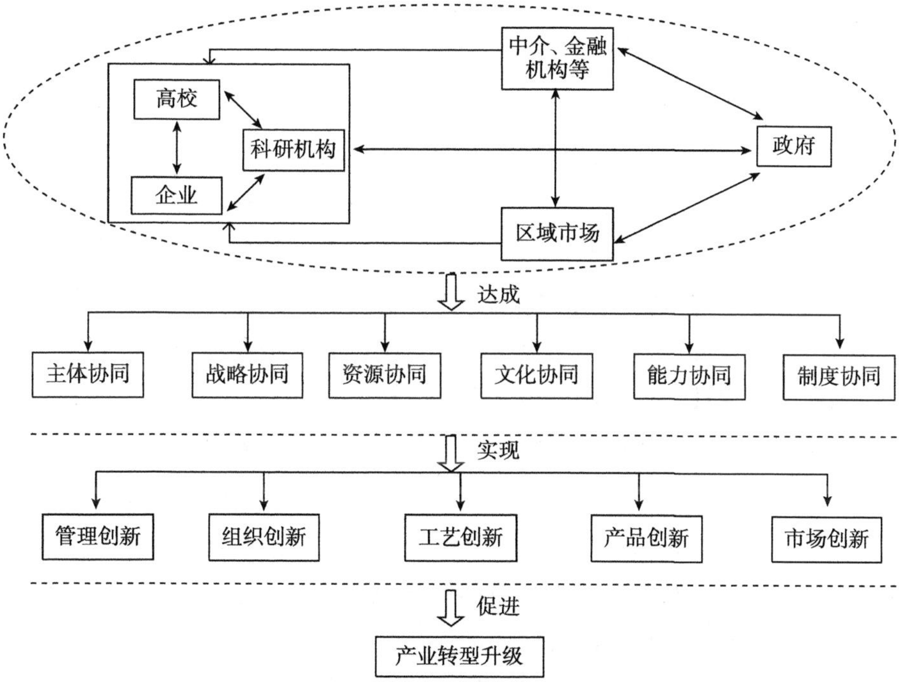

图 5 - 1　协同创新促进产业转型升级的理论模型

该理论模型揭示了协同创新促进产业转型升级的原理：创新主体通过合作，在某一方面或者多个方面达成共识，技术和资源的交流使得自身的创新能力不断提高，企业的转型升级最终促进区域产业转型升级。

在六大协同类型中，主体协同主要体现在：在协同创新的过程中，高校、科研机构、政府部门、科技中介、企业等，因为共同的目标和利益，相互影响，相互依存，形成了一种共生关系，共同成为产业转型升级所需要的新知识和新技术的创造主体。通过主体的协同，企业实现了产品内容和服务形式的创新，实现了产业结构的优化和产业效率的提升，从而推动经济发展方式的转型、产业结构的升级。

在转型升级过程中，企业在寻求合作伙伴时，为了使得具有不同目标导向、不同利益追求的创新组织及创新要素形成合力，首先要达成战略方面的协同，协同创新伙伴间战略目标越相近，文化融合度越深，就越容易形成战略协同，从而体现出较强的组织性、适应性、凝聚力、吸引力。战略协同能够促进各创新主体逐步在组织结构、组织文化、组织战略和创新要素等方面形成协同，这种协同效应能够保证各创新主体在未来创新的过程中更好地协调合作，促进协同效应发挥到最大。

资源协同是指协同创新主体间通过分享互补，共享外部创造资源的渠道，获得完成创新活动所必需的资金、技术、科技人员、知识以及一些稀缺的、难以模仿的资源，或者是竞争对手尚未投入的各种资源，也能获取其转型升级过程中所需要的生产制造、营销、售后服务等各种配套资产，实现企业在升级中的销售协同、生产协同、投资协同等。此外，人才资源的优势互补，高层次人才之间的思想交流与碰撞，可以分散企业转型升级过程中的风险，规避不确定性，进一步支撑了企业的转型升级。

文化协同对产业转型升级的影响不仅仅是融入新的产业主体并实现要素的有机结合，更重要的是推进主体间的文化协同，并形成一种协同创新文化。文化是协同创新的软驱动，各个创新主体对协同文化的认同是合作的精神内核。在协同创新的过程中，主体间协同文化的培育，是消除文化藩篱、推动产业转型升级的重要路径之一。

能力协同是指企业在升级过程中，与协同创新体在管理能力、研发能力、生产能力和营销能力等方面的协同。其中管理能力的协同主要是管理制度的建设，如利益分配机制、沟通机制和约束机制等，这些机制的建设是协同创新能够实现的前提条件，也是在进行协同创新过程中对各创新主体的利益保障和行为约束，是协同创新网络运行的重要支撑。能力协同对企业制定长期发展战略具有深远的影响，通过能力协同，可以培育企业升级所需的创新联盟能力、组合管理能力、吸收能力以及冲突协调能力。

协同主体之间只有通过制度的协同，来消除各自行业的约束和带来的知识、信息和技术的壁垒，才能真正实现协同主体之间要素流动、知识扩散、资源共享和优势互补。在产业转型升级的过程中，消除协同主体制度的冲突，建立完善多方协调机制，真正推进产业要素的自由流动，是实现产业结构优化升级和要素资源价值提升的重要前提。

创新主体通过实现主体协同、战略协同、资源协同、文化协同、能力协同以及制度协同，大大提升了各企业的资源配置能力、技术创新能力、管理创新能力和市场创新能力，这些创新能力的提升会增强企业的核心竞争力，使企业得到快速发展，进而促进企业更好地进行技术创新、市场创新、管理创新和组织创新，进而推动产业转型升级。

二、协同创新视角下产业转型升级的路径

产业具有生命周期，在产业生命周期的不同阶段，产业会呈现出不同的产业特性，而处于该行业内的企业所面临的主要问题也不相同，在推进产业转型升级时，协同创新网络中的各主体也会发挥不同的作用。因此，在选择产业实现转型升级的路径时，分阶段梳理并认清产业发展过程的特征有助于解决不同阶段的产业发展问题，并采取适当有效的措施促进产业升级的实现。产业转型升级是创新的结果，将协同创新与产业转型升级结合起来研究，可以得出：企业产品升级的主要形式为产品创新；工艺升级主要表现形式为工艺创新；功能和链条升级分别是在产业内和产业间从低附加值价值链向高附加值价值链攀升的过程，主要由商业模式创新、管理创新以及产品创新推动实现。基于此，本书结合产业生命周期理论，构建在产业发展的不同阶段，基于协同创新视角的产业升级的路径框架，如图 5－2 所示。

在产业生命周期的不同阶段，制造业协同创新网络中各创新主体之间产生的协同效应通过推动产业的产品创新、工艺创新、商业模式创新和管理创新实现了装备制造业的产品升级、工艺升级、功能升级和链条升级，促进了制造业产业转型升级的实现。

具体来说，在产业生命周期的初创阶段，企业与政府、用户、同类型企

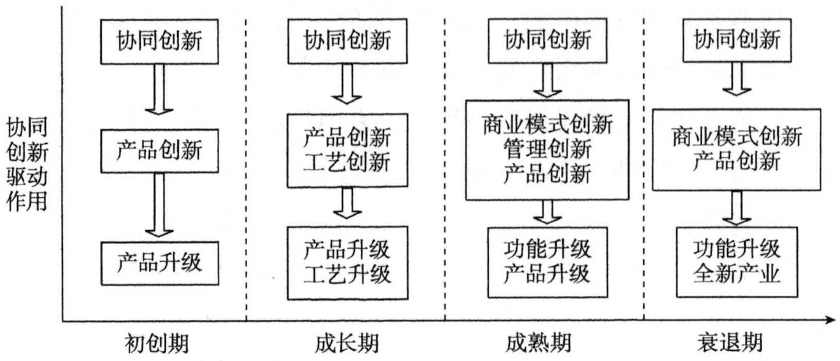

图 5-2　基于协同创新视角的产业转型升级的路径框架

业以及竞争对手等创新主体的协同促进了产品创新，推动了企业的产品升级；在制造业产业生命周期的成长阶段，企业与政府、用户、高等院校、科研机构和相关企业的协同促进了产品创新和工艺创新，推动了企业产品升级和工艺升级；在制造业产业生命周期的成熟阶段，企业与协同创新网络中的各个创新主体及跨国企业、研究机构的协同促进了商业模式创新、管理创新和产品创新，推动了企业功能升级和产品升级；在制造业产业生命周期的衰退阶段，企业与协同创新网络中的各个创新主体的协同促进了商业模式创新和产品创新，推动了企业的功能升级或创造出全新产业。

第二节　产业生命周期各阶段协同创新的驱动作用

产业生命周期是指产业从开始形成到整体退出社会经济活动所消耗的时间，根据产业生命周期理论，产业的发展会经历初创期、成长期、成熟期和衰退期四个阶段。产业的动态演化过程也就是产业在不同生命周期的变化过程，在产业发展的不同生命周期阶段，产业转型升级对创新的要求和内容有所差异，区域协同创新对产业的驱动作用也不相同。本小节将协同创新对产业转型升级的驱动作用与产业生命周期理论相结合，可以更清晰地分析出在制造业发展的不同阶段，协同创新各主体对制造业转型升级的不同驱动作用，为选择出符合产业不同发展阶段特征的产业转型升级路径打下基础。

一、初创期协同创新对产业转型升级的驱动作用

在产业发展的初创期，产业内企业数量比较少，需求市场未形成，也没有产业创新政策以及配套产业的支持。而企业由于刚刚成立，技术水平不成熟，研发和制造能力较低，同时受到资金和规模的限制，人才、技术、设备等创新资源都比较短缺。在这种情况下，企业为了实现快速壮大，会产生较大的市场创新需求，但是由于市场需求不明确，产业不会开展大规模的生产。在此阶段内，企业之间的竞争主要是质量战，追求的产业升级模式为产品升级，希望自己的产品能够先在市场上站稳脚跟，率先发展起来，但对于大多数初创企业来说，大规模的投资会给企业带来非常高的风险，出于规避风险和提高技术水平考虑，企业必须选择合作伙伴，实现协同创新，从而可以更快地进入产业成长期。

在产业的初创期，协同创新网络中的成员对产品创新的推动作用在以下几方面体现出来：

第一，政府对制造业的产业升级起到最重要的引导和支持作用，尤其是政府的政策支持和财政投入，能够激发起企业创新的动力、分担企业的创新风险，保障企业产品创新的顺利进行，进而实现产品升级。

第二，用户与企业的协同对产品创新也有一定的推动作用，首先，用户是企业所生产产品的直接使用者，因此，客户会对产品的质量、性能、外观等方面做出真实客观的评价，也会根据自己的实际需求对企业产品的改进提出建议，因此，企业与用户积极沟通对产品需求的创新起到重要的作用，使得企业生产出的产品既能满足用户的要求，又不会超出企业的自身能力水平。

第三，大多初创阶段的企业均受资金和能力的限制，且受行业变动环境的影响较大，可能无法马上与高等院校、科研机构建立稳定的产学研协同关系。对此，高校和科研机构可以主动为一些自主创新能力不强的企业提供科技成果，让这些企业能在市场上占据领先地位。

此外，企业与其他相关企业或者竞争对手建立联盟，通过模仿创新也能提高企业自身的技术水平，促进企业的产品创新，进而实现产品升级。在产业发展的初创期，金融机构无法确定企业未来的发展状况，因此不会对制造

企业进行大规模的投资，而中介机构和行业协会也没有建立，这些创新主体在这一阶段对企业进行产品创新发挥的作用较小。

二、成长期协同创新对产业转型升级的驱动作用

产业进入成长期后，行业环境相对稳定，市场需求逐渐明确。而企业依靠对消费者的了解和自身创新实力的增强，产品的生产工艺和技术水平也逐渐完善，企业的盈利能力开始增强。受到经济利益的驱使，这个阶段会有大批的企业进入产业中，这就造成了产业内企业的数量、企业的竞争程度均急剧上升，新企业的进入势必会减少已存在的企业的市场份额，发展稳定的企业如果想维持原来的经营状态必须战胜更多的竞争对手。在此阶段，象征高额垄断利润的产业技术标准还没有完全建立，各企业为了获得高额的垄断利润，会加大研发力度，继续进行产品创新，同时对工艺创新的追求也更迫切。

在成长阶段，政府仍然起到了重要的引导作用。因为竞争对手的增多，企业的创新强度进一步加大，而进行大规模的研发活动势必要投入更多的人力、财力和物力，此时，政府对企业的经济补贴能为企业减轻很大的资金负担。同时，由于企业的综合信誉度和抗风险能力仍较低，这使得企业很难获得金融机构的大力支持，对此，政府对企业和金融机构的协调和担保对于解决企业的资金问题有很大的帮助。因此，在产业的成长阶段，政府对企业的支持和对创新主体之间的协调是实现产业转型升级的重要保障。

处于成长阶段的企业需要大量专业性人才支撑企业的创新活动，从而顺利地过渡到成熟期，高等院校拥有系统的人才培养机制，可以为企业源源不断地培养并输送大量专业性人才，满足企业对人才的需求量。而科研机构能为企业的创新活动提供技术支撑，因此在产业的成长阶段，高校、企业、科研机构的协同对企业发展非常重要，但是这一时期，三个创新主体之间的连接还不是特别紧密，需要有政府的介入才能更加有效地运转。

在此阶段，用户仍对产品的创新进行检验；供应商与企业的协同降低了企业的生产成本，稳定了原材料的供应，同时也为企业的创新活动提供资源支持；金融机构、中介机构、行业协会等主体会随着产业的发展逐渐建立，将会对制造业产业升级起到辅助作用。

三、成熟期协同创新对产业转型升级的驱动作用

当产业从成长期步入成熟期，也就意味着产业进入了发展的最好时期。在此阶段，产业格局已经基本稳定，产业链也比较完整，产业内各服务性机构也已经建立，制造类企业与协同创新网络中的其他创新主体形成了合作与竞争并存的企业间、企业与组织机构间复杂的协同关系。同时，产业的技术标准形成，产业内出现一些知名品牌和一批具有较强竞争力的龙头企业。但是，随着产业的继续扩大，市场需求饱和状态逐渐明显，企业之间会通过提高生产效率、降低产品价格来获得竞争优势，这会造成产能过剩的现象。在此阶段，为了延长成熟期，制造企业应该看清形势，紧抓产品质量关，实现产品升级，或者延伸产业价值链，向服务业发展，通过商业模式创新、管理创新推动产业的功能升级，使产业进入持续繁荣期。

在成熟阶段，因为市场需求的降低，企业对市场份额的竞争更加激烈，而政府对市场环境的规范能够减少不规范竞争行为的产生，为企业的发展营造一个比较公平的竞争环境，同时，政府对知识产权的保护会增强创新主体进行技术发明的积极性，因此，政府对制造业转型升级的作用转化成辅助支撑。

在产业发展的成熟期，高校、科研机构与企业之间已经实现了知识、人才、技术等资源的共享，产学研创新体系更加紧密，该体系为制造业转型升级提供了重要支撑。

此外，产业内一系列服务型机构如行业协会、金融机构、科技中介等纷纷建立，为产业转型升级保驾护航。其中，金融机构在这一时期发挥的作用尤其重要，因为企业的发展壮大、创新活动都需要大量的资金支持。而行业协会作为企业与政府之间的纽带，能够更好地为企业服务，同时可以促进行业协会内各企业信息与知识的流动。中介机构会为企业的技术创新提供如专利申请代理、知识产权代理等各种配套服务，对于知识成果的流通和转化起着重要的作用。

四、衰退期协同创新对产业转型升级的驱动作用

当产业进入衰退期时，产业市场规模缩小、产品需求降低、产能出现过

剩。除了自身经营的不善，造成产业走向衰退的部分原因还在于新兴产业的不断出现和成长，使得原有产品不断被新产品所代替，导致产业的利润不断下降，不断走下坡路。产业正式步入衰退后，一部分企业会因为无法抵御产业衰退带来的冲击而直接关闭，一部分企业会通过延伸产业价值链以及商业模式创新推动产业的功能升级，使产业进入复兴期，或依托原有的生产要素继续进行产品创新，制造出全新的产品或服务，通过培育新型产业实现转型升级，挽救衰退危机。因此，制造业衰退期的产业升级模式主要是在产业内实现从价值链低端向价值链高端攀升的功能升级以及培育一个新的产业，主要是通过商业模式创新实现的。

产业衰退阶段，协同创新各主体的作用主要体现在以下几个方面：

政府的作用在两个方面体现出来：一是针对退出企业的安排，即通过政策和财政投入对退出企业的资产重置、下岗职工安排等事宜予以一定保障；二是针对继续留在行业内的产业，通过资金支持帮助企业实现功能升级或者培育出新产业，缩短实现升级的周期。

用户在产业衰退期的作用是为想通过培育新的产业来扭转产业衰退危机的企业提供产品需求的创新，帮助企业创新出新的产品或服务。

高等院校、研究机构和企业形成的产学研协同创新体系会在这一阶段继续发挥作用，高校和研究机构辅助企业完成一系列的创新活动，尤其是帮助企业研发新产品以提高产品的竞争力。

产业进入衰退期后，产业对融资的吸引力逐渐下降，金融机构不会轻易对产业内的部分中小企业提供资金支持，但对于有实力、有发展前景的一些大企业，它们还会继续给予资金援助，促进其实现转型升级，挽救产业衰退危机。

在产业的衰退阶段，中介机构和行业协会对产业转型升级的推动作用主要体现在为制造企业提供一些资源和配套服务的支持。

第三节　基于协同创新视角的产业升级路径选择

在产业生命周期的不同阶段，产业发展具有不同的特性，且产业所处的地域环境、城市的工业化程度、产业结构、文化教育水平、社会经济发展状况等差别也比较大。因此，在产业发展的不同阶段，产业转型升级不能采取相同的发展模式和实现路径，而要根据实际情况，因地制宜。本小节针对制造业产业生命周期的四个阶段，依据所建立的区域协同创新促进产业转型升级路径的理论模型，具体提出了基于协同创新视角的制造业产业转型升级路径，以期为处于生命周期不同阶段的制造业企业实现转型升级提供一个合理的路径，缩短其实现产业升级的时间。

一、初创期产业转型升级路径选择

在制造业发展的初创期，技术水平和市场需求是影响制造业快速成长的两个关键因素：技术水平既能影响新产品的质量、生产工艺以及生产效率，又能决定产品创新的程度，同时还能通过供给使市场的需求结构产生变化；而市场需求关乎企业是继续发展还是走向衰亡，因为只有符合市场需求的产业才能生存下来，市场对产业的发展起导向作用。制造业在初创期的发展特点还表现在：产业内没有能力较为突出的企业，且各企业自身的创新能力不强，为了扩大市场份额，企业会一边依靠模仿创新或技术引进提高产品的性能，一边会极力寻求技术突破，实现自主创新能力的提高，从而通过实现产品升级来推动产业升级。

同时，在产业的初创期，企业也处于起步的阶段，各种利益关系还未达成，各创新主体之间的联系比较弱且大都以合同或协议约束彼此之间的行为，关系较不稳定，参与协同创新的主体较少。在这一阶段，区域协同创新网络节点数量少，网络规模小，网络夭折的可能性较大，产业创新能力处于比较低的水平，因此，政府一方面应该注重分担企业的研发风险，提供政策支持，鼓励产业创新，另一方面更要注重整合创新资源，推动关键共性技术的研发，鼓励具有技术优势的企业推进技术在行业中的扩散，从根源上奠定产业转型升级的技术基础。根据在产业初创期企业、区域协同创新网络发展的特点，笔者构建了基于关键共性技术的产业转型升级路径，如图 5 – 3 所示。

基于关键共性技术的产业转型升级路径通过制造业创新网络中 R&D 联盟、产学研联盟等协同创新模式，整合网络创新要素实现关键共性技术创新，继而通过技术扩散实现关键共性技术的推广应用，使得相关技术逐渐渗

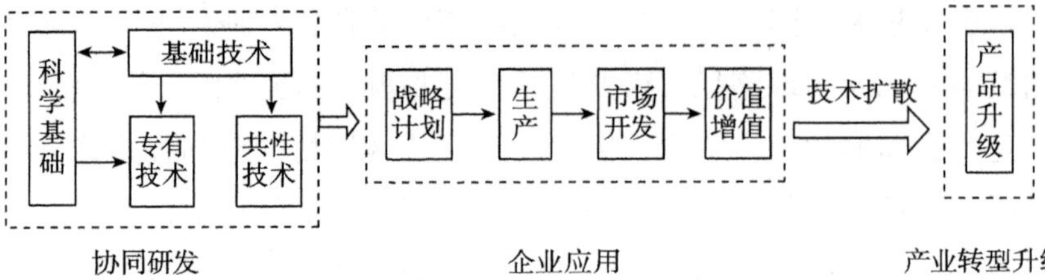

图 5－3　基于关键共性技术的产业转型升级路径

透到制造业相关领域以及发展的各环节中，从而提升区域制造业核心竞争力。因此，基于关键共性技术的产业转型升级路径通过关键共性技术的突破性创新实现企业的技术创新升级，从而促进企业所生产产品质量的提高，进而通过产品升级逐渐促进区域整体实现产业转型升级。

中部各省在实施该路径促进产业转型升级时，政府要鼓励众多网络节点参与，产业关键共性技术在研发阶段需要多主体协同，整合政府、高校、科研机构、企业等多网络节点功能及其创新要素，为提高产业整体的市场竞争力提供技术基础平台；要重视网络共享与扩散性，关键共性技术作为基础的技术，不具有竞争性，可为多个创新主体共用，致使创新主体无法独享其带来的经济效益，同时也具有广阔的适用性，可在多行业中应用，能给社会带来巨大的经济效益。通过区域产业创新网络，产业关键共性技术广泛地在区域协同网络的内外部应用，促进企业产品改进，提高产品附加值以及核心竞争力，最终促进区域经济的发展。最后，产业关键共性技术的突破需要政、产、学、研多方力量合作，整合大量创新资源才能实现技术攻关，而高校和科研机构的研发实力较强，能为制造业技术创新提供关键技术，因此，在基于关键共性技术的产业转型升级路径中，高校和科研机构发挥着重要的作用。

二、成长期、成熟期产业转型升级路径选择

在产业的成长期，企业高速发展，其生产的产品、工艺以及运用的管理方式日益完善，创新主体之间的合作更加密切；在产业的成熟期，企业所生产的产品、技术、生产工艺和组织都已经成熟，区域协同创新网络基本形成，核心企业努力寻找新的发展突破。在这两个阶段，企业追求与其他合作创新主体合作的动力比较强，侧重通过与其他创新主体建立良好的协同创新

网络关系来推进企业资源、业务优化配置，促进企业升级目标的实现。

从区域协同创新网络发展的状态来看，在产业发展的成长期和成熟期，创新网络中的各个创新主体的规模也不断扩张，企业的经营实力和知名度不断提升，对成熟技术、管理模式的吸聚能力不断增强；创新网络中，配套企业、科研中介、金融机构、行业协会等组织不断涌入，创新资源不断积聚，协同创新网络规模迅速膨胀；新加入的创新主体努力寻找合作机会，通过知识的学习和扩散，自身能力获得提升，彼此之间的合作更加紧密，且随着产业成熟程度的提升，这种状况更为明显，协同创新网络中各创新主体之间高度信任的关系逐渐形成，彼此之间合作的深度和广度进一步加深。为此，笔者为区域制造业转型升级设计了基于创新平台的产业转型升级路径，具体情况如图 5－4 所示。

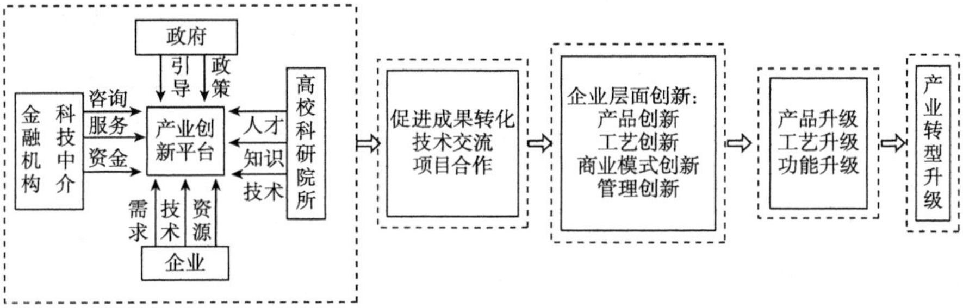

图 5－4　基于创新平台的产业转型升级路径

基于创新平台的产业转型升级路径是以产业创新平台的建设作为产业转型升级的基石，创新主体作为网络节点构建网络关系，提升企业、产业创新能力的渐进性升级过程。

产业创新平台为区域内各创新主体提供信息、技术、人力等创新资源，融合了技术产品研发、成果转化、技术服务、科技创业投资服务、人才培养等功能，是一种综合性集成载体。在这个平台中，资源集聚共享，合理引导产业升级。产业创新平台由多个子平台以及企业、高校、科研机构、政府、金融与中介服务机构等主体作为网络节点，通过相应的实现机制产生各种交互关系，达到人、财、物、信息、技术等创新资源在各个节点间有效地汇集、整合、配置与再创新。其中，高校和科研机构主要向网络内的其他节点输送知识技术创新成果和创新人才，满足各个节点对知识、技术、人才的不同需求；政府在制造业产业创新网络中主要起着协调、引导和扶植等作用，同时营造良好的创新环境，使知识、信息准确有效地传播和扩散；科技中介服务机构负责区域内的技术评估、技术交易市场、专利代理等活动，也可以帮助创新主体进行知识产权的保护工作，促进各创新主体技术研发活动的顺利展开；金融机构为企业提供多元化的融资渠道，促进产品附加值高、有发展前景的企业进一步发展；企业是资源、技术的最大需求方，通过从创新平台获取的创新要素能够使得企业实现产品升级、工艺升级、功能升级，保持企业发展的活力，走向精细化管理、转型升级的道路。随着区域协同创新网络的日渐成熟发展，网络节点数量会不断增多，这也意味着网络关系越复杂，网络资源越丰富。

基于创新平台的产业升级路径主要有以下特点：①多主体性，以产业创新平台为基础构建的产业转型升级路径是由多个创新主体共同完成的，当制造业发展进入瓶颈期时，产业转型升级发展的重点难点任务无法由单个创新主体完成，而需要多种不同类型、层次的创新主体分担不同创新任务，实现资源共享。②渐进性，通过这条路径实现产业转型升级的速度较慢，首先由于市场竞争性加剧，创新主体尤其是实力雄厚的巨头企业开始重视对技术、产品的保密工作，从而难以迅速集聚这些创新主体，更加难以实现资源共享；其次创新成果由研发到实际商业应用中，需要多次试验，是循环反复进行的，尤其在研发阶段。这也是限制产业转型升级快速实现的重要原因。③由外而内，区域内企业和配套企业借助产业创新平台创新成果，集聚众多创新主体的技术、信息、人才、物资等创新资源和创新功能，进行再创新以培育自身竞争力，进而带动区域制造业产业的创新升级发展，这是一种由外而内的创新模式。

此外，由于创新平台最初建立时，平台短期盈利不会很理想，因而构建时需要政府和产业联盟的有力支持，以及规模实力较强的核心制造企业和科研能力强的研发机构持续参与。

三、衰退期产业转型升级路径选择

产业的衰退指产业在经历了鼎盛的成熟期后，产品因为老化、功能减退等原因逐渐被更具吸引力的新产品所替代的逐渐衰落的过程。当行业进入衰退期之后，市场规模萎缩，产能过剩、利润快速下滑，部分竞争力较弱的企业退出行业，但是行业内仍存在一定数量的综合实力较强的核心企业，能够吸引众多配套产业为其提供相应的技术和产品，这部分企业则会通过各种方法进行转型，使产业进入复兴期。此外，在产业发展的衰退阶段，区域协同创新网络也会因为技术落后，无法跟进市场需求和竞争环境的变化。而由于企业、产业产值的明显下滑，创新成果呈现递减趋势，一部分创新主体将会选择退出区域协同创新网络，主体之间的关系紧密性降低。因此，区域协同创新网络的规模、网络关系链接数量均呈现锐减趋势，网络关系质量、强度减弱，网络关系的不稳定性增强。在这个阶段，产业链的延伸和创造全新的产业是衰退期企业实现转型升级的两个重要路径。根据协同创新网络中创新主体对产业转型升级的推动作用，笔者构建了基于配套产业链优化的升级路径，如图 5－5 所示。

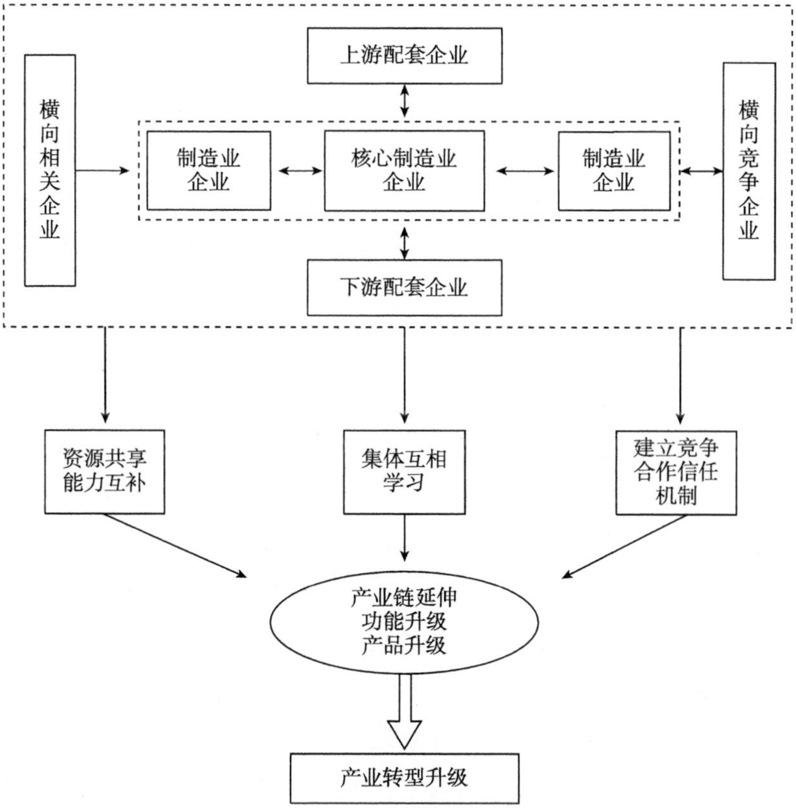

图 5－5　基于配套产业链优化的产业转型升级路径

该条路径主要为在衰退期仍有较大的规模、具有一定核心竞争力的企业设计，对于无法面临行业衰退带来的冲击而走向衰亡或者退出该行业的企业来说，它们将面临企业资产重组、大量员工丢失工作等困境，对此，政府的作用体现：给予该类企业资金、相关政策支持，帮助企业顺利退出产业。

基于配套产业链优化的产业升级路径要求实现转型升级的核心企业加强与上下游企业的联系，集中资源发挥制造业产业优势，使其呈现出可观的发展前景，吸引上下游企业融入制造产业链中，形成以核心制造企业为中心的制造业集群，通过集群内竞争与合作的动态整合实现集体互相学习、资源共享与能力互补，提升整体自主创新能力，发展推动制造业创新活动和升级。

基于配套产业链优化的区域产业转型升级路径具有以下几方面的特点：①制造企业与上下游配套生产企业关系密切，核心网络层与配套层不断互动融合。以制造业配套企业为核心，利用制造业配套产业的产品链、知识链和价值链的协同创新，缩减优化制造业在中间产品、半成品的生产等环节，提升中间产品或服务的技术、知识、价值含量，继而渗透并推动区域制造业升级。②优化配套产业链本质上是产业分工的精细化，在产品价值增值环节中降低甚至是消除了中间环节消耗。通过合理优化分工协作，消除或合并中间冗余环节，提升生产效率。③配套产业链优化的升级路径是一条渐进性创新升级路径。此升级路径主要依靠区域制造业创新网络中配套生产企业的长期磨合，逐渐合并低价值的企业与环节，催生新兴企业与高效合理环节。

在设计以上三条产业转型升级路径时，笔者以产业发展的不同阶段、企业的状态、区域协同创新网络发展的水平为参照。在产业发展的动态过程中，基于关键共性技术突破创新、基于产业创新平台、基于配套产业链的发展三条路径之间可能会由于创新主体对协同创新和产业的发展水平判断不准确、各创新主体之间利益不能达成一致、区域协同创新资源与升级需求不匹配等情况而出现路径转化的现象。对此，首先政府应该加强引导和服务，为企业的发展制造机会，引导各创新主体达成合作，营造良好的产业转型升级环境；其次，由于区域产业转型升级是一个长期而复杂的过程，需要创新主体间高效的合作以提升创新活动效率、创新成果转化率，这要求创新主体之间进一步明确分工和职责，建立信任机制、协调机制，实现功能的互补与衔接；再次，培养关键共性技术实现突破创新，要确保此技术真的能够带动整个行业的发展；最后，加强区域协同创新资源与产业转型升级的匹配度，合理优化配置资源，实现有区域特色的创新或开发引进新资源满足产业转型升级的需要。

第六章 区域协同创新与产业转型升级的互动关系研究

自党的十八大提出创新驱动战略以来，我国的产业政策调整进入依靠自主创新的发展路径促进产业结构优化升级的阶段。区域创新能力对产业转型升级有重要的推动作用，这已经成为学术界的共识。在第四章中，笔者对中部各省的创新能力进行了对比分析，可以看出中部六省的区域创新能力、区域协同创新能力存在明显的差异，与之相对应，我们可以分析得出中部六省的区域协同创新能力与产业转型升级之间的关系也会有所不同，但是具体情况如何，需要进行更深一步的研究。在对区域协同创新与产业转型升级的互动关系进行客观分析的基础上，本章采用中部六省的相关数据，筛选出衡量区域协同创新能力的指标，运用灰色关联分析方法，通过建立模型，实证分析了区域协同创新各要素对产业转型升级影响的差异性，这对于完善中部六省的创新体系，提升创新驱动产业结构升级作用机制的经济效率，以创新驱动为发展引擎，探寻适合中部六省的创新型经济发展之路具有一定的现实意义。

第一节 理论分析与模型构建

在产业转型升级的过程中，区域创新能力起着非常重要的作用，创新能力提升不仅能提高一个地区知识型产业的比重，优化产业结构，也能促进技术水平的提高，加快传统产业的转型和改造步伐，因此，区域创新能力是推动区域产业结构演进的主要动力，区域协同创新支撑着产业转型升级。从另一个角度来看，产业转型升级对科学技术提出更高的要求，这为区域协同创新注入新的活力，产业结构的优化也为区域协同创新能力的提升创造良好的基础和环境，因此，可以说产业转型升级带动了区域协同创新。综上，区域创新与产业结构调整相互依赖、相互促进。

一、区域协同创新支撑产业转型升级

区域协同创新能够最大限度地利用各创新主体的各项创新资源，可以实现最优资源组合和网络化运行，进而通过合理分配各项创新要素，实现创新的协同共享，促进各项创新成果转化为实际应用，以技术的更新换代支撑区域产业转型升级，具体体现在以下三个方面：

（一）区域协同创新提高技术扩散速度

技术创新能够显著地提高地区的劳动生产率，而劳动生产率的提高是产业结构发展的重要影响因素。在区域协同创新网络中，政府、企业、高校与科研机构四大创新主体的合作不断深化，而该过程伴随着信息的交流和创新资源的集聚与扩散过程，这直接导致了区域内的技术扩散速度的提高，进而推动了当地技术进步和知识创新，地区整体技术创新水平得以提高。科学技术在促进产业转型升级的过程中，会存在横向扩散和纵向扩散两种效应：横向技术扩散存在于产业内的螺旋式技术创新驱动模式中，在长期中，技术创新的横向扩散效应不断增强创新产业的生产效率和利润率水平，对生产率低下的产业进行筛选淘汰，进而改变整个产业发展的结构；而纵向的技术创新扩散效应通过产业链关联形成动态、系统的影响过程，以相关产业的低成本优势增强产业竞争力，促进技术密集型产业挤占市场份额，进而提升经济体系的产业结构水平。对于社会经济总体来说，区域协同创新提高了技术扩散速度，技术创新推进了产业结构的高级化调整进程，促进了国民经济增长水平的提升。

（二）区域协同创新推动了创新要素的合理分配

区域协同创新活动使得科研人员、技术成果由高校、科研机构向企业流动，资金、创新需求由企业向高校、科研机构流动，在这过程中企业的创新主体地位不断得到强化，企业为了实现创新需求，推动了各创新要素在创新主体之间的合理分配，使得区域科技创新能力不断提高。科技创新是产业转型升级的强大引擎，是撬动产业结构优化的杠杆，科技创新对产业结构优化升级的带动作用主要体现在两个方面：一是通过自主创新发展，引领战略性新兴产业发展，以此来带动整个产业结构的转型升级；二是通过科技创新推动传统产业的改造升级，使之向信息化、低碳化、节能化方向发展，提高产业结构的高级化水平。因此，区域协同创新通过推动创新要素的合理分配，促进科技创新能力的提高，进而影响区域产业转型升级进程。我们要充分发挥科技创新优化产业结构的作用，形成战略性新兴产业和传统制造业并驾齐驱、现代服务业和传统服务业相互促进、信息化和工业化深度融合的产业发展新格局。

（三）协同创新加快了创新成果的转化

在协同创新的过程中，涉及科技人员在不同创新主体之间的流动，高校在培养人才时，会结合企业以及科研机构的需求，这样当科技人员由高校流向企业工作时，可以迅速参与到企业的创新活动过程中。另外，高校、科研机构在进行项目研究时，要紧密结合市场的创新需求，当高校、科研机构的研究与企业的创新需求相吻合时，这三类主体都能达到较高的运转效率，加快将创新成果转化为符合市场需求的新产品的进程，这种行为在一定程度上也推动了市场的创新，从宏观层面看，市场创新也意味着新的市场组织的形成和新的市场秩序的建立。根据克鲁格曼提出的本地市场效应理论，我们可知本地市场效应有利于区域产业集群化发展，增强产业集群的竞争力水平，推动区域经济增长。此外，市场创新对于产业转型升级的影响还体现在价格机制上，价格机制通过价格的上下浮动反映产品的市场供给与需求状况，影响着消费者的消费意愿和商家的生产选择，从而引导产业结构升级。

另外，在创新主体进行协同创新时，也包括资本的创新，资本创新包括物质资本的积累和人力资本的创新。在产业发展过程中，物质资本的投入是产业产出水平提高的基础，物质资本存量水平的提升和投入力度的加大有利于产业发展模式的转变，进而以产业结构升级的形式表现出来。而人力资本存量的增加和结构的优化有利于提高要素的边际生产率水平，人力资本的总量积累和结构优化发展越快，经济部门产出增长越大，产业发展层次越高，从而进一步推进产业结构向高层次的调整。根据以上几点分析，我们可以得知区域协同创新有利于促进创新要素向企业聚集，提升企业的自主创新能力，企业能够从价值链低端向价值链的中高端迈进，企业用新产品代替老产品，满足新市场的需求；同时区域协同创新能够最大限度地促进创新成果的产业化，通过将创新成果产业化，推动新兴产业的发展，催生出新产业、新业态，带动高新技术产业、战略性新兴产业的发展，支撑产业转型升级。

二、产业转型升级带动区域协同创新

随着我国产业升级战略的实施以及创新型国家的建设，产业转型升级对自主创新的经济效应愈加显现。在国内外的相关研究中，Zweimuller（2005）等的研究验证了产业升级带动需求扩张，最终促使企业产品创新。李伟庆、聂献忠（2015）认为产业升级对中国整体自主创新存在显著正面的溢出效应，产业升级的创新溢出效应越明显，中国自主创新能力越强。吴丰华、刘瑞明（2013）认为产业转型升级为发达国家的科技革命提供了广阔平台，有力承载并支持了自主创新。对此，笔者认为产业转型升级对区域协同创新的带动作用主要体现在以下三方面：

（一）产业转型升级对技术提出了更高的要求

企业的产业转型升级以不断提高核心竞争力、谋求更高利润、获取更好的发展为目的。因此，在产业转型升级的过程中，发展的宏观环境会对企业的创新能力提出更高的要求，企业为了在市场竞争中获得更多的利润，会充分利用各项创新资源，以市场为导向，加强技术创新，并将技术创新运用到生产过程中，用新产品满足新的市场，而新产品又会带动新的需求，导致市场的持续性扩大和细分，而市场的扩大和细分进一步会导致市场需求扩张，市场需求扩张既为企业进行技术创新活动提供目标和机会，也促使企业不断改进技术和服务。为了进一步提高自身的知识吸收能力和自主研发能力，适应市场的变化，作为产业转型升级的主体，企业将会更加积极地寻求与其他创新主体如企业、高校、科研机构的合作，而政府作为产业转型升级的积极推动者，也会做好中间人的角色，为创新主体之间的合作牵线搭桥，区域协同创新网络因此更加密集，协同创新环境得到优化，产业转型升级对区域协同创新的带动作用愈加凸显。

（二）产业转型升级为区域协同创新注入新动力

产业转型升级不断地对企业提出新要求，企业不断地推动区域协同创新体系的发展，为区域协同创新注入新动力。在国家政策、晋升激励和责任考核的三重作用下，地方政府都有追求地区经济发展、促进产业转型升级的强烈意愿，展开技术模仿、引进高新技术项目、自主创新的竞赛成为政府的重要手段，而这将引导地区发展高新技术产业和改造传统产业，吸引更多的社会资本参与其中，增加了研发经费投入，加快了传统产业的技术改造和科技成果转化，这在一定程度上提高了地区原始创新、集成创新和引进消化吸收再创新的能力。另外，为了获得地区之间的技术扩散和知识溢出效应，避免地区之间的产业趋同性，地区之间将会进行一系列的竞争与合作。一方面，地区通过模仿创新、采用新工艺、新材料，提升地区研发能力，实现超越竞争对手的目的。另外，地区间为了解决产业共性关键技术，降低创新活动的不确定性和风险，发挥地区比较优势，将会开展区域协作，促进产业局部环节技术突破。这增强了创新主体之间交换思想的可能性，也降低了科学发现和科学商业化的成本，最终带来创新产出的增长。因此，我们可以说产业转型升级导致地区竞争与合作并存，这种地区协同效应有效促进了区域协同创新。

（三）产业转型升级为区域协同创新创造了良好的环境

从宏观的角度来看，产业转型升级能为区域协同创新提供良好的研发基础和环境。首先，任何外向型经济的产业升级过程必然带来进出口贸易的活跃，这将导致贸易条件变化，为了适应不断变化的贸易条件，出口企业必须加强创新，出口国必须加快自主创新步伐。具体来说，产业升级将一国的产品和产业推向国际市场，越来越深地融入全球价值链和国际分工体系。另外，产业升级客观抬升了国家贸易壁垒，进口国为了保护本土产业、保障本国就业，会抬高进口商品和服务在技术，以及牵扯技术的安全、绿色等方面的壁垒，这迫使出口国提升创新能力，以打破技术壁垒。其次，产业的转型升级必然伴随相关产业政策的出台，如对高新技术产业和战略性新兴产业实施支持和优惠政策。政府整合政策资源，完善以产业政策为核心的政策体系，鼓励自主创新发展核心技术，对产业培育和发展中发生的研发费用进行补贴，分担部分创新风险，这必然要求提升产业研发能力和技术创新能力；同时政府营造协同创新的政策环境，通过支持协同创新平台建设，发挥创新网络的作用，促进重大科研项目攻关，并形成协同创新长效机制，推进体制机制创新。

综上所述，产业转型升级的发展，会不断加大对研究与开发的人力投入、资金投入，会提高对先进科学技术的要求。因此，企业也会不断加强与高校和科研机构的合作，政府会大力促成创新主体之间合作的成功，同时技术市场的交易活动也会得到促进，即产业转型升级又会带动区域协同创新。

三、区域协同创新与产业转型升级相互作用机理图

从经济现象间相互作用的关系来看，区域协同创新与产业转型升级两个子系统通过各自的耦合指标相互作用并彼此影响：区域协同创新能够为产业转型升级提供科技供给和市场需求，通过产业关联调整产业间比例，有效地促进产业转型升级，而产业结构的升级对区域协同创新提出潜在要求，促进区域协同创新的进一步发展。根据以上分析，我们可以画出区域协同创新与产业转型升级相互作用的机理图，两者之间的关系如图 6－1 所示。

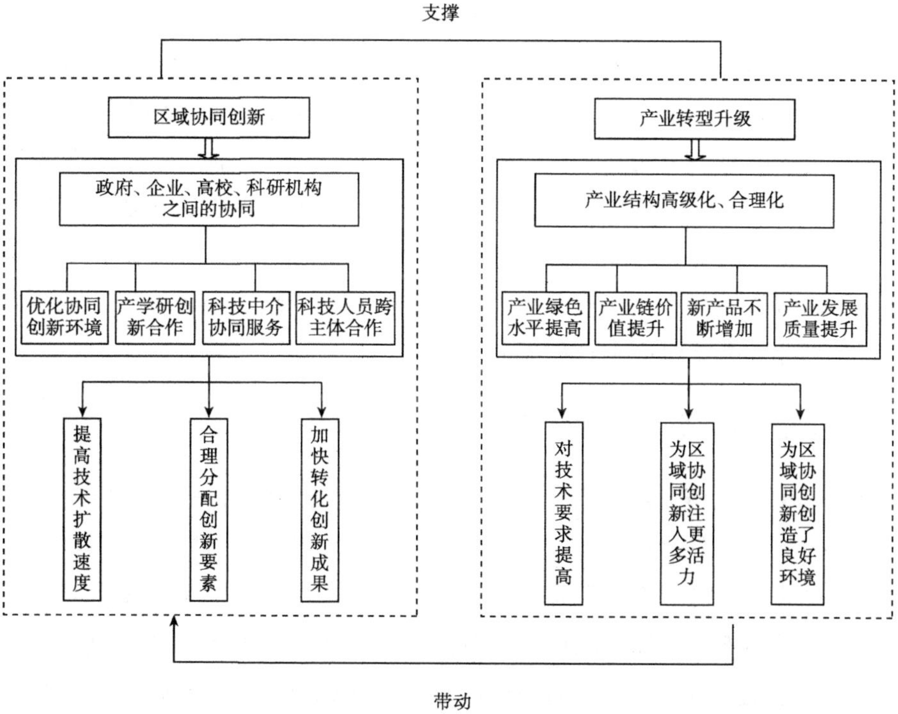

图 6－1　区域协同创新与产业转型升级相互作用的机理图

当前，加强产学研合作是中部各省科技创新的重要举措，推动产业转型升级是区域经济发展的必经之路。研究区域协同创新与产业转型升级相互作用的机理，对于指导各省份通过协同创新更好地推动产业转型升级具有重要的意义，而探讨产业转型升级带动区域协同创新的作用原理也能进一步推动区域内创新主体之间的合作。从国家层面看，以产业转型升级带动区域协同创新，暗合了加快产业升级的国家战略；从地方政府层面看，以产业转型升级带动区域创新将有力推动地方经济发展，促进地方经济发展方式转变；从企业层面看，以产业转型升级带动区域协同创新将有助于企业突破核心技术，占据全球分工与价值链的高端。总之，区域协同创新与产业转型升级相互影响，彼此推动对方的发展。

第二节　区域协同创新与产业转型升级的灰色关联分析

根据以上理论分析，我们可知区域协同创新与产业转型升级互相影响，而创新驱动的因素有很多，这些因素或独自作用于产业结构调整，或通过共同作用影响着产业结构升级的趋势，那么区域协同创新的不同要素对产业转型升级的影响有何区别？两者之间的内在关联的大小如何界定？灰色关联分析作为一种新的因素分析的方法，可以用来解决中部各省区域协同创新与产业结构升级之间的关联度问题。本小节利用中部各省的相关数据，分析区域协同创新各指标与产业转型升级之间的关联大小，从而找出今后中部各省在推进创新驱动战略时应重点把握的方向。

一、灰色关联模型的介绍

灰色关联分析方法是 20 世纪 80 年代前期我国学者邓聚龙教授提出的，其研究对象是部分信息已知、部分信息未知的小样本不确定数据系统，目前已广泛应用于经济、农业等领域，深受社会科学研究人士的喜爱。对于两个系统之间的因素，其随时间或不同对象而变化的关联性大小的量度，称为关联度。在系统发展过程中，若两个因素变化的趋势具有一致性，即同步变化程度较高，即可谓二者关联程度较高；反之，则较低。

作为衡量因素间关联程度的一种方法，灰色关联分析的基本思想是通过确定参考数据列和若干个比较数据列的几何形状相似程度来判断其联系是否紧密，它反映了曲线间的关联程度。究其本质，灰色关联分析法就是通过对一系列指标数据的分析，探究指标体系之间潜在的数据关系，用灰色关联度来描述指标之间关系的大小、强弱，并对其进行排序的一种统计方法，十分适用于量化动态发展的事物关系。

灰色关联分析的具体步骤如下：

第一步：确定分析数列。

确定反映系统行为特征的参考数列和影响系统行为的比较数列。反映系统行为特征的数据序列，称为参考数列。记参考数列为 $X_0 = \{X_0(K) \mid K = 1,2,\cdots,n\}$ ；影响系统行为的因素组成的数据序列，称比较数列，比较数列 $X_i = \{X_i(K) \mid K = 1,2,\cdots,n\}, i = 1,2,\cdots,m$ 。

第二步：变量的无量纲化。

由于系统中各因素列中的数据可能因量纲不同，不便于比较或在比较时难以得到正确的结论。因此在进行灰色关联分析时，一般都要进行数据的无量纲化处理。

$$x_i'(k) = \frac{x_i(K)}{x_i(L)}, k = 1,2,\cdots,n; i = 0,1,2,\cdots,m$$

第三步：计算关联系数。

关联系数反映比较序列与参考序列在各个时刻的紧密程度，参考序列与比较序列在时刻 k 时的关联程度称为关联系数，用 $\xi_i(k)$ 表示，公式为：

$$\xi_i(k) = \frac{\min\limits_i \min\limits_k \left| x_0(k) - x_i(k) \right| + \rho \max\limits_i \max\limits_k \left| x_0(k) - x_i(k) \right|}{\left| x_0(k) - x_i(k) \right| + \rho \max\limits_i \max\limits_k \left| x_0(k) - x_i(k) \right|}$$

记 $\Delta_i(k) = \left| x_0(k) - x_i(k) \right|$ ，为参考序列与比较序列对应的绝对差，则

$$\xi_i(k) = \frac{\min\limits_i \min\limits_k \Delta_i(k) + \rho \max\limits_i \max\limits_k \Delta_i(k)}{\Delta_i(k) + \rho \max\limits_i \max\limits_k \Delta_i(k)}$$

$\rho \in (0,\infty)$ ，称为分辨系数，引入这个系数是为了提高关联系数之间的差异显著性。ρ 越小，分辨力越大，一般 ρ 的取值区间为 $(0,1)$ ，具体取值可视情况而定。当 $\rho \le 0.5463$ 时，分辨力最好，通常取 $\rho = 0.5$ 。

第四步：计算关联度。

因为关联系数是比较数列与参考数列在各个时刻（即曲线中的各点）的关联程度值，所以它的数不止一个，而信息过于分散不便于进行整体性比较。因此有必要将各个时刻（即曲线中的各点）的关联系数集中为一个值，即求其平均值，作为比较数列与参考数列间关联程度的数量表示，关联度 r_i 公式如下：

$$r_i = \frac{1}{n}\sum_{k=1}^{n} \xi_i(k), k = 1,2,\cdots,n$$

关联度越大，则认为参考数列与比较数列的曲线几何形状越相似，当 $\rho = 0.5$ 时，界定 $0 < r < 0.35$ 序列之间的关联程度较弱；$0.35 < r < 0.65$，关联程度中等；$0.65 < r < 1$，关联程度较强。

第五步：关联度排序。

关联度按大小排序，如果 $r_1 < r_2$，则说明参考数列 x_0 与比较数列 x_2 更相似。

总之，灰色关联分析是按发展趋势做分析，因此对样本量的多少没有过多的要求，也不需要典型的分布规律，而且计算量比较小，其结果与定性分析结果比较吻合，因此，灰色关联分析是系统分析中比较简单、可靠的一种分析方法。

二、指标的确定与处理

在研究各种创新要素对产业转型升级的影响时，很多学者也都运用了灰色关联分析法，例如胡大力、彭永昌（2012）根据柳卸林教授在《中国区域创新能力评价报告》中设置创新评价指标体系的思路，从知识创造、知识获取、企业创新与创新环境四个方面确定所选指标；韩义焓、张雨芊（2017）从制度创新、技术创新与服务创新三方面研究科技创新对苏州纺织业转型升级的影响；赵喜仓，余正娟（2014）运用灰色关联分析法对江苏省创新与产业转型升级的关系进行实证研究时，选用的指标为技术市场成交额、发明专利授权数、R&D 经费投入、科技活动人员数以及高新技术产业产品产值。

关于产业转型升级，由于观点的不同，不同学者有不同的选择。如付宏、毛蕴诗、宋来胜（2013）认为产业结构层次的提高代表经济社会发展水平的提高，进而新产品的生产数量更多，因而以新产品的产值作为产业结构高级化的指标。屠年松、李彦（2015）采用第三产业增加值与第二产业增加值之比来对产业间转型升级水平进行衡量，余大杭（2017）采用 GDP 增长率来表征产业升级情况。徐银良、王慧艳（2018）选取高技术产业增加值占 GDP 的比重、现代服务业增加值占 GDP 的比重作为反映产业结构高级化的指标，选择亿元 GDP 二氧化硫和烟粉尘排放量衡量产业的协调和可持续发展水平，即产业结构的合理化水平，这些选择均有一定的科学性和合理性。

本小节主要目的是探究协同创新各要素与产业转型升级之间的关联程度，结合之前学者的研究以及专家学者的建议，笔者选择有效专利数、技术市场成交额、R&D 经费内部支出、R&D 人员全时当量、高校与企业合作研发经费支出、科研机构与企业合作研发经费支出六个指标作为灰色关联分析的比较序列。对于产业结构升级的衡量，借鉴干春晖（2011）等人的做法，用第三产业产值与第二产业产值之比来描述，并将此指标作为灰色关联分析的参考序列。

参考序列与比较序列的情况如下：

表 6－1　参考序列与比较序列的名称列表

参考序列	第三产业产值与第二产业产值比值	X_0
比较序列	有效专利数	X_1
	技术市场成交额	X_2
	R&D 经费内部支出	X_3
	R&D 人员全时当量	X_4
	高校与企业合作研发经费支出	X_5
	科研机构与企业合作研发经费支出	X_6

三、实证结果分析

（一）河南省区域协同创新与产业转型升级灰色关联分析

根据灰色关联分析法的原理和计算步骤，本著作分别研究中部六个省份区域协同创新各要素对产业转型升级的影响，首先以河南省为研究对象，具体计算过程如下：

1. 确定反映系统行为特征的参考序列和影响系统行为的比较序列，河南省各参考序列和比较序列的原始数据整理如下：

表6－2　河南省参考序列与比较序列的数据排列

	2009	2010	2011	2012	2013	2014	2015	2016
X_0	0.561	0.549	0.579	0.625	0.679	0.720	0.821	0.877
X_1	26917	39972	50785	67824	84420	99590	126381	148862
X_2	26.3	27.2	38.76	39.94	40.24	40.79	45.04	58.71
X_3	174.76	211.38	264.49	310.78	355.32	400.01	435.04	494.19
X_4	92571	101467	118041	128323	152252	161444	158858	166279
X_5	31878	30479	28508	36357	36225	34444	36412	45308
X_6	1786	9957	12150	1654	4879	9988	10014	12993

2. 对参考序列和比较序列进行无量纲化处理

在对参考序列和比较序列进行无量纲化处理时，一般有三种方法可以选择：初值化、均值化与区间化，其中初值化方法适用于较稳定的社会经济现象的无量纲化，因为这样的数列多数呈稳定增长趋势，通过初值化处理，可使得增长趋势更加明显。本著作选择的指标数据正好符合这样的特征，因此用初值化方法对原始数据进行无量纲化处理，数据变换处理后的结果如表6－3所示。

表6－3　参考序列与比较序列初值化后排列

	2009	2010	2011	2012	2013	2014	2015	2016
X_0'	1	0.979	1.033	1.114	1.211	1.285	1.465	1.564
X_1'	1	1.485	1.887	2.520	3.136	3.700	4.695	5.530
X_2'	1	1.034	1.474	1.519	1.530	1.551	1.713	2.232
X_3'	1	1.210	1.513	1.778	2.033	2.289	2.489	2.828
X_4'	1	1.096	1.275	1.386	1.645	1.744	1.716	1.796
X_5'	1	0.956	0.894	1.141	1.136	1.080	1.142	1.421
X_6'	1	5.575	6.803	0.926	2.732	5.592	5.607	7.275

3. 计算灰色关联系数

计算关联系数时，本著作取$\rho = 0.5$。首先计算得出各年份参考序列与比较序列对应的绝对差，结果如表6－4所示。

表 6－4　参考序列与比较序列的对应绝对差序列

差序列	2009	2010	2011	2012	2013	2014	2015	2016
$\mid X_0' - X_1' \mid$	0	0.506	0.854	1.405	1.925	2.415	3.230	3.966
$\mid X_0' - X_2' \mid$	0	0.055	0.441	0.404	0.319	0.266	0.248	0.668
$\mid X_0' - X_3' \mid$	0	0.231	0.480	0.663	0.822	1.004	1.024	1.264
$\mid X_0' - X_4' \mid$	0	0.117	0.242	0.271	0.434	0.459	0.251	0.232
$\mid X_0' - X_5' \mid$	0	0.023	0.139	0.026	0.075	0.205	0.323	0.143
$\mid X_0' - X_6' \mid$	0	4.596	5.770	0.189	1.521	4.307	4.142	5.711

表 6－5　两级最大差值与最小差值

差序列	两级最小差值	两级最大差值
$\mid X_0' - X_1' \mid$	0	3.836
$\mid X_0' - X_2' \mid$	0	0.668
$\mid X_0' - X_3' \mid$	0	1.264
$\mid X_0' - X_4' \mid$	0	0.232
$\mid X_0' - X_5' \mid$	0	0.143
$\mid X_0' - X_6' \mid$	0	5.711

由表 6－5 可知，参考序列与比较序列的两级最小差值为 0，两级最大差值为 5.711，由此计算出参考序列与比较序列在各年份的关联系数如表 6－6 所示。

表 6－6　参考序列与比较序列在各时刻关联系数

	2009	2010	2011	2012	2013	2014	2015	2016
$\gamma_{01}(k)$	1.000	0.850	0.770	0.670	0.597	0.542	0.469	0.419
$\gamma_{02}(k)$	1.000	0.981	0.866	0.876	0.900	0.915	0.920	0.811
$\gamma_{03}(k)$	1.000	0.925	0.856	0.812	0.777	0.740	0.736	0.693
$\gamma_{04}(k)$	1.000	0.961	0.922	0.913	0.868	0.861	0.919	0.925
$\gamma_{05}(k)$	1.000	0.992	0.953	0.991	0.974	0.933	0.898	0.952
$\gamma_{06}(k)$	1.000	0.383	0.331	0.938	0.653	0.399	0.408	0.333

由结果可以看出，不同指标在不同年份与产业转型升级的关联度有很大的差别。其中在 2010 年、2011 年、2012 年、2013 年、2014 年以及 2016 年与产业转型升级关联度最强的指标均为 X_5（高校与企业合作研发经费支出），在 2015 年，X_2（技术市场成交额）与产业转型升级关联度最强，是推

动产业转型升级的重要力量，对河南省产业转型升级的影响最大。

从六个指标的变化情况来看，X_1（有效专利数）与参考序列的关联系数呈现逐渐下降的趋势，即河南省有效专利数与产业转型升级的关联度较小，X_6（科研机构与企业合作研发经费支出）与参考序列之间的关联系数不稳定，在2012、2013年与产业转型升级的关联较强，在其余年份，关联程度中等偏下。剩余四个指标在各年份与产业转型升级之间的关联系数均大于0.65，即这四个指标与产业转型升级的关联度较高，对产业转型升级的影响程度较大。

4. 各参考序列与比较序列之间的总体灰色关联度计算结果如下：

表6-7　灰色关联度计算结果

γ_1	0.665
γ_2	0.909
γ_3	0.817
γ_4	0.921
γ_5	0.962
γ_6	0.556

根据计算结果我们得知，区域协同创新指标与产业转型升级的关联度排序依次为：高校与企业合作研发经费支出 > R&D人员全时当量 > 技术市场成交额 > R&D经费内部支出 > 有效专利数 > 科研机构与企业合作研发经费支出。除了科研机构与企业合作研发经费支出与产业转型升级的关联程度较低外，其余五个协同创新指标均与产业转型升级有较强的关联。因此，整体而言，区域协同创新是产业转型升级的有效推动力。从具体创新指标来看，高校与企业的合作对产业转型升级的影响最为明显，是产业转型升级最重要的推动力，而R&D经费内部支出具有滞后性，再加上河南省R&D经费支出还有待提高，该项指标对产业转型升级的作用还没有完全释放。对此，政府应加强企业与高校的合作交流，进一步提高R&D经费内部支出强度，支持鼓励技术创新及先进技术引进，为河南省的产业转型升级提供技术支撑和保证。

（二）山西省区域协同创新与产业转型升级的灰色关联分析

在对剩余五省的研究中，笔者将仅仅列出关联系数和关联度计算结果，并对数据之间的变化情况进行分析，以下是山西省区域协同创新与产业转型升级的灰色关联分析结果如下：

表 6－8　参考序列与比较序列在各时刻关联系数

	2009	2010	2011	2012	2013	2014	2015	2016
$\gamma_{01}(k)$	1.000	0.706	0.586	0.496	0.415	0.375	0.368	0.333
$\gamma_{02}(k)$	1.000	0.862	0.726	0.618	0.404	0.454	0.517	0.691
$\gamma_{03}(k)$	1.000	0.877	0.720	0.692	0.642	0.694	0.902	0.814
$\gamma_{04}(k)$	1.000	0.959	0.904	0.998	0.949	0.871	0.618	0.581
$\gamma_{05}(k)$	1.000	0.965	0.891	0.883	0.820	0.881	0.737	0.533
$\gamma_{06}(k)$	1.000	0.979	0.638	0.690	0.861	0.942	0.809	0.824

综合来说，山西省区域协同创新指标与产业转型升级之间的关系与河南省有较大的不同，除了 X_1（有效专利数）、X_2（技术市场成交额）在个别年份与产业转型升级的关联系数低于0.5以外，其余指标在不同年份与产业转型升级均有较高的关联度。在2010年、2014年以及2016年，与产业转型升级关联度最高的指标均为 X_6（科研机构与企业合作研发经费支出）。到2011年，X_4（R&D人员全时当量）与产业转型升级的关联系数最高，且这种状况在之后的两年也得到了保持，说明山西省的科技从业人员对区域产业转型升级有较大的促进作用，在2015年，X_3（R&D经费内部支出）成为与产业转型升级关联度最高的指标。

从具体指标的变化情况来看，X_1（有效专利数）与产业转型升级的关联系数整体呈现出下降的趋势，到2016年，有效专利数与产业转型升级的关联系数仅为0.333，两序列之间的关联度较弱，这说明山西省的有效专利数增长速度不及产业转型升级的变化速度，对产业转型升级的促进作用较小，山西省需要提高有效专利产出数。X_2（技术市场成交额）与产业转型升级的关联系数呈现出先上升后下降的状态，其中，2013年，两序列之间的关联系数最小，仅为0.404，呈现出弱相关，之后，两序列之间的关联度又慢慢上升。剩余几个指标与产业转型升级的关联度在各年份均超过了0.5，虽然在个别年份有稍微的动荡，但整体相关系数还算是比较高。

表 6－9　灰色关联度计算结果

γ_1	0.535
γ_2	0.659
γ_3	0.793
γ_4	0.860
γ_5	0.839
γ_6	0.843

灰色关联度的计算结果显示：山西省区域协同创新指标与产业转型升级的关联度排序依次为：R&D 人员全时当量 > 科研机构与企业合作研发经费支出 > 高校与企业合作研发经费支出 > R&D 经费内部支出 > 有效专利数 > 技术市场成交额。说明在山西省产业转型升级过程中，R&D 人员发挥的有效作用最大。山西省有效专利数欠缺也限制了技术市场成交额的活跃程度，导致这两项指标与产业转型升级之间的关联度较低，但是，灰色关联度最低的技术市场成交额与产业转型之间的关联度也超过了 0.5，说明了山西省区域协同创新能够有效地推动当地产业转型升级，对产业转型升级的支撑作用凸显。

（三）湖北省区域协同创新与产业转型升级灰色关联分析

在中部六省中，无论是区域创新能力还是区域协同创新能力，综合来说，湖北省的水平高于其余五个省份，由表 6－10 以及表 6－11 显现出来的结果也可以看出，湖北省区域协同创新指标与产业转型升级之间的关联度明显高于山西省和河南省，这和第四章分析出来的结果具有一致性，也从侧面证明了本书采用灰色关联分析法的科学性，下面笔者将具体分析湖北省区域协同创新与产业转型升级的灰色关联系数与灰色关联度。

表 6－10　参考序列与比较序列在各时刻关联系数

	2009	2010	2011	2012	2013	2014	2015	2016
$\gamma_{01}(k)$	1.000	0.889	0.827	0.762	0.706	0.661	0.600	0.544
$\gamma_{02}(k)$	1.000	0.953	0.874	0.758	0.559	0.449	0.367	0.333
$\gamma_{03}(k)$	1.000	0.943	0.892	0.849	0.829	0.796	0.777	0.761
$\gamma_{04}(k)$	1.000	0.971	0.933	0.916	0.920	0.913	0.934	0.939
$\gamma_{05}(k)$	1.000	0.955	0.927	0.916	0.910	0.910	0.924	0.962
$\gamma_{06}(k)$	1.000	0.868	0.985	0.865	0.746	0.652	0.647	0.580

首先分析历年与产业转型升级关联度最大的指标。在2010年，各指标与产业转型升级的关联系数均达到了0.85以上，其中与产业转型升级关联系数最高的指标为 X_4（R&D人员全时当量），2011年，X_6（科研机构与企业合作研发经费支出）与产业转型升级的关联系数略高于 X_4（R&D人员全时当量），成为当年对产业转型升级影响最大的指标。之后几年，与产业转型升级关联系数最高的指标均为 X_4（R&D人员全时当量），这和湖北省较高的教育水平密切相关，科技人员是推动湖北省产业转型升级的重要力量。

其次，从区域协同创新指标与产业转型升级关联系数的变化情况来看，X_2（技术市场成交额）与产业转型升级的关联系数呈现出下降的趋势，这可能与湖北省技术市场成交额变化趋势太大有关，在2009—2016年八年的时间内，湖北省技术市场成交数额扩大了将近12倍，远远超过产业转型升级的速度，这是近几年来两序列之间的关联系数较低的重要原因。此外，其余区域协同创新指标虽然在个别年份与产业转型升级的关联系数有所降低，但整体变化情况不大，历年关联系数均在0.5以上，尤其是 X_4（R&D人员全时当量）、X_5（高校与企业合作研发经费支出）在各年份与产业转型升级的关联度均未低于0.9，在产业转型升级过程中扮演着重要的角色。

表6-11　灰色关联度计算结果

γ_1	0.749
γ_2	0.662
γ_3	0.856
γ_4	0.941
γ_5	0.938
γ_6	0.793

灰色关联度的计算结果显示：湖北省区域协同创新指标与产业转型升级的关联度排序依次为：R&D人员全时当量>高校与企业合作研发经费支出>R&D经费内部支出>科研机构与企业合作研发经费支出>有效专利数>技术市场成交额。R&D人员全时当量与产业转型升级的关联度最高，达到了0.938，即R&D人员全时当量对产业转型升级的影响最大，而技术市场成交额与产业转型升级之间的关联度最低，仅为0.662，即技术市场成交额指标对产业转型升级的影响较小，反映了当下湖北省技术转化效率有待提升的现实。

（四）安徽省区域协同创新与产业转型升级灰色关联分析

自从加入长三角三省一市区域协同创新体之后，安徽省的区域协同创新能力有了很大程度的提高，在此，笔者进一步研究安徽省区域协同创新各项指标与产业转型升级在各年份的关联系数与整体关联度，具体计算结果如表6－12所示。

表6－12　参考序列与比较序列在各时刻关联系数

	2009	2010	2011	2012	2013	2014	2015	2016
$\gamma_{01}(k)$	1.000	0.825	0.643	0.530	0.445	0.412	0.367	0.333
$\gamma_{02}(k)$	1.000	0.923	0.833	0.759	0.643	0.568	0.538	0.507
$\gamma_{03}(k)$	1.000	0.939	0.868	0.800	0.745	0.718	0.698	0.684
$\gamma_{04}(k)$	1.000	0.962	0.902	0.847	0.816	0.800	0.801	0.817
$\gamma_{05}(k)$	1.000	0.955	0.937	0.891	0.842	0.900	0.924	0.986
$\gamma_{06}(k)$	1.000	0.977	0.970	0.692	0.641	0.652	0.570	0.598

根据结果可知，安徽省各区域协同创新指标产业转型升级的关联度在不同的年份有较大的差异。其中在2010年与2011年，与产业转型升级关联度较大的指标为X_6（科研机构与企业合作研发经费支出），2012年之后，X_5（高校与企业合作研发经费支出）成为与产业转型升级关联度最大的指标。值得注意的是，在2009—2016年，X_1（有效专利数）均与产业转型升级之间的关联系数最低，这与安徽省有效专利数变化速度较快有较大的关系，说明有效专利数与产业转型升级发展速度不一致。

从具体指标的变化情况来看，X_1（有效专利数）、X_2（技术市场成交额）、X_3（R&D经费内部支出）、X_6（科研机构与企业合作研发经费支出）与产业转型升级之间的关联系数呈现逐渐降低的趋势，且有效专利数与产业转型升级之间的关联系数下降的速度较快。X_4（R&D人员全时当量）、X_5（高校与企业合作研发经费支出）与产业转型升级之间的关联系数比较稳定，整体均在0.8以上，对推动区域产业转型升级的作用较为明显。

表6－13　灰色关联度计算结果

γ_1	0.569
γ_2	0.721
γ_3	0.807

续表

γ_4	0.868
γ_5	0.929
γ_6	0.762

灰色关联度的计算结果显示：安徽省区域协同创新指标与产业转型升级的关联度排序依次为：高校与企业合作研发经费支出 > R&D 人员全时当量 > R&D 经费内部支出 > 科研机构与企业合作研发经费支出 > 技术市场成交额 > 有效专利数。除了有效专利数与产业转型升级之间的灰色关联度略低于 0.65，呈现中等相关的状态，其余五个指标与产业转型升级的关联度均较强，这说明安徽省区域协同创新能够有效地促进当地的产业转型升级。

（五）湖南省区域协同创新与产业转型升级灰色关联分析

周忠民（2016）在研究中指出，湖南省科技创新和产业结构之间存在长期协整关系，科技创新是产业结构的格兰杰成因，科技创新对产业结构的影响具有时滞性。在本著作中，笔者采用灰色关联分析的方法具体计算各创新要素对产业转型升级影响的大小，运算结果如表 6－14 所示。

表 6－14　参考序列与比较序列在各时刻关联系数

	2009	2010	2011	2012	2013	2014	2015	2016
$\gamma_{01}(k)$	1.000	0.906	0.837	0.760	0.700	0.656	0.606	0.572
$\gamma_{02}(k)$	1.000	1.000	0.993	0.986	0.884	0.835	0.826	0.837
$\gamma_{03}(k)$	1.000	0.955	0.905	0.864	0.840	0.816	0.794	0.771
$\gamma_{04}(k)$	1.000	0.966	0.928	0.901	0.901	0.899	0.893	0.899
$\gamma_{05}(k)$	1.000	0.972	0.951	0.960	0.948	0.977	0.981	0.998
$\gamma_{06}(k)$	1.000	0.945	0.532	0.243	0.385	0.482	0.333	0.398

根据表 6－14 可知，2010—2012 年，X_2（技术市场成交额）与产业转型升级的关联系数最高；之后四年，与产业转型升级的关联度最高的序列均为 X_5（高校与企业合作研发经费支出）。

从各参考序列与比较序列的关联系数的变化情况来看，X_5（高校与企业合作研发经费支出）与产业转型升级之间的关联系数比较稳定，均在 0.9 以上，呈现出高度相关的状态，而 X_6（科研机构与企业合作研发经费支出）

与产业转型升级之间的关联系数最不稳定，且整体关联系数较低，最低年份甚至仅为0.243，关联程度极弱。剩余四个参考序列与产业转型升级之间的关联系数虽然有降低的趋势，但是总体呈现中等以上的关联程度。

表6-15　灰色关联度计算结果

γ_1	0.755
γ_2	0.920
γ_3	0.868
γ_4	0.923
γ_5	0.973
γ_6	0.540

灰色关联度的计算结果显示：安徽省区域协同创新指标与产业转型升级的关联度排序依次为：高校与企业合作研发经费支出>R&D人员全时当量>技术市场成交额>R&D经费内部支出>有效专利数>科研机构与企业合作研发经费支出。高校与企业合作研发经费支出与产业转型升级之间的关联度最高，而科研机构与企业合作研发经费支出与产业转型升级之间的关联度最低，仅为0.540，关联状态为中度相关。总之，我们可以说，在安徽省进行产业转型升级的过程中，区域协同创新起到了积极的作用。

（六）江西省区域协同创新与产业转型升级灰色关联分析

江西省区域协同创新各要素历年的原始指标变化幅度比较大，尤其是有效专利数、科研机构与企业合作研发经费支出两个指标，数值突然上升和突然下降的情况比较严重。江西省各参考序列与比较序列在各时刻的关联系数如表6-16所示。

表6-16　参考序列与比较序列在各时刻关联系数

	2009	2010	2011	2012	2013	2014	2015	2016
$\gamma_{01}(k)$	1.000	0.942	0.904	0.851	0.794	0.731	0.626	0.533
$\gamma_{02}(k)$	1.000	0.878	0.802	0.771	0.753	0.716	0.655	0.607
$\gamma_{03}(k)$	1.000	0.977	0.966	0.951	0.929	0.914	0.901	0.880
$\gamma_{04}(k)$	1.000	0.986	0.979	0.982	0.969	0.974	0.974	0.979
$\gamma_{05}(k)$	1.000	0.970	0.984	0.988	0.987	0.981	0.972	0.971
$\gamma_{06}(k)$	1.000	0.943	0.940	0.957	0.931	0.997	0.426	0.333

计算结果显示：在 2010 年，江西省与产业转型升级关联度最大的指标为 X_4（R&D 人员全时当量），2011 年，关联度最大的指标变为 X_5（高校与企业合作研发经费支出），且这种状态保持了四年，研究时段内的最后两年，即 2015 年、2016 年，江西省与产业转型升级关联度最大的指标为 X_4（R&D 人员全时当量）。除了 X_6（科研机构与企业合作研发经费支出）在最后两年与产业转型升级之间的关联系数较低外，江西省区域协同创新指标与产业转型升级之间的关联系数均较高。

关于不同参考序列与比较序列关联系数的变化情况，相比于其余五个省份，江西省比较稳定，除了 X_6（科研机构与企业合作研发经费支出）外，其余几个指标虽然有降低的趋势，但变化幅度不大。

表 6－17　灰色关联度计算结果

γ_1	0.797
γ_2	0.773
γ_3	0.940
γ_4	0.980
γ_5	0.982
γ_6	0.816

由表 6－17 可以看出，江西省各参考序列与比较序列之间的灰色关联度均比较高，序列之间的关联程度较强。将各比较序列与参考序列之间关联度进行排序，具体情况为：高校与企业合作研发经费支出 > R&D 人员全时当量 > R&D 经费内部支出 > 科研机构与企业合作研发经费支出 > 技术市场成交额 > 有效专利数，这和湖南省的灰色关联度排序状况相同，侧面说明了湖南省与江西省在产业转型升级过程中，各区域协同创新因素对产业转型升级的推动作用具有一定的相似性。

根据对中部六省区域协同创新与产业转型升级之间灰色关联度的分析，我们进一步验证了之前学者们的观点：即创新驱动每个要素对产业转型升级影响各不相同，区域产业转型升级所处的阶段不同，对产业转型升级起主导推动作用的创新因素也不相同，出现这种现象的原因还在于各地区经济发展水平的不同。实证研究结果证明，河南、安徽、湖南、江西四个省份，高校与企业合作研发经费支出与产业转型升级指标的关联度最大，而山西、湖北两省与产业转型升级关联度最高的指标为 R&D 人员全时当量。因此，河南、安徽、湖南、江西四省应该鼓励高校与企业进行合作，而山西、湖北两个省份应该将人才培养、教育投资放在首位，各地区关联度最低的指标可最后发展。

第七章 区域协同创新与产业转型升级协调发展研究

从经济现象间相互作用的关系来看，区域协同创新系统与产业转型升级两个子系统通过各自的耦合指标相互作用并彼此影响：区域协同创新能够有效地促进产业结构的升级，产业结构的升级能够促进区域协同创新系统的合理化发展，最终能够达到两者在发展速度和发展规模两方面协调发展。本章从可持续发展的视角，结合中部六省的发展特点，采取定量分析的方法，揭示区域发展系统中的两个子系统——区域协同创新系统与产业转型升级系统之间相互耦合协调的作用机制并分别分析两系统的发展指数、耦合协调度，这对于提高中部六省的区域协同创新能力、推进地区实现产业转型升级具有重要的现实意义。

第一节 相关研究述评

一、创新系统与产业系统协调发展的内涵

在对协调性相关理论的研究中，系统协调较早进入学者们的研究领域。中外学者对于系统协调的看法主要有以下这些：在斯密看来，当“经济人”能在专业分工的基础上自愿交换、自愿合作，这就达到了协调。马歇尔基于供求论研究了系统协调的含义，自此协调就和均衡挂上了钩。顺着马歇尔的研究思路，以新古典经济学为代表的学者提出了“帕累托最优”的协调标准，并论证了局部协调到全局协调的可能性。我国学者也对系统协调的内涵做了一系列的探索，如王维国（2000）与李艳、曾春香（2003）均认为协调是在实现总体目标的过程中，系统中的各自要素相互配合、共同促进而慢慢形成的一种循环态势。张慧颖、吴红翠（2011）将协调的测度标准称为协

调度，魏江（2010）认为协调度可反映区域内各创新主体合作创新状况和协同创新程度。戴淑燕、黄新建（2004）对协调的标准定得更为宽泛，其认为系统内在要素的有机统一就是协调。汤铃等（2010）分析了已有协调度模型的本质，创新地引入欧式距离并构建了距离协调度模型，并依此提出了衡量系统协调发展的定量研究方法。国外学者 Vefie L.（1996）和我国学者熊建新、陈端吕（2014）认为耦合协调是指多个系统之间或系统内部要素之间一种良性的互动关系，同时也是这种良性互动持续发展的集中体现和保证。

关于系统协调，还有一种比较著名的观点，即协同论，协同论由联邦德国斯图加特大学教授、著名物理学家哈肯（Haken）创立。协同论认为尽管各个系统的属性不同，但在整个环境中，这并不影响各个子系统之间相互合作的关系，且随着各系统之间合作的加深，关联度的增大，整个系统的协调性越来越好。与协同学观点类似的理论还有系统论、自组织理论，但是三者相比，协同学更强调系统内部要素间的关联互动对系统整体协调的重要性。而系统论和自组织理论更加侧重说明系统的开放性、系统与外界的交流性，强调外界环境对实现自身协调发展的重要性。因此，本著作认为协调思想应该包含系统内部要素之间关联互动、系统与外界环境之间的关联互动作用两个部分。

需要强调的是，系统协调性高，我们可以得出系统的交互作用强的结论，但是反过来，系统要素之间的交互作用强，并不能说明系统的协调性好，我们需要考虑系统内部可能会出现争斗、冲突、矛盾等现象，这种交互作用对系统达到协调只是有害无益。因此，在强调关联性对系统协调贡献的同时，还应该把握关联的类型，即保证子系统与系统的总发展目标是一致且理想的。实现系统协调的另一个环节也很重要，即保证子系统的完善、保持与其他要素共同成长的均衡状态，如果子系统的自身功能出现问题，或者不能保持与其他要素的共同进步，那么就不能保证其与其他子系统的正常合作，这将影响系统的整体功能表现。

在关于系统协调的所有观点中，还有一种典型的观点认为协调就是和谐，是构成整体部分的和谐统一，强调整体秩序的稳定性。但是这种观点没有从事物的演化角度去考虑，是一种消极的看法。对于协调发展的本质，本章结合以往学者的研究成果，认为协调是各子系统功能完善的情况下，各子系统相互配合达到系统整体功能最优的一种状态。发展则是指在一定的约束条件下，系统从无序到有序、从低级到高级的一种进化趋势。系统处在各子系统不断磨合、不断进步的动态变化之中，只有系统与系统或系统要素之间协调有序，系统的总体发展状况才可达到优化。因此，我们可以认为系统协调发展既是一种状态，也是一个过程。作为状态，协调发展指系统各要素间关系融洽，从而整体效应最佳。作为过程，协调表现为一种控制与管理职能，围绕系统总体目标，对各种相互联系的活动加以协调，从而使各子系统之间能够减少冲突，积极合作，促使目标更顺利地实现。

关于区域协同创新系统与产业转型升级系统协调发展内涵，王伟（2016）认为通过以企业为主体的要素关联、技术创新的功能关联和物质制度的环境关联，在远离平衡态下，人才、信息、技术、资金、技术、物质等资源要素双向循环流动，在动态反馈过程中，区域创新系统与资源型城市产业转型相互影响、相互作用，在功能层面和环境层面实现耦合协调。丁晖（2013）将区域产业创新系统与产业升级系统之间的耦合内容分为三类：一是两大系统在知识、技术、资本等基本的创新要素与升级要素之间的耦合关系，二是两大系统在产业组织结构方面的耦合关系，三是两大系统在政策制度上的耦合关系。盛彦文、马延吉（2017）认为区域产学研创新系统是由企业、大学和科研院所等创新子系统所形成的一个复杂系统，三大创新子系统之间彼此影响，形成耦合协调的良性互动关系，共同推动区域创新发展。孙小燕（2016）将创新网络与装备制造业之间的耦合关系归纳为三点：一是知识、技术、资本等创新要素与升级要素之间的耦合，二是网络结构与升级主体之间的耦合，三是网络关系与升级活动的耦合。基于此，本著作认为区域协同创新与产业转型升级的耦合协调是指：为了实现系统转型的演进目标，区域协同创新与产业转型升级两个子系统及其耦合要素之间相互关联、相互影响、相互协同，通过子系统之间能量互递、催化循环和非线性运行产生互动作用，使系统呈现出协调结构和有序状态，推动系统向更高级形态演进。

二、系统协调发展的现行评价方法

在对两系统发展的协调状况进行评价时，大多数学者采用的办法为先计算所研究系统的综合发展指数，然后建立耦合协调度模型并设定评价标准，据此对所研究系统的发展耦合协调状况进行分析，在这类研究中，主要区别在于学者对耦合协调度模型的处理。例如王伟（2015）以铜陵市为例，测算了区域创新系统与资源型城市转型发展指数，并通过耦合协调模型对两者之间耦合协调度进行测度、评价和分析。夏业领、何刚、李恕洲（2018）基于复合系统协调度模型，以京津冀地区为研究对象，测量科技创新—产业升级相同基期和相邻基期的协同度。徐晔、陶长琪（2015）以及陈妤凡、王开泳（2018）分别以珠三角地区、武汉东湖新技术开发区为例，通过建立静态耦合关联模型、动态耦合关联模型，研究了区域内产业创新与产业结构优化升级耦合关联度和耦合协调度。也有一些学者采用其他的方法：韦志琴（2017）以长江经济带各省市为研究对象，基于时间序列的评价方法，通过测度各指标的有序化程度及变动趋势，进而测算不同地区内协同创新与工业转型升级的整体协调度。余大杭（2017）运用灰色关联模型，通过衡量指标之间的动态关系，研究了产业升级和科技创新两大系统之间的耦合关系。邵洁笙（2006）指出我国产业转型的关键在于科技创新，两者的互动有助于推进产业结构高效化和高度化，形成“循环累积效应”。于喜展、隋映辉（2009）构建了基于生命周期的资源型产业转型与科技创新的互动模型，认为在资源产业转型过程中，科技创新为产业转型提供动力，反之，产业转型又会对科技创新产生拉动效应。李艳、曾珍香（2003）通过构建静态、动态协调度模型分析了经济系统与环境系统的协调发展度。本著作在研究中部六省区域协同创新系统与产业转型升级系统的耦合协调度时，具体的思路为：先通过熵值法与专家赋权相结合的方法确定出指标的权重并测算两系统的综合发展指数，然后建立耦合协调度模型分析区域协同创新系统与产业转型升级系统发展的水平、协调度和耦合协调度状态。

第二节　指标的选择与模型的构建

一、评价指标选取的原则

建立科学、完善的指标体系是评价区域创新对产业转型升级影响的基础，在实证过程中，分析结果也会受制于指标的数量和具体内容的差异。立足于中部各省创新驱动和产业结构升级的内在机制和实际发展情况和特点，构建创新驱动与产业结构升级指标体系，本章基于以下原则构建指标体系：

（1）系统性原则。首先，创新驱动是一个综合性的系统概念，其所涉及的因素和领域较为繁杂，单一的指标数据无法很好地对其进行解释，因此，创新驱动指标体系应从整体效应来考虑，不能只考虑单方面的局部指标；其次，各个影响因素之间以及指标本身的关联性也是不可忽略的，各指标之间要有一定的逻辑关系，既彼此联系又相互独立，共同构成一个有机的统一体。最后，所构建的评价指标体系应可以较全面地反映研究对象的整体特征情况。

（2）有效性原则。在评价所构建的指标体系时，要注意所评价对象的内涵与结构，这关系到指标体系构建的好坏程度，一般而言，测量结果与外部标准之间的相关程度通常用效度来反映。创新能力指标体系要能够反映出地区创新发展现状与特征，并要能够根据结果进行评价。务必确保评价指标具有一定的典型代表性，即使是在指标数量减少的情况下，也要便于数据的计算和提高结构的可靠性。另外，评价指标体系的设置、评价标准的划分以及权重在各指标间的分配也都应该与地区科技投入现状和社会经济条件相适应。

（3）科学性原则。科学性原则要求指标的选取具备深刻的经济意义：首先，所选指标应与前文中对于创新驱动促进产业结构升级的作用机制分析有所对应；其次，指标体系的整体层次和分类必须具有科学性；最后，各个具体指标的选取应具有合理性和真实性，真实性原则要求必须依据事实进行指标的选取和准确定义，保证指标数据真实可靠，不可随意增添、篡改数据，避免评价结果受到主观因素的影响。

（4）可得性原则。即应当考虑指标的数据能否通过统计资料的搜集、整理、汇总等方式及时、准确地进行收集，或者可以经过运算、整合得到，以及可不可以统计和分析这个问题。其次，各个指标概念明晰，可以进行横向、纵向、静态、动态的比较。最后，保证数据可以量化。要想使分析预测的结果真实可靠，就必须保证指标数据来源的真实性。所以，定性指标或者经验性的指标不用或者尽量少用。

二、指标体系的确定

在确定指标体系时，首先要遵循评价指标选取的原则，除此之外，指标体系要能够全面涵盖区域协同创新与产业转型升级协调性的内涵和目标实现程度，反映出创新活动与产业活动的各方面以及两者之间互动的发展状态，还要体现出两者之间的内在联系、相互作用和动态发展趋势。综上，本著作结合楼高翔、曾赛星（2006），李林、刘志华（2015）以及张继良、赵崇生（2015）等学者对区域协同创新与产业转型升级系统的评价分析指标，根据著作的研究需要以及专家的建议，构建了区域协同创新系统（I）与产业转型升级系统（E）的评价指标体系。具体来看，表7－1所示指标体系包含三个层次：第一层衡量的是区域协同创新与产业转型升级的耦合协调水平，为整个评价体系的目标层；第二层包含区域协同创新与产业转型升级两个子系统，笔者将其命名为系统层；第三层则为反映两个子系统下发展状况的诸多细化指标，因此，简单将其命名为指标层。

表7－1　区域协同创新系统与产业转型升级系统协调性评价指标体系

目标层	系统层	指标层	指标权重
区域协同创新系统与产业转型升级系统协调发展评价	区域协同创新子系统（I）	R&D经费内部支出（亿元）	0.149
		R&D人员全时当量（人年）	0.156
		高校与企业合作研发经费支出（万元）	0.204
		科研机构与企业合作研发经费支出（万元）	0.085
		技术市场成交额（亿元）	0.215
		有效专利数（件）	0.191
	产业转型升级子系统（E）	国内生产总值（亿元）	0.132
		人均国内生产总值（元/人）	0.157
		高新技术入统企业数（个）	0.103
		第三产业贡献率（%）	0.201
		高新技术工业总产值占生产总值的比重（%）	0.151
		第三产业产值与第二产业产值比值（%）	0.256

区域协同创新子系统共有六项评价指标，其中R&D经费内部支出代表了区域内创新主体的研发资金投入力度，R&D人员全时当量是区域协同创新系统中的人力资源状况的直接反映，这两项指标关乎区域协同创新创造能

力；高校、科研机构与企业合作研发经费支出反映了区域协同创新网络中三大主体之间的合作与交流情况，关乎区域创新协同能力；技术市场成交额关乎创新扩散，而创新扩散是创新成果以各类要素形态在创新主体之间的流动，是创新成果转化的重要环节，创新扩散强度反映了区域内协同创新环境的发展状况，因此，可以用技术市场成交额反映区域内协同创新环境；有效专利数是创新成果产出的重要标志，也能反映创新主体内协同创新水平。

产业转型升级子系统包括国内生产总值、人均国内生产总值、高新技术入统企业数、第三产业贡献率、高新技术工业总产值占生产总值的比值以及第三产业与第二产业产值的比值六项指标，其中，前两项指标反映了中部各省的整体经济发展状况。高新技术入统企业数反映区域内从事高新技术研发的企业情况，高新技术工业总产值占生产总值的比重对区域协同创新系统与产业转型升级系统的协调关系进行了数字上的说明，而第三产业贡献率、第三产业产业与第二产业产值的比值反映了区域产业结构的调整优化。虽然两个系统的具体指标数量不是很多，但是已经足够反映区域协同创新系统与产业转型升级系统的综合发展水平，能够保证对两系统耦合协调发展状况的分析。因此，本章对指标体系的构建具有一定的科学性和可操作性。

三、耦合协调度模型的构建

（一）综合指数的测算

建立区域协同创新与产业转型升级耦合协调模型时，首先需要计算两系统发展的综合指数。在相关研究中，周斌、张梦瑶（2019）采用改进的TOPSIS 法计算了所研究子系统发展的综合指数，而范斐（2013）所采用的方法为突变级数法，也有一些学者如刘艳君（2013）采用主观赋权法如德尔菲法确定指标的权重并通过线性加权和法进行计算。这些方法均有自己的优点和不足之处，最大的区别在于指标权重的确定方法。

指标权重是指标在评价过程中不同重要程度的反映，权重赋值的合理与否，对评价结果的科学合理性起着至关重要的作用。在确定指标权重时，目前比较常用的方法有专家赋权法、层次分析法、环比评分法、主成分分析法、多目标规划法以及熵值法等。本著作将熵值法与专家赋权法结合起来确定各指标的权重，这样即避免了赋权的主观性，又提高了测度结果的可信度。

“熵”是德国物理学家克劳修斯在1850年创造的一个术语，它用来表示一种能量在空间中分布的均匀程度。在信息论中，熵是对不确定性的一种度量。信息量越大，不确定性就越小，熵也就越小；信息量越小，不确定性越大，熵也越大。根据熵的特性，我们可以通过计算熵值来判断一个事件的随机性及无序程度，也可以用熵值来判断某个指标的离散程度，指标的离散程度越大，该指标对综合评价的影响越大。

在区域协同创新子系统、产业转型升级子系统中，由于各指标的量纲、单位以及数量级等都存在差异，这些差异会给评价结果带来较大影响，因此，要对所有的指标进行标准化处理，从而消除量纲带来的影响。本章选取极差变换法来对评价指标进行标准化：

x_{ij} 为原始数据，y_{ij} 为数据标准化后的结果，$\max x_{ij}$ 、$\min x_{ij}$ 分别表示第 i 个指标的最大值和最小值，则正向指标（指那些指标数值越大，越有利于系统发展的指标）与负向指标（指标数值越小，越有利于系统发展的指标）的表达式分别为：

$$y_{ij} = \frac{x_{ij} - \min x_{ij}}{\max x_{ij} - \min x_{ij}} \qquad y_{ij} = \frac{\max x_{ij} - x_{ij}}{\max x_{ij} - \min x_{ij}}$$

经过标准化后，y_{ij} 有零值存在，熵值法不能直接使用，本著作参考韦志琴（2017）、张丽娟（2019）处理方式，对标准化后的数据进行平移，平移公式为：

$$z_{ij} = 0.8 * y_{ij} + 0.2$$

则最终标准化后的值 z_{ij} 的取值范围为 $[0.2,1]$ 。

运用熵值法确定指标权重具体步骤如下：

第一步，计算某项指标值的比重：

$$p_{ij} = \frac{z_{ij}}{\sum_{j=1}^{n} z_{ij}}$$

第二步，计算指标熵值：

$$e_i = -k \sum_{j=1}^{n} p_{ij} \ln(p_{ij})$$

式中，k 与选择的样本数有关，$k = 1/\ln(n)$ ，则 $0 \le e_i \le 1$ 。

第三步，计算信息效用值（指标差异系数）：

$$d_j = 1 - e_j \quad d_i = 1 - e_i$$

第四步，计算各项指标的权值：

$$w_i = \frac{d_i}{\sum_{i=1}^{n} d_i}$$

本著作以河南省为例，测算出区域协同创新系统与产业转型升级系统中各指标权重，发现各指标权重相差不大，尤其是区域协同创新系统中，各指标的权重在 0.15 至 0.2 之间，数值相差较小。同时考虑到运用其他省份的数据进行测算时，各指标的权重也会有相应微小的变动，因此，笔者结合第五章的结论，同时参考专家学者激烈讨论的结果，对测算得出的结果进行微调，这就达成了主观赋权与客观赋权相结合，使得整个评价体系更加合理。各指标权重（用 w_i' 表示）最终处理结果见表 7－1，需要说明的是：由于山西、江西两个省份未统计三次产业贡献率，因此，在计算这两个省份区域协同创新与产业转型升级的相关指数时，用第三产业占地区生产总值的比重来替代第三产业贡献率，指标权重仍为 0.201。

根据得到的权重和各评价指标的标准化数值 y_{ij} ，将区域协同创新系统和产业转型升级系统的指标分别加权，得出区域协同创新系统、产业转型升级系统发展指数：

$$F = \sum_{i=1}^{n} w_i' * y_{ij}$$

（二）耦合协调度模型

协调是两种或两种以上系统或系统要素之间一种良性的相互关联，是系统之间或系统内要素之间配合得当、和谐一致、良性循环的关系。协调发展强调多系统或要素在协调这一有益的约束和规定之下综合发展，不允许哪怕仅仅一个系统或要素或综合发展受到影响，追求的是一种整体提高、全局优化、共同发展的美好前景。协调度是度量系统或要素之间协调状况好坏程度的定量指标。

根据前述对协调概念的定义与分析，我们希望 $F(I)$ 、$F(E)$ 的离差系数 C_v 越小越好：

而 $C_v = \sqrt{2\{1 - \frac{F(I) * F(E)}{[\frac{F(I) + F(E)}{2}]^2}\}}$，若使得 C_v 越小越好，则 $\frac{F(I) * F(E)}{[\frac{F(I) + F(E)}{2}]^2}$ 越大越好，为了使计算出的协调度具有一定的层次性，本著作给出区域协同创新与产业转型升级的协调度计算公式为：

$$C = \{\frac{F(I) * F(E)}{[\frac{F(I) + F(E)}{2}]^2}\}^2$$

根据数学常识，我们知道 $C \in (0,1]$，只有当 $F(I) = F(E)$ 时，两系统处于同一发展水平，C 才达到最大值，表明区域协同创新与产业转型升级达到最佳协调状态，$F(I)$、$F(E)$ 相差越大，C 越低，两个子系统的协调度越低。实际上，区域协同创新发展与产业转型升级发展往往不在同一发展水平，当 $F(I) > F(E)$ 时，区域协同创新系统发展较快，其对产业转型升级的贡献超过了产业转型升级对区域协同创新系统的支持，属于产业转型升级滞后阶段；当 $F(I) < F(E)$ 时，则表明区域协同创新系统发展水平落后于产业转型升级系统，属于区域协同创新系统发展滞后阶段。

不同地区所处的发展时期和阶段不同，区域协同创新系统和产业转型升级系统发展也会有动态、交错和不平衡的特性，有可能会出现两个系统的发展水平均较低，但二者却高度协调的状态。为了更加科学地反映区域协同创新系统与产业转型升级之间的实际情况，本章构建系统间交互耦合的协调度模型，这样不仅可以评价两个系统之间交互的耦合协调程度，更能反映区域协同创新系统和产业转型升级发展水平的相对情况。

根据对耦合协调度的定义，本章借助物理学的耦合协调度模型并结合之前学者的相关研究，构建“区域协同创新系统与产业转型升级耦合协调度”测度模型，以定量测度两个系统协调发展水平耦合度模型，其公式如下：

$$T = \alpha F(I) * \beta F(E) \qquad L = \sqrt{C * T}$$

T 为两个系统整体发展的综合发展度，α、β 为待定参数，且设定 $\alpha + \beta = 1$。笔者认为区域协同创新能力与产业转型升级同等重要，故取 $\alpha = \beta = 0.5$。C 为区域协同创新系统与产业转型升级系统的协调度；L 代表系统在不同发展水平下子系统的耦合协调程度，即耦合协调度，主要用来反映两大系统的整体协同效应。耦合协调度模型综合了区域协同创新与产业转型升级的协调度 C 以及两者所处的发展层次 T，比协调度模型具有更高的稳定性及更广的使用范围。通过上式可得，$C \in (0,1]$，$L \in (0,1]$，且 L 越大，说明区域协同创新系统与产业转型升级系统的耦合协调程度越大，反之，则越小。据此，本著作在借鉴范斐、杜德斌（2013）等相关研究的基础上，确定耦合协调性等级及其划分标准，如表 7－2 所示。

表 7－2　区域协同创新系统与产业转型升级系统耦合协调度等级及划分标准

协调度 C 值	协调关系与水平	耦合协调度 L 值	耦合协调发展水平
$0.8 < C \leq 1.0$	良好协调	$0.8 < L \leq 1.0$	高度耦合
$0.6 < C \leq 0.8$	中度协调	$0.5 < L \leq 0.8$	中度耦合
$0.4 < C \leq 0.6$	初级协调	$0.3 < L \leq 0.5$	低度耦合
$0 < C \leq 0.4$	失调	$0 < L \leq 0.3$	勉强耦合

当 $0 < C \leq 0.4$ 时，说明区域协同创新系统与产业转型升级系统之间失调现象严重，耦合系统处于成长阶段；当 $0.4 < C \leq 0.6$ 时，说明两个系统之间的协调度较低，区域协同创新系统与产业转型升级系统达到了初级协调状态；当 $0.6 < C \leq 0.8$ 时，说明两个系统之间存在中度协调关系，协调水平逐渐上升；当 $0.8 < C \leq 1.0$ 时，区域协同创新系统与产业转型升级系统达到了良好协调的状态，耦合系统处于发展阶段中后期。

当 $0 < L \leq 0.3$ 时，区域协同创新系统与产业转型升级系统处于较低水平的耦合协调阶段，耦合协调发展水平为勉强耦合，耦合系统之间各要素失调现象严重；当 $0.3 < L \leq 0.5$ 时，区域系统创新系统与产业转型升级系统之间达到了低度耦合，系统之间开始通过耦合作用彼此促进；当 $0.5 < L \leq 0.8$ 时，两个系统的耦合协调发展水平为中度耦合，系统获得了良性发展的机会；当 $0.8 < L \leq 1.0$ 时，区域协同创新系统与产业转型升级系统都处于一个很好的发展水平，创新成果不断涌现并不断地应用于产业生产中，此时耦合系统处于优质协调阶段，两系统能够通过耦合作用相互促进，共同推动区域协同创新能力的提高和产业结构的优化。

第三节　实证结果与分析

一、河南省区域协同创新与产业转型升级协调性实证研究

根据建立的耦合协调度模型，计算得出河南省区域协同创新系统、产业转型升级系统的综合发展指数，再根据相应公式分别计算出协调度（C）、综合发展度（T）以及耦合协调度（L）的数值，评价结果见表7－3。

表7－3　河南省区域创新系统与产业转型升级耦合协调度评价结果

年份	区域协同创新系统指数F（I）	产业转型升级指数F（E）	协调度（C）	协调类型	综合发展度（T）	耦合协调度（L）	耦合协调类型
2009	0.042	0.071	0.87	良好协调	0.06	0.22	勉强耦合
2010	0.149	0.192	0.96	良好协调	0.17	0.41	低度耦合
2011	0.294	0.361	0.97	良好协调	0.33	0.57	中度耦合
2012	0.389	0.380	0.99	良好协调	0.38	0.62	中度耦合
2013	0.511	0.554	0.99	良好协调	0.53	0.72	中度耦合
2014	0.595	0.601	0.99	良好协调	0.60	0.77	中度耦合
2015	0.700	0.685	0.99	良好协调	0.69	0.83	高度耦合
2016	1.000	0.849	0.98	良好协调	0.92	0.95	高度耦合

由表7－3可以看出，河南省区域协同创新发展指数F（I）、产业转型升级指数F（E）整体呈现上升的趋势，F（I）的同比增长幅度略高于F（E），这说明河南省区域协同创新能力持续提升，产业结构得到不断优化，逐渐步入转型发展的良性轨道。2009—2014年（除去2012年），区域协同创新指数均低于产业转型升级指数，区域协同创新系统发展相对滞后。2015年与2016年，区域协同创新发展指数增长迅速并超过产业转型升级系统的发展指数，反映出区域协同创新系统对产业转型升级系统的贡献作用大于产业转型升级对区域协同创新的支撑作用。

关于河南省区域协同创新系统与产业转型升级的协调度，从表7－3可以明显看出，在2009—2016年，C值处于0.8～1.0之间，区域协同创新与

产业转型升级达到良好协调水平。从耦合协调度 L 值来看，2009 年与 2010 年，河南省区域协同创新系统与产业转型升级之间呈勉强耦合、低度耦合的状态。这是由于两个系统都处于发展的初级阶段，区域协同创新体系中的人才、信息、知识、技术等要素不健全，体系结构不完善，创新资源投入少，政策制度、基础条件等创新环境的建设还不能较好地适应和促进区域协同创新系统的发展。同时由于技术人才缺乏、科技成果转化率低等影响因素，区域协同创新对产业转型升级的驱动作用不强，贡献度不大。总之，这两年区域协同创新系统与产业转型升级之间不够协调配合，彼此之间形成了一定的制约。2011 年之后，区域协同创新与产业转型升级之间的耦合协调度达到 0.5 以上，两系统呈现中度耦合状态并逐渐进入高度良好的耦合协调阶段，这和河南省这段时间内在调整产业结构、鼓励高新技术的发展方面所做的努力分不开。值得注意的是：2009—2016 年，河南省区域协同创新系统与产业转型升级系统的协调度（C）值均高于耦合协调度（L）值，即两系统之间发展的协调程度要高于耦合程度。

二、山西省区域协同创新与产业转型升级协调性实证研究

在中部六省中，山西省发展相对落后，从区域协同创新系统与产业转型升级系统的相关具体指标也能看出，在研究的时间段内，有些指标的数值增长速度相对缓慢，有些年份还会出现负增长的情况，这对于山西省的区域协同创新系统与产业转型升级系统的发展指数、耦合协调度均有较大的影响。

表 7－4　山西省区域创新系统与产业转型升级耦合协调度评价结果

年份	区域协同创新系统指数 F（I）	产业转型升级指数 F（E）	协调度（C）	协调类型	综合发展度（T）	耦合协调度（L）	耦合协调类型
2009	0.216	0.180	0.98	良好协调	0.20	0.44	低度耦合
2010	0.217	0.290	0.95	良好协调	0.25	0.49	低度耦合
2011	0.432	0.349	0.97	良好协调	0.39	0.62	中度耦合
2012	0.584	0.383	0.91	良好协调	0.48	0.66	中度耦合
2013	0.877	0.501	0.85	良好协调	0.69	0.76	中度耦合
2014	0.740	0.593	0.97	良好协调	0.67	0.81	高度耦合

续表

年份	区域协同创新系统指数 F（I）	产业转型升级指数 F（E）	协调度（C）	协调类型	综合发展度（T）	耦合协调度（L）	耦合协调类型
2015	0.694	0.751	0.99	良好协调	0.72	0.85	高度耦合
2016	0.567	0.849	0.92	良好协调	0.71	0.80	高度耦合

关于山西省区域协同创新系统发展指数，2009—2013 年，F（I）呈现逐渐上升的状态，且在 2013 年达到最大值 0.877，在这之后，山西省区域协同创新系统发展指数不断降低，到 2016 年，仅为 0.567。出现此现象的重要原因在于 2013 年后，山西省的技术成交额、高校与企业合作研发经费支出以及 R&D 人员全时当量三个重要指标的数额均有一定幅度的下降，尤其是高校与企业合作研发经费支出，对这一时段内区域协同创新系统指数有较大的影响。关于山西省产业转型升级系统的发展指数，从表 7 – 4 可以看出虽然在多个年份，产业转型升级系统指数都低于区域协同创新系统，但是山西省产业转型升级系统的发展指数呈现稳定上升的状态，尤其是 2012 年后，产业转型升级指数增长速度较快，说明区域协同创新对产业转型升级的带动作用逐渐显现，产业转型升级开始步入正轨。

虽然山西省区域协同创新与产业转型升级系统的发展指数并不高，尤其是区域协同创新系统还存在发展指数下降的情况，但是两系统的协调度 C 值一直处于 0.8 以上，即区域协同创新系统与产业转型升级系统处于良好协调的状态。其中，2013 年，两系统的协调度为 0.85，处于最低水平，2015 年，两系统的协调度达到最高值 0.99，虽然有波动，但不影响整体的发展状态。从耦合协调度来看，山西省区域协同创新与产业转型升级系统的耦合协调类型在 2011 年就处于中度耦合的状态，且在 2014 年 L 值就超过了 0.8，达到了高度耦合水平，但是整体来说，两系统的耦合协调度不高，L 值处于0.44 ~ 0.85之间，山西省区域协同创新与产业转型升级的耦合协调度有待提高。

三、湖北省区域协同创新与产业转型升级协调性实证研究

首先，从湖北省区域协同创新系统、产业转型升级系统的综合评价指数的演化特征来看，区域系统创新指数最小值仅为 0.001，最大值为 0.926，

最大值与最小值所在的年份分别为 2009 年、2016 年；湖北省产业转型升级系统综合评价值最小的年份为 2010 年，得分为 0. 184，远远高于区域协同创新系统的评价指数的最小值，产业转型升级系统发展指数的最大值为 2016 年的 1. 000。两系统指数的变化经历了“十一五”和“十二五”两个非常相似的阶段，指数的发展虽然有稍微的波动，但是总体上呈现上升趋势。将两系统发展的细节对比来看，2009 年与 2010 年，区域协同创新发展指数低于产业转型升级发展指数，之后几年，由于产业转型升级系统发展速度较慢，区域协同创新系统的发展指数反超产业转型升级系统，呈现出区域产业转型升级系统发展滞后的状态。

表 7 -5　湖北省区域创新系统与产业转型升级耦合协调度评价结果

年份	区域协同创新系统指数 F（I）	产业转型升级指数 F（E）	协调度（C）	协调类型	综合发展度（T）	耦合协调度（L）	耦合协调类型
2009	0. 001	0. 185	0. 01	失调	0. 09	0. 01	勉强耦合
2010	0. 146	0. 184	0. 97	良好协调	0. 16	0. 40	低度耦合
2011	0. 277	0. 216	0. 97	良好协调	0. 24	0. 49	中度耦合
2012	0. 409	0. 267	0. 91	良好协调	0. 34	0. 56	中度耦合
2013	0. 634	0. 529	0. 98	良好协调	0. 58	0. 76	中度耦合
2014	0. 796	0. 653	0. 98	良好协调	0. 72	0. 84	中度耦合
2015	0. 885	0. 833	0. 99	良好协调	0. 85	0. 92	高度耦合
2016	0. 926	1. 000	0. 99	良好协调	0. 96	0. 97	高度耦合

其次，分析湖北省区域协同创新系统与产业转型升级系统的耦合协调度。整体来看，两系统的耦合协调度呈现稳步增长的状态，耦合协调类型从勉强耦合、低度耦合逐渐过渡到中度耦合，且 2015、2016 两年区域协同创新系统和产业转型升级系统达到了高度耦合的状态。具体来说，在 2012 年之前，虽然两系统的耦合协调度不断增加并呈现出良性发展趋势，但是耦合协调水平并不高，最高值仅为 0. 56，属于低度耦合协调到中度耦合协调的临界值，区域协同创新系统与产业转型升级系统发展的整体功能较低，要么区域协同创新系统发展超前而产业转型升级相对滞后，要么产业转型升级系统发展较好而区域协同创新整体发展水平较低。2013 年之后，这种情况得到了

改善，湖北省区域协同创新系统与产业转型升级系统相互支持，相互促进，系统协调发展状态越来越好。

四、安徽省区域协同创新与产业转型升级协调性实证研究

在中部六省中，安徽省比较重视区域协同创新能力的提高，2008 年，安徽省开始建立芜蚌自主创新综合配套改革试验区，积极探索依靠自主创新引领区域发展的新途径，建立比较完善的区域创新体系；2010 年，皖江城市带承接产业转移示范区确立，进一步促进了区域的协调发展；2013 年，经科技部获批，安徽省成为全国第二个开展创新型省份建设试点工作的省份，对推动安徽省自主创新迈出更大步伐具有里程碑式意义。

表 7－6　安徽省区域创新系统与产业转型升级耦合协调度评价结果

年份	区域协同创新系统指数 F（I）	产业转型升级指数 F（E）	协调度（C）	协调类型	综合发展度（T）	耦合协调度（L）	耦合协调类型
2009	0. 005	0. 199	0. 01	失调	0. 10	0. 03	勉强耦合
2010	0. 080	0. 243	0. 56	初级协调	0. 16	0. 30	勉强耦合
2011	0. 203	0. 296	0. 93	良好协调	0. 24	0. 48	低度耦合
2012	0. 449	0. 366	0. 98	良好协调	0. 41	0. 63	中度耦合
2013	0. 710	0. 421	0. 87	良好协调	0. 57	0. 70	中度耦合
2014	0. 723	0. 512	0. 94	良好协调	0. 62	0. 76	中度耦合
2015	0. 810	0. 674	0. 98	良好协调	0. 74	0. 85	高度耦合
2016	0. 807	0. 954	0. 98	良好协调	0. 88	0. 93	高度耦合

由表 7－6 可以看出，在所研究的时间段内，安徽省区域协同创新系统发展指数与产业转型升级发展指数均呈现出稳步增长的状态。2009—2011 年，安徽省的产业转型升级指数高于区域协同创新系统的发展指数，区域协同创新系统发展相对滞后。2012 年之后，安徽省区域协同创新系统发展指数增速加快，对区域产业转型升级的贡献大于产业转型升级系统对区域协同创新系统的支撑作用，这与安徽省完善区域创新系统、出台相关政策鼓励产学研合作、促进科技成果转化等措施有密切的关联。在区域协同创新系统的支撑下，安徽省产业转型升级水平达到了一个新的高度，2016 年，安徽省产业

转型升级发展指数超过区域协同创新发展指数，分值高达0.954。

2009年，安徽省区域协同创新系统与产业转型升级系统的协调类型为失调，耦合协调度也只有0.03，处于勉强耦合的状态。2010年，安徽省区域协同创新系统与产业转型升级系统的协调度为0.56，属于初级协调的状态，但是耦合协调度仍然很低，主要原因在于两系统发展还不完善，综合发展指数较低。2011年之后，虽然两系统的协调度有所波动，例如2013年两系统的协调度就低于2012年区域协同创新系统与产业转型升级系统的协调度，但是C值整体处于0.8～1.0之间，两系统的协调状态良好。从L值来看，安徽省区域协同创新系统与产业转型升级系统的耦合协调度也逐渐从低度耦合过渡到中度耦合，且在2015年达到了高度耦合的状态。

五、湖南省区域协同创新与产业转型升级协调性实证研究

根据湖南省区域协同创新系统和产业转型升级系统耦合协调度评价结果，可以明显看出，湖南省的区域协同创新系统与产业转型升级系统的协调发展状况与其余五个省份有相似之处，也有很多自己与众不同的特点。

表7－7　湖南省区域协同创新系统与产业转型升级耦合协调度评价结果

年份	区域协同创新系统指数F（I）	产业转型升级指数F（E）	协调度（C）	协调类型	综合发展度（T）	耦合协调度（L）	耦合协调类型
2009	0.028	0.142	0.31	失调	0.09	0.16	勉强耦合
2010	0.146	0.198	0.95	良好协调	0.17	0.41	低度耦合
2011	0.298	0.225	0.96	良好协调	0.26	0.50	中度耦合
2012	0.437	0.320	0.95	良好协调	0.38	0.60	中度耦合
2013	0.665	0.482	0.95	良好协调	0.57	0.73	中度耦合
2014	0.648	0.599	0.99	良好协调	0.62	0.79	中度耦合
2015	0.803	0.794	0.99	良好协调	0.80	0.89	高度耦合
2016	0.866	1.000	0.99	良好协调	0.93	0.96	高度耦合

从区域协同创新系统与产业转型升级系统的发展指数来看，湖南省区域协同创新系统和产业转型升级系统的发展水平也经历了从低到高的发展过程。2009年，两系统的发展指数最低，2016年，两系统的发展指数在研究

时间段内达到最高，这和其余几个省份的发展状态相似。将区域协同创新系统发展指数与产业转型升级发展指数相比，2009 年与 2010 年两年，湖南省区域协同创新发展指数低于产业转型升级指数，尤其是 2009 年，区域协同创新系统发展指数仅为 0.028，直接造成了两系统协调度与耦合协调度较低的状态。2011 年之后，区域协同创新系统发展指数高于产业转型升级系统发展指数，说明湖南省产业转型升级系统发展滞后。2016 年，区域产业转型升级发展指数增长较快，说明之前几年区域协同创新对产业转型升级的支撑作用逐渐显露出来。

关于湖南省区域协同创新系统与产业转型升级系统的协调度，除了 2009 年两系统的协调度较低之外，其他年份区域协同创新系统与产业转型升级系统的协调度均在 0.95 以上，达到了良好协调的状态。关于湖南省区域协同创新系统与产业转型升级系统的耦合协调度，2009 年，两系统的耦合协调类型为勉强耦合，2010 年，达到了低度耦合，这两年两系统的耦合协调度均较低。2011—2014 年，湖南省的耦合协调度处于 0.5 ~ 0.8 之间，耦合协调类型为中度耦合。在 2015 年与 2016 年的两年时间内，湖南省区域协同创新系统与产业转型升级系统达到高度耦合的状态。

六、江西省区域协同创新与产业转型升级协调性实证研究

由表 7 - 8 可以看出，2009—2014 年，江西省区域协同创新系统发展指数与产业转型升级系统发展指数均比较低，且增长速度较慢，区域协同创新系统尤为明显，到 2014 年，F（I）值仅为 0.393。2015、2016 年两年，两系统的发展指数均有了较大幅度的提升，尤其是产业转型升级系统，其指数达到了 1.000，产业结构得到了优化。将两系统进行对比，可以发现，2010—2012 年，区域协同创新系统发展指数高于产业转型升级系统发展指数，区域系统创新对产业转型升级的支撑力度大于产业转型升级系统对区域协同创新系统的影响。2013 年及以后，产业转型升级系统的发展指数均高于区域协同创新系统发展指数，整体呈现区域协同创新系统发展滞后的状态。

表 7－8　江西省区域协同创新系统与产业转型升级耦合协调度评价结果

年份	区域协同创新系统指数 F（I）	产业转型升级指数 F（E）	协调度（C）	协调类型	综合发展度（T）	耦合协调度（L）	耦合协调类型
2009	0.088	0.090	0.99	良好协调	0.09	0.29	勉强耦合
2010	0.285	0.098	0.57	中度协调	0.17	0.33	低度耦合
2011	0.286	0.200	0.93	良好协调	0.26	0.48	低度耦合
2012	0.350	0.326	0.99	良好协调	0.38	0.58	中度耦合
2013	0.327	0.417	0.97	良好协调	0.57	0.60	中度耦合
2014	0.393	0.549	0.94	良好协调	0.62	0.67	中度耦合
2015	0.587	0.728	0.97	良好协调	0.80	0.80	中度耦合
2016	0.879	1.000	0.99	良好协调	0.93	0.96	高度耦合

接下来分析江西省区域协同创新系统与产业转型升级系统的协调度和耦合协调度。2009 年，两系统的协调度为 0.99，耦合协调度仅为 0.29，主要原因在于两系统都处于初级发展阶段，创新资源投入少，创新系统尚未完善，产业转型升级也刚刚起步，区域协同创新系统与产业转型升级系统的发展指数比较低，处于低水平协调的状态。2010 年，区域协同创新系统发展指数有了较大的提高，但是产业转型升级发展水平仍然比较低，这直接造成了两系统的协调度大幅度下滑，C 值仅为 0.57，但由于两系统的综合发展度有所提高，因此耦合协调度也有进步，L 值达到 0.33，处于低度耦合的状态。2011 年之后，江西省区域协同创新系统与产业转型升级系统的协调度基本保持稳定，协调类型为良好协调，耦合协调度缓慢增长，耦合协调类型从中度耦合过渡到了高度耦合，相比其余几个省份，江西省两系统处于中度耦合的时间较长，这主要是由于区域协同创新系统发展指数较低所导致的，因此，江西省仍要坚持加大科技投入力度，培养科技创新人才，注重引导产学研合作，提高区域自主创新能力以及协同创新能力。

七、中部六省发展情况对比与分析

通过对中部各省区域协同创新系统与产业转型升级系统耦合协调度的计算与分析，笔者发现中部六省的发展情况有一些相似之处，以 2009 年为基期，2009—2016 年，河南、山西、湖北、安徽、湖南、山西的区域协同创新水平、产业转型升级水平以及耦合协调度都有了较大幅度的增长，且最终都达到了良好的耦合协调状态，但不同省份的发展也有一定的差距。首先，从区域协同创新发展指数与产业转型升级指数来看，中部六省区域协同创新系统与产业转型升级系统的发展水平都经历了从低到高的变化过程，但是变化的速度有较大的差别，例如在2010—2014年，江西省区域协同创新发展指数仅从0.285提高到0.393，同样到2014年，其余五个省份的协同创新发展指数已经超过了0.6，尤其是湖北省，区域协同创新系统发展指数在这一年达到了0.796，远远高于江西省，这进一步说明中部各省区域协同创新发展水平发展存在不平衡状况，这和第四章的研究结论相同。相比区域协同创新系统发展指数的变化情况，中部各省的产业转型升级系统发展指数变化比较稳定，这与我国对产业结构调整的重视程度相吻合。从中部各省区域协同创新与产业转型升级的综合发展度（T值）来看，河南省和湖北省系统综合发展度变化幅度较大，相比2009年，2016年，河南、湖北两系统的综合发展指数分别增加了0.86、0.87。而山西省的区域协同创新与产业转型升级综合发展指数虽然在2009年就已经达到了0.2，但到2016年，两系统的综合发展指数才达到0.71，相比中部其余五个省份，变化幅度较小。

关于中部各省区域协同创新系统与产业转型升级系统之间的协调度，在2009—2016年，虽然C值有变化，有些年份甚至不稳定（2012、2013年，山西省的区域协同创新与产业转型升级的协调度出现下降的情况），但是河南省和山西省两系统的协调类型一直为良好协调的状态，这种情况一方面由协调度模型的局限性所致，另一方面也与两省的具体发展情况相关。在2009年，湖北、安徽、湖南三省的协调度均较低，区域协同创新系统与产业转型升级系统处于失调的状态，根据“木桶效应”，某一系统发展指数的偏低会在一定程度上限制整体的协调度，这三个省份两系统失调的主要原因均在于区域协同创新系统的发展指数较低。江西省区域协同创新系统与产业转型升级系统的协调度在2010年出现大幅度的下降，C值仅为0.57，且在其余年份也有波动的情况出现，具体的原因在于江西省创新主体之间合作不稳定、产业转型升级进度较慢等。虽然中部六省区域协同创新系统与产业转型升级系统的耦合协调度在数值上有较大的差异，除了山西省在2011年直接从勉强耦合跨越到中度耦合，其余五省都经历从勉强耦合、低度耦合、中度耦合到高度耦合的过程，两系统通过耦合作用相互促进，区域协同创新系统与产业转型升级系统内部诸要素之间达到良好的共振，系统向有序状态演变，共同推动区域协同创新系统与产业转型升级系统的发展。

综合来看，河南、湖北、湖南、安徽四省区域协同创新与产业转型升级耦合协调度处于一个比较好的状态，而山西、江西两省还有较大的改善空间，这说明区域协同创新系统与产业转型升级系统的发展水平、耦合协调情况在一定的情况下与当地关于区域创新与产业结构调整方面所做的工作有关，那些区域内产业创新活动活跃、产业结构合理、区域内高新技术产业多、传统产业慢慢实现转移的区域往往耦合协调发展情况好一些。

第八章　创新驱动产业转型升级的政策建议

2015年，我国人均GDP已经达到了8016美元，正处于从工业化中后期向后工业化时期过渡的关键时期，在这一关键时期，需要我们从人才培养、制度创新、科技革新和市场拓展等方面进行创新驱动。在本书的前几章中，笔者分别对中部六省区域协同创新现状、产业转型升级现状进行了全面的分析，之后分别用灰色关联模型、耦合协调度模型对区域协同创新与产业转型升级之间的关系进行了实证分析，研究结果表明，区域协同创新对中部各省产业转型升级有着积极影响，并且具有多方面的、相互联系的系统性特征。基于此，本章结合全面性与针对性的原则，综合多方面分析，从加大科技投入力度、强化各创新主体的功能、完善区域协同创新系统、积极推进产业转型升级、坚持实施创新驱动战略五个方向，具体提出创新驱动中部各省产业转型升级的政策与建议。

第一节　加大科技投入力度

从投入与产出的角度来看，作为科技活动的开端，科技投入为科学技术的创新提供了持续稳定的支持，加大科技事业投入经费，能够保障研发项目的顺利进行，不管是企业、科研机构、高校，科技经费不足都是制约其科技创新的瓶颈，因此加大科技投入力度是夯实区域创新的基础，是提高区域协同创新能力的关键。和东部较发达地区相比，中部地区自主创新能力较弱，创新活力不足，而研发投入强度较低是出现该种情况的重要原因，对此，中部各省应加大科技投入力度，不断增强中部的创新驱动力。

一、加大政府科技创新财力投入

政府科技投入在区域科技创新中起基础性作用，中部六省要不断创新科技投入机制，加大科技投入强度，充分发挥财政科技投入的引导、示范、放大作用。首先，政府要把科技投入作为财政预算安排的重点，提出确保财政科技拨款高于地方性支出增长的有力措施，并作为一项长期政策实行。其次，一些应用基础性研究、关键高新技术、共性技术研究等对于巩固和提升地区企业在市场的地位和竞争优势意义重大，但是这类研究研发投入大，再加上科学技术本身的复杂性日益增强，市场不确定性的提高，因此，这类研究难以直接通过产业化实现经济效益，因而很难通过市场取得资金投入，对此，中部六省应在加强总体规划、经费预算管理和绩效评估的基础上，整合、统筹使用各类科技资金，重点支持技术创新公共平台、应用基础研究、高新技术研究等，着力促进创新型中小企业发展、高级人才培养和引进，优先解决市场配置机制不能有效解决的早期投入的问题。最后，中部六省政府在进一步加大财政科技投入力度，保持财政科技支出持续稳定增长的同时，改革政府科研资金管理方式，注重改进财政科技经费支持方式，把研发投入和创新绩效作为财政经费支持的重要考察指标，对市场需求明确的技术创新活动，可采取后补助、政策兑现等方式予以支持，促进企业技术创新和成果转化；还可以借鉴研发加计扣除减免税政策普惠性的优点，将当前的科研资金管理方式由事前拨付改为到时报销，即将每年一定数额的科研经费不直接拨付给项目，而是用于对企业上年度科研投入的资助，企业在科研上的投入，经会计师事务所等中介机构评估审计通过后，政府再按比例给予报销。

二、拓宽科技投入渠道

随着社会科技创新需求的高涨，只依靠政府投入已经不足以支撑创新主体的培育和创新实践的进行，因此，扩宽科技投入渠道、完善多元投入体系成为提高区域研发投入力度的重要措施。拓宽科技投入渠道，可以从以下几方面入手：建立和完善财政科技投入与银行贷款、企业投入、社会资金相结合的多元化科技投融资体系，通过政府政策性补贴、银行低息或无息贷款、风险投资、各种资助、引资等途径，以及建立科技创新投资的风险与担保机制，鼓励商业银行、保险机构加强对科技型企业金融保险服务的支持。可以组建科技小额贷款公司，降低贷款门槛和条件，推行担保机构之间的分保、联保等业务合作，加大对企业自主创新活动的贷款担保力度；推动科技型企业上市融资，落实扶持政策，调动科技型企业上市融资的积极性，实行分类指导，对基本符合上市条件的企业加强上市辅导，对暂不符合上市要求但成长性好、核心竞争力强的企业进行重点培育，逐步形成“辅导一批、申报一批、上市一批”的格局；对于一些有发展潜力的创业企业，可尝试投贷联动的模式，在初期为企业提供股权投资，在企业步入正轨，并有稳定的收入后，可以采取债权的方式再予跟进投入，帮助其进一步做大做强，真正实现基金助力企业发展的目标；此外，中部六省还可以设立省级科技创新联合资金项目，鼓励有科研需求和出资意愿的高校、科研院所等单位申请设立科技创新联合资金，这样既能促进创新主体之间的合作，又进一步拓宽了区域科技投入的渠道。

三、重视创新型科技人才的培养

创新驱动产业转型升级，最需要的是创新型科技人才，包括高精尖技术研发人才、企业家、管理人才、团队的领导人才、高技能技术人员等，这些创新型科技人才是创新实践中最有活力的因素，区域产业转型的核心也在于高素质、创新型人才的引进和培养。在我国现阶段发展的状况下，创新人才是实现创新的“短板”，对于中部六省来说更是如此，因此，中部六省应当加快创新型科技人才培养和引进力度，引导科技人才向关键行业、重点企业、科研和生产一线集聚。首先，完善多层次人力资源培养体系，充分利用产业集群、产学协同，鼓励企业与高校、科研院所联合起来培养人才，结合区域产业布局和功能定位，建设一批创新型人才培训基地，为创新驱动发展输送更多创新型人才和高技能实用人才。其次，完善引进和培养创新创业人才扶持政策，通过多渠道招贤纳士，吸引世界一流科研团队和领军人才，将稀缺的高端人才引进来，为产学研协同创新提供强有力的人才支持和智力支撑，提高区域知识创新能力。最后，中部六省要充分发挥人才市场对高层次人才配置的基础性作用，促进人才的合理流动，这在一定程度上也能提高研发人力投入。一方面，政府可以实行特派员制度，聘请研发机构和高等院校的研发人员到企业中去，这样不仅能够帮助企业攻克技术方面的难关，也能为企业带来新的管理理念和新的研发技术，提高企业的研发水平，弥补企业科技人力资源的不足，另一方面，可以鼓励各类专业技术人才和管理人才，在企事业单位之间兼职技术和管理职务，使得人才效益得以充分发挥。

第二节　强化各创新主体的功能

在区域协同创新网络中，各创新主体发挥的作用各不相同，摆正位置，强化各创新主体的功能非常重要。

一、进一步巩固企业创新主体的地位

企业是市场的主体，自身具有技术创新的内在需求和属性，最了解市场和消费者需求，对市场供求关系和创新需求最为敏锐，也最能发现和把握创新的方向。在科技成果转化为生产力的过程中，如果没有企业的运用，科技成果都难以成为现实生产力，因此，企业是科技与经济紧密结合的主要载体，在将来的一段时间内，建立以企业为主体、市场为导向、产学研深度融合的技术创新体系，成为中部各省的不二选择。

进一步巩固企业创新主体的地位，首先要强化企业研发投入主体地位，提高企业的自主创新能力，“授之以鱼，不如授之以渔”。在市场竞争中，企业的生命力在于持续创新，持续创新的动力取决于自我创新的能力，但是当前中部六省的很多企业仅仅注重引进技术创新成果，这虽然能快速地提升技术水平，解企业一时之忧，但是也造成了企业对外技术依存度上升，不利于自主创新能力的提高，因此，单纯依靠技术引进不是企业长久发展之计。中部各省应当引导、扶持企业提升创新能力，推动从“买”创新向自我创新升级。其次，中部六省应鼓励企业携手高校和科研院所进行产学研对接，通过搭建产学研平台，不断提升自身核心竞争力，这是企业由“买”创新向自我创新转变的有效途径。再次，中部六省政府应注重强化政策导向，推动创新升级，激发创新创造，对创新平台建设、科技产品研发、科技型企业培育等给予政策倾斜和扶持，激发出大众创业、万众创新的热情。最后，推动不同规模企业联合创新，大型企业的优势在于强大的产业能力和复杂技术的集成

能力，而科技型中小企业在吸纳新知识并将其转化为有市场价值的新技术、新产品方面是难以替代的。因此，中部六省要构建行业内大中小企业分工协作体系，建立大小中企业协作配套工作机制和对接平台，鼓励国企和民企建立基础产业链的协作体系，并依托产业集群提高产业整体创新能力，在这个过程中，政府要注意健全企业协作创新的政策激励体系，加大对合作的中小企业的保护力度，完善大中小企业协作创新的法律法规，切实保障民营中小企业在分工协作中的经济利益。

二、提高高校和科研机构的科技创新能力

科研机构与高校是科技创新的重要源泉，是我国技术研发活动的主要集中地，高校为科技创新培养创新型人才，科研机构为科技创新提供创新实践场所与科技能量。在中部六省区域协同创新体系中，高校和科研机构是技术创新的重要生产者，两者的共同努力对科技创新能力的提升有重大的影响。

首先，提高高校和科研机构的科技创新能力，要充分认识高校与科研机构科技工作的重要性和紧迫性，认识到高校在提高人才培养质量上的重要性。对此，高校和科研机构要加大科研经费投入，进一步改善科研基础设施条件，大力推进科技创新平台建设，为科研人员进行科技创新实践提供良好的工作环境。其次，科技人才是进行科技创新的基础，是科技创新实践中最关键的因素，只有科技创新人才的科研水平有所提高，高校和科研机构科技创新能力的提高才有可能。因此，科研机构和高校要切实加强科技创新人才建设，注意加强本单位自有研发人才的培养和深造，注重学术大师和战略科学家的培养，同时努力优化队伍结构，提高队伍素质、团队意识和员工的薪酬待遇，关注员工家庭生活，为科研人员进行科技创新提供良好的外部环境。再次，完善高校、科研机构科研项目资金和财务管理制度，健全符合科研规律的科研项目经费管理机制，自主规范管理横向经费。赋予高校、科研机构预算编制、调整及资金使用更大自主权，加大对科研人员绩效奖励力度。最后，有价值的科研成果不能得到转化也是制约科研机构与高校科研创新能力的重要因素，对此，科研机构与高校应积极推进与企业在科研创新及人才培养方面的合作。

三、发挥政府在区域创新网络中的引导作用

在区域协同创新系统建成的初期，市场发展不成熟，资源配置能力弱，无法自发地调节创新的投入与产出，在这种状态下，如果政府对区域创新没有明确的目标和规划，没有制定完善的政策、法规、制度促成创新主体之间的合作，那么，整个区域的创新活动就是零散的、无序的、自发的，呈现混沌状态。当区域协同创新系统进入正轨、市场力量相对薄弱时，政府制定政策、完善基础设施，在科技投入、资源配置上可以发挥主导作用。

政府作为区域协同创新的主体之一，规划和引导着整个创新活动，区域协同创新的发展离不开政府的积极引导，因此要充分发挥政府的引导作用，构建良好的发展环境，充分激发各创新主体的创新活力。首先，政府既是市场经济的保护者，也是科技创新的保护者，主要体现在对于相关法律法规及政策的制定上。在政策制定、确定发展方向时，政府不仅要考虑到区域的发展现状与潜力，还要考虑到与周边区域共同发展的潜力，实现各项资源的充分利用，实现协调发展。其次，政府要加强环境建设。稳定提高国家产业化项目落实资金，加快创新成果的产业化转变；发展高等教育，鼓励高等教育资源丰富的地区对口支援高等教育资源贫乏的地区，进一步提高人口受教育水平；完善金融支撑体系，强化技术创新与创新成果转化的金融支持能力；加强国家级高新区建设，鼓励不同省市间高新区战略合作，促进创新成果的扩散。

四、加快科技服务业发展

在区域协同创新网络中，加快科技服务业发展是推动科技创新和科技成果转化、促进科技经济深度融合的客观要求，是调整优化产业结构、培育新经济增长点的重要举措，是实现科技创新引领产业升级、推动经济向中高端水平迈进的关键一环，对中部六省深入实施创新驱动发展战略、建设高成长服务业大省、推动经济提质增效升级具有重要意义。

在世界各国的发展中，依托中介服务机构发挥产业或经济发展与科技创新之间的纽带和桥梁作用，是自 20 世纪 80 年代以来美国、日本和韩国等发达国家采取的共同的政策措施。在产业政策的良性引导下，美国、日本和韩

国等发达国家的科技中介服务体系日臻完善并逐渐成为其他国家不断学习和借鉴的典范。在第四章中，本著作分析了中部各省产学研平台建设以及科技服务业的发展状况。可以发现，在中部六省中，科技服务业的发展环境还不完备，相当数量的科技中介机构规模较小、服务手段落后，主要业务仍局限于场地、公共关系或低层次的技术、信息服务，整体发展滞后。此外还存在社会对科技中介机构认识不足、不放心和不信任科技中介的问题，这使得加快科技服务业的发展速度势在必行。2014 年 10 月，国务院印发了《关于加快科技服务业发展的若干意见》，这是国务院首次对科技服务业发展做出的全面部署，在该文件中，关于加快科技服务业发展的政策措施非常值得中部六省学习，例如健全市场机制、强化基础支撑、加大财税支持、拓宽资金渠道、加强人才培养、深化开放合作、推动示范应用，分析全面，对于加快我国科技服务业的发展有重要的指导意义。根据中部六省科技服务企业的发展状况，本著作认为，加强人才培养、深化合作开放更应该受到中部六省的重视，中部六省应完善科技服务业人才评价体系，健全职业资格制度，调动高校、科研院所、企业等各类人才在科技服务领域创业创新的积极性；同时鼓励国内外知名科技服务机构在所属区域设立分支机构或开展科技服务合作，引导科技中介服务体系走向良性发展的道路。

第三节　完善区域协同创新系统

国内外学者关于协同创新的研究取得了不少成果，认为协同创新可以降低学习成本，其存在的问题主要是创新主体间的配合紧密度不够，而归根结底则是政策不够完善，缺乏保障机制。所以，在协同创新体系建设中，应加强制度顶层设计、完善主体利益分配机制、完善评价体系等。

一、重视创新主体之间的合作

创新主体之间开展协同创新，最重要的是可以获得使合作方都能满意的创新成果。但是，有合作就会有摩擦，就会有冲突，不是所有的合作都能以双方满意的结果结束。例如在广泛开展的企业与高校的合作中，就存在由于利益机制分配问题产生的分歧：企业会认为自己在合作中是出资者，付出了大量的物质资源，为了企业自身盈利目的会争取很大一部分的收益，而高校则认为自己在合作中是主导者，在整个科研进程中大部分的任务都是自己独立完成，付出了脑力与时间，并且为了自身高校的发展，也会争取很大一部分收益，这就造成了矛盾的产生。在企业与企业、企业与科研机构、科研机构与高校的合作过程中，也会存在此类的现象。

提高创新主体之间的合作力度，首先要建立科学的利益分配机制，这是做好创新主体之间科技协同创新的内在保障。对于政府来说，政府应该完善协同创新的法律政策，出台有关利益分配的相应法律条文；对于创新主体来说，在开展协同科技创新之初，关于利益分配问题，应当在合作协议中进行深入细致的协商规定，并邀请当地政府相关部门对协同科技创新合作开展第三方监督，防范后期产生的利益分配问题。当产生利益纠纷时，合作双方不应该仅仅维护自身权益，而是应该互相理解，从维护长远出发，用后续的合作来解决当前存在的利益纠纷问题。其次，推进高校与区域企业深入融合，校企合作在区域协同创新网络中发挥着重要的作用，政府应该实现高校与区域企业发展同步进行，与区域产业建设同步实施，与区域技术进步同步升级。不断调整优化高校专业结构，建立高校对接企业的渠道。高校要转变学生、教师的传统观念，要把理论与实践相结合，不断深入到企业中，提高主动服务企业与经济的意识。最后，建立完善的、科学有效的风险预警机制是做好创新主体协同创新的有力保障。只有充分预估风险，并制定科学合理的有效应急预案，才能保障协同科技创新的有序开展。在完善风险预警机制时，要考虑到结合不同行业、不同产业和不同地区的高校与企业创新的特点，制定各种更加个性化的风险预警机制。

二、拓宽科技交流与合作渠道

拓宽科技交流与合作渠道是促进科学技术创新扩散的重要手段，而技术创新与扩散的程度对区域整体创新能力的提高有重大的影响。中部六省提升技术扩散水平应着重依靠建设技术交流平台，全面开展科技合作活动，拓宽科技的合作交流渠道，引导先进技术的转移和扩散，以产业整体的技术进步促进中部各省产业结构的优化升级。

具体措施有以下几点：第一，搭建需求对接平台，加强科技交流活动，中部各省政府应发挥积极的牵头协调作用，紧密联合周边地区的政府部门、教育科研机构、高新技术企业及民间技术协会组织，以科技成果博览会、高校科技创新大赛、以科技创新为主题的公益活动及组建科学技术项目研究社等形式提升跨区域技术交流活动的丰富性和多样化，为技术供需的结合提供便利条件，促进技术供给方与技术需求方的合作。第二，积极搭建网上合作对接平台。长期以来，信息不对称是产学研合作遇到的最大问题之一，致使很多高校、科研机构的创新成果难以转化为生产力，而企业陷于技术难题得不到解决的困境中。而产学研网上合作平台的建立，能使得政策信息、科技成果、金融资本和人才资本等创新要素进行有机的结合，为企业解决问题拓宽渠道，也为科研成果的转化打开了窗口，能为区域技术创新和经济发展带来活力。第三，完善的投融资体系也是技术扩散过程中必不可少的因素，中部六省应加强金融市场体制建设，为技术交流与合作提供良好的资金环境，促进技术扩散，推动各省实现产业链的延伸和产业结构升级。此外，企业内部技术创新机制的构建与完善，是科学技术通过扩散进入流通环节并能更好地进行应用的起点，中部六省应鼓励并协助企业完善内部创新机制，以员工机制、薪资机制、配股机制等各种方式激励企业员工进行技术创新，增强企业股东的信心，同时从完善原始技术开发、理论分析及产品设计等流程内的技术机制着手，营造积极的企业技术创新氛围。

三、加强区域协同创新软环境建设

在完善区域协同创新系统中，政府应注重加强对区域协同创新软环境的建设，既要为协同创新驱动指明方向，又要弥补市场失灵，应重点从以下三个方面着手：一是解放创新驱动思想，形成开放式创新思维模式，增强协同创新服务意识。协同创新驱动思想不解放，一切都是空谈。应降低创新要素集聚成本，增强创新服务意识与本领，提高区域创新意识，破除区域保护意识，增强知识产权保护意识，树立开放式创新理念，做到让外来高新技术企业“无障碍进入、无顾虑发展”。二是提高政府工作效率，着力创新体制机制，整合和优化政府创新促进职能，建立有利于创新发展的政府功能体系，简化创新驱动相关审批流程和手续，提升审批效率。三是规范政府行为，减少、清理各类不利于产业创新驱动发展的行政规章制度。规范对企业的监督管理行为，清除各部门对企业协同创新行为的不当干预，严厉打击对企业的吃拿卡要行为。此外，应聚焦产业创新软环境建设。创新软环境是区域创新驱动发展的依托，应实施产业加速创新计划，着力提升区域内核心产业的创新资源整合能力和自主创新能力，形成分工合理、特色明显、优势互补的产业结构，引领区域创新发展。激发区域主导产业核心企业的创新动力与活力，通过政府引导与构建创新服务体系，降低创新发展对外部核心技术的依赖度，培育一批具有较强创新能力的战略性新兴产业企业，以带动具有区域发展特色的优势产业转型升级。围绕国家发展战略布局和区域发展规划，引导区域内产业通过项目合作、共建研发基地和创新联盟等形式，吸纳整合创新资源，集中力量突破并转化一批产业发展急需的关键共性技术，推动区域产业转型升级。

第四节 积极推动产业转型升级

一、产业转型升级要做好“加减乘除法”

习近平总书记和李克强总理曾先后多次以加减乘除的运算逻辑，形象生动、举重若轻地提出区域经济和产业格局实现转型升级的路径，成为中国特色的“指挥棒”和“红绿灯”。

“加法”即积极培育新的增长点，中部各省应通过与省内各地市合作，大力促进生产性服务业的发展，发展和培育一批新金融、新贸易、新物流、信息服务等大型服务企业，摆脱总体经济发展的弱势。在培育新的经济增长点时，结合自身产业结构和产品结构转型升级，拓宽发展空间，满足市场需求，做好优势产业的加法。随着国际市场扩容放慢和我国经济增速放缓，中部六省产能过剩的矛盾凸显出来，而“减法”即有效化解传统产业以及一些新兴产业如风电设备、太阳能光伏等行业的过剩产能，在产业转型升级的过程中，中部各省应该实施技改提升工程，加大整合重组和兼并扩张，做好炼钢、炼铝、造船、水泥等产能过剩传统产业的减法。此外，产能过剩不等于产能落后，中部六省可以以一带一路为契机，通过合作的方式，将过剩产能转移到需要的国家。“乘法”即实施创新驱动，进一步释放创新驱动效应，中部各省要加强科技创新，增添发展动力。同时强化激励引导，通过释放创新、激励的倍增效应，培育经济增长的新动能，做好新兴产业的乘法。最后，关于做好“除法”，中部六省应该充分调动一切积极因素，综合运用能耗、环保、质量、安全、技术等相关法律法规和标准，抓住关键环节，突破重点难点，依法依规坚决对钢铁、水泥、煤炭等无法转型的落后产能进行关停淘汰，关停不符合产业政策要求的“僵尸企业”，集中治理“壳公司”，大力推进产业结构调整和优化升级。

二、强化互联网与传统产业的深入融合

随着技术的进步，互联网对公众生活的改变进一步加大。目前，我国经济已经步入新常态，不少传统产业都面临寻找经济增长点的强大压力，面临着一场“智能物联”科技革命的影响。在未来的一段时间内，传统产业与互联网深度融合是另一个被互联网巨头们寄予厚望并投入重金的新方向，也是传统企业寻求新的经济增长点、实现转型的新趋势。如何利用互联网促进传统产业升级和新兴产业发展壮大成为一个非常有价值的问题。

“互联网 +”，加的是商业模式重构、业务流程再造与技术水平提升，得到的是实体经济新的创新力和生产力，它对传统产业的影响不是颠覆，而是升级换代，使之上升到一个更高的层面。强化互联网与传统产业的深入融合，中部六省可以多方式、多渠道引导企业有针对性地开展智能化改造。首先，地方政府通过咨询服务、交流合作、技术培训等方式，加强对企业信息化、智能化、自动化改造的指导和引导，切实提升生产效率。其次，加快培育一批既掌握核心技术，又具备丰富行业经验和实战能力的第三方系统解决方案商，为传统制造企业提供战略咨询、实施方案、关键装备、核心软件、数据集成等一站式服务，打造智能制造产业生态系统，提高传统产业与新兴产业融合度。此外，政府可以通过政策引导和资金扶持，引导传统企业利用互联网开展基于个性化需求的研发、生产、服务和商业模式创新，促进供给与需求精准匹配。同时鼓励发展以互联网企业为主体的生产性服务业，围绕需求，开发新产品、培育新业态，形成深度融合发展的新局面。最后，农业是中部六省的基础产业，但农业的发展面临着信息不对称、生产效率低下等问题，而互联网与农业产、供、销的全面结合，可以提升农业的资源配置效

率，加速商品流通，因此，中部六省应重视农业与互联网的结合，用科技推动现代农业体系建设，改善农业发展落后的状况，推动农业健康发展。

三、认清区域产业转型升级的本质，因地、因行制宜

各地区追求产业转型升级的目的不外乎提升地区竞争力、降低环境污染程度、适应新时代的新要求等，但是区域经济发展具有差异性，区域之间又存在自然环境、人文环境、资源禀赋等众多影响产业转型升级的不同因素。因此，中部各省在产业转型升级的过程中，不能盲目跟风，而应该将产业转型升级与地域特色、当下省情联系起来，因地、因行制宜，形成独有的转型升级路线。

认清区域产业转型升级的本质，要求中部六省政府认识到只要能实现产业转型升级的目的，任何途径都是“新兴之法”，要避免各大产业转型的同质化。对此，中部各省要考虑到本省已有的优势产业形成产业链条和集群发展，发挥整体效应，与相邻地区的优势产业形成互补，借助带动效应。其次，我国传统产业总量规模大，行业种类多，不同的产业所处的发展阶段也存在巨大差异，这要求中部各省在产业转型升级过程中把握住不同的产业转型升级的重点方向，加强产业分析和形势研究，从自身条件、产业市场容量以及主流技术方向出发，抓住产业发展面临的突出问题，依靠创新驱动，走质量、品牌和效益的发展路径。此外，产业转型升级不能简单地理解成新产业的产生和旧产业的消亡，而是持续的技术、经济和制度的转型过程，因此，产业转型升级必须有相应的制度和政策支持，在制定相关政策时，中部六省也应该做到因地制宜，有所侧重，对于第二产业即工业占地区生产总值较低的地区，说明该地区的经济总量也偏小，就不能只发展服务业，在发展服务业的同时，必须持续推进工业化进程，只有这样才能使经济可持续发展；对于一些地区，第二产业的比重甚至都超过了60%，这样对资源的消耗会非常快，对区域环境的破坏也会比较严重，此时，该地区必须淘汰第二产业中的落后产能，实现第二产业的优化升级，同时要加大力度发展以服务业为主的第三产业。

四、推动企业创新发展，促进产业转型升级

创新驱动经济转型升级要取得实效，关键是要发挥企业的创新主体作用，真正使企业的技术创新主体地位落到实处，变“要我创新”为“我要创新”。要充分发挥大型企业的技术创新骨干作用，努力打造一批掌握核心技术、引领行业发展、综合竞争力居世界前列的创新型企业和科技型中小企业创新集群。

推动企业创新发展，要增强企业的自主创新意识，特别要鼓励中小企业广泛开展创新活动。当前，我国众多企业越来越认识到产业转型升级的重要性，认识到过去技术引进和技术模仿的产业发展之路已逐渐无法持续，纷纷掀起了新的技术创新和技术改造高潮，增加研发投入，努力提高创新能力。中部六省经过几十年的发展，已经具有较好的制造业基础和巨大的市场规模，新产业、新模式蓬勃发展使各企业具备了实现自主创新的基本条件，在这种情况下，企业不仅要追求产品创新、工艺创新、技术创新，更要注重培养自身创新的思维，实现创新由感性认识到理性思考的飞跃，从而产生新颖的、独到的、有社会意义的思维成果。此外，战略创新也有着非常重要的意义，战略以未来为主导，与环境相联系，以现实为基础，对企业的发展进行规划，注重战略创新能使企业发展更可持续，而企业的长久可持续发展对产业转型升级有极大的促进作用。此外，在通过鼓励企业创新推动产业转型升级的过程中，要突出科技型中小企业的作用，该类企业具有追求高技术、创新性和高附加值的特点，可为产业升级提供可靠的技术源泉潜力。对此，中部六省可以设立中小企业创新基金或者对科技型中小企业提供亏损补贴等方式支持科技型中小企业的发展和创新。

第五节　坚持实施创新驱动战略

创新驱动发展是相对于生产要素驱动发展而言的，作为提高社会生产力和综合国力的战略支撑，创新驱动是统揽全局、左右发展的谋略。中部六省要想实现产业转型升级，关键在于积累和提升技术创新能力。而技术创新能力的获得往往是通过从事研发和产品开发等产业链高端环节才能实现，从事

低技能的劳动密集型产业是无济于事的，而且往往会被锁定在价值链低端环节，对此，中部六省要坚持实施创新驱动战略，提高区域创新能力。

一、搭建创新驱动平台

创新驱动平台是集聚创新要素、充分激活创新资源、有效促进创新成果转化的重要载体，搭建创新驱动平台，能为经济转型升级和可持续发展提供物质支撑和有力保障。对此，中部各省要注重三大平台的搭建。

首先是产业集群创新平台，例如政府主导建立的高科技园区和高新技术产业园区等，这些园区能为资金、人才、信息、技术等多种生产要素提供良好的空间载体和基地，这使得企业能够更加顺利地解决所遇到的问题，也为产业转型升级创造了良好的手段和条件。今后，中部六省要充分发挥园区在产业集聚中的作用，不断完善市场竞争制度，建立清晰的产权制度、科学的产学研合作制度，探索风险投资制度，营造开放的地区文化发展氛围。其次，一项技术的创新本身对经济的影响和社会生产力的提高是有限的，只有通过扩散才能发挥其潜在的经济效益，保证技术信息的流动有利于产业中的企业尤其是中小企业以低价获取共性技术，从而更好地促进企业的发展。对此，政府可以建立公共服务创新平台，这种平台的最大优点是不受产业和地域的限制，可以通过网络使得不相关联的产业都可以享用公共技术服务，因此，中部六省政府应当投入大量公共资源，构建公共服务创新平台，为技术交流和技术交易提供服务，提升技术市场的信息化服务水平，强化科技中介机构的服务功能。最后是科技创新投融资平台，这个平台在推动科技资源和金融资源无缝对接方面尤为重要。中部六省政府应当加大科技创新的投资规模，鼓励科技创新企业发展，专门设立创新基金，扶持高新技术和重点技术的研发，实施税收优惠政策。

二、培育创新发展新动能

创新是历史进步的动力、时代发展的关键。从经济学角度而言，新动能就是驱动经济增长的动力和能量，新动能的本质是效率，新动能强调集约高效高质发展。培育创新发展的新动能，中部各省可以从积极支持推进“双创”、激发全社会创新潜能和创业活力入手。当前，大众创业、万众创新的理念正日益深入人心，各种新产业、新模式、新业态不断涌现，有效激发了社会活力，释放了巨大创造力，成为经济发展的一大亮点。因此，中部六省政府应支持双创示范基地建设，加大对创业创新基地服务能力的支持力度，集聚创业创新资源要素，提高对小微企业创业创新的全方位服务支撑能力。其次，改造传统产业使之达到新的高度、发展新兴产业也是增加新动能的一大措施，中部六省应当重视高新区建设，积极吸引世界高水平的科研机构和重大创新功能型平台进驻高新区，重视新产业的发展。最后，将区域科教优势转化为发展新动能，中部六省科教资源密集，拥有科技、人才优势，但是由于地处中部，市场开放度不高，产业结构以资源型产业为主，基础设施、创新体制不完善，创新服务体系发展滞后，使得中部良好的科教优势没有转化为产业优势，对此，中部六省应该鼓励企业积极与高校共建众创空间，共享科研设备平台，促进科技与资本、企业精准对接，加快促进科技成果转化，大力构建开放协同创新体系，推动区域技术创新跟上全球步伐并积极融入全球创新网络，为创新驱动产业转型升级提供技术支撑。

三、促进创新链与产业链的“双向融合”

产业链是诸多企业将产品或服务由存在于人脑中的创意经过一系列生产经营活动形成最终产品或劳务的全过程，这一过程包括涉及研发、设计等活动的前端环节，涉及原材料生产和采购、产品制造、组装等活动的中间环节，涉及物流、销售等活动的后端环节。创新链是指新创意的产生，新产品的研发和设计，新材料的使用，新生产方法、生产流程的发明和使用，新营销策略的使用等一系列前后相继的创新活动，创新链依附于产业链而存在。费洪平（2017）指出，当前我国经济发展进入新常态，在此背景下进行产业转型升级，要以创新链支撑产业链。促进创新链和产业链的“双向融合”，首先要加快提高自主创新能力，突破一批核心、关键以及共性技术，带动整个产业转型升级。加强企业研发平台载体建设，引导创新资源向产业链上下游企业集聚，要以产业链为基础，深入产学研合作，加快构建研发设计服务、知识产权服务、科技成果检测、中介咨询等科技服务支撑体系，实现从研发到产业化的有效衔接。其次，促进创新链和产业链“双向融合”，即科技创新与产业创新的有机结合，是创新驱动经济转型升级的关键。应紧盯战略性新兴产业进行科技创新，不断加快高科技产业化的进程。充分发挥国家科技计划、示范应用工程等的引领带动作用，充分发挥国家自主创新示范区、高新技术产业开发区等的载体作用，实现从研究开发到产业化的无缝对接，加快形成技术成果、产品成果和产业成果。最后，中部六省还可以借鉴其他省份的经验，例如江苏省为加强创新链与产业链的无缝对接，专门成立了省产业技术研究院，该院在全球范围内遴选国际一流领军人才担任项目经理，充分赋权使用经费和组建团队，探索实施“多方共建、多元投入、混合所有、团队为主”的专业研究所建设运行新机制，当前在服务地区发展方面取得了较好的成效。

第九章 结论与展望

行文至此，本著作已经接近尾声，在本书的前八章中，笔者梳理了区域协同创新与产业转型升级的相关理论、中部各省区域协同创新与产业转型升级的现状、实证研究了区域协同创新对产业转型升级的影响并提出了创新驱动中部六省产业转型升级的政策建议，主要得出以下结论：

（1）关于区域协同创新与产业转型升级的研究热点和相关理论，国内外学者有大量相同的观点，例如都认为区域创新能力对产业转型升级有积极的影响，对区域协同创新的主体、产业转型升级的内涵也有相似的看法。但是由于社会背景不同，文化差异的存在，国内外学者也有各自研究的一些侧重点，其中国外学者更注重对基础理论的探讨，而国内学者的研究多与我国基本国情、地区的发展状况联系在一起，具体研究区域协同创新的现状、区域协同创新对产业转型升级的影响以及产业转型升级的相关问题，且很多研究用了实证方法，并提出了促进区域发展的政策建议。

（2）在分析中部各省区域协同创新与产业转型升级的现状时，通过对中部六省某一指标的对比分析，某一省份具体指标在不同年份的发展趋势分析，中部六省发展状况与全国其他省份的区别等多方面、多角度的深层次探索，笔者发现中部各省在推进区域协同创新与产业转型升级时，取得了不少的成绩。随着时间的推进，相对于自身，中部各省区域协同创新能力、三次产业产值不断提高，产业结构也得到了优化。但是由于发展速度的差别，中部各省的一些指标在不同年份的名次并不稳定，与全国其余省份相比，甚至还有下降的趋势。总体来说，在区域协同创新方面，安徽和湖北省发展最好，河南与湖南次之，而江西和山西两省还有较大的发展空间，在创新主体协同创新的过程中，也存在科技投入力度不足、协同创新动力不强等共性问题。在推进产业转型升级时，湖南和江西在一些年份过度重视第三产业的发展而导致产业结构出现了“虚高度化”的状态，其余四省在推进产业转型升级方面比较稳定。另外，中部各省的高新技术企业、规模以上工业企业新产品开发与销售、万元地区生产总值能耗等指标相比过去也有了很大的进步。但是，中部各省还要进一步改善三次产业比重、提高产业创新能力，注重对高耗能、高污染产业的控制。

（3）在研究协同创新促进产业转型升级的机理和路径时，笔者引入了产业生命周期理论并加入大量理论模型，这使得整个分析更加清楚。笔者认为，在产业生命周期的不同阶段，企业发展的状态和面临的行业环境不同，各创新主体对产业转型升级的推动作用也不同，而谋求转型升级是企业实现可持续发展的必经之路。基于此，本书提出了在产业的初创期，选择基于关键共性技术的产业转型升级路径；在产业的成长和成熟期，选择基于创新平台的产业转型升级路径；在产业的衰退期，选择基于配套产业链优化的产业转型升级路径。这对于企业在不同的发展阶段，实现产品创新、工艺创新、商业模式创新或者进行价值链的延伸有较大的意义。

（4）在实证分析部分，一方面，本著作研究了区域协同创新与产业转型升级互动关系。在理论分析的基础下，笔者重点用灰色关联分析法研究了不同创新要素对产业转型升级的影响，研究结果表明，由于地区经济发展水平不同，处于不同阶段的产业转型升级的关键影响因子也有所不同，影响中部不同省份产业转型升级的关键指标也有较大差异。灰色关联度计算结果显示：河南、安徽、湖南、江西四个省份中，高校与企业合作研发经费支出与产业转型升级指标的关联度最大，而山西、湖北两省与产业转型升级关联度最高的指标为 R&D 人员全时当量。具体看中部各省各参考序列与比较序列在各年份的关联系数，又有较大的差异，在此不再一一赘述。

另一方面，本著作研究区域协同创新系统与产业转型升级系统之间的耦合协调度。通过构建指标体系，将熵值法与专家赋权法相结合测算指标的权重并计算出两系统的综合发展指数，在此基础上，根据之前学者的研究成果，构建耦合协调模型，分别分析中部六省区域系统创新系统与产业转型升级系统的协调度、综合发展度、耦合协调度的数值。实证结果表明：2009—2016 年，中部六省的区域协同创新水平、产业转型升级水平以及耦合协调度都有了较大幅度的增长，且最终都达到了良好的耦合协调状态。但是在达到良好耦合协调的过程中，不同的省份又有较大的差别。综合来说，区域协同创新系统与产业转型升级系统的发展水平与当地区域创新与产业结构调整方面所做的工作有关，那些区域内产业创新活动活跃、产业结构合理、区域内高新技术产业多、传统产业慢慢实现转移的区域往往耦合协调发展情况好一些。

（5）本著作的落脚点为提出创新驱动产业转型升级的政策建议，在此部分，笔者从加大科技投入力度、强化各创新主体的功能、完善区域协同创新系统、积极推进产业转型升级、坚持实施创新驱动战略五个方面，共提出政策建议十七条，每一条都包含具体的实施措施，这对于中部六省通过加强创新主体之间的合作，提高区域创新能力，并走上创新驱动产业转型升级的可持续发展之路，实现区域的进一步发展有一定的参考价值。

以上就是本著作的主要研究结论。虽然本著作对区域协同创新对产业转型升级的影响这一问题的研究取得了一定的成果，提出了一些独特的看法和观点，但是在一些问题上仍然存在着很大的不足：首先，在分析中部六省区域协同创新与产业转型升级的现状时，数据的查找和分析还有待深入。其次，国内对于创新驱动产业转型升级的相关性的研究相对于西方起步较晚，对于两者之间的实证研究缺乏统一的指标体系，本著作虽然在前人文献的基础上，建立了自有的一套指标体系，但相关指标对于区域协同创新、产业转型升级的评价仍然有限，而指标体系的不完美势必会影响分析结论的全面性，因此，指标体系的设定是日后笔者研究的重点。最后，关于区域协同创新与产业转型升级相互关系的研究可以采用更广泛、科学的实证研究方法，这也是未来学者研究此类问题的重点突破之处。

参考文献

[1] Zweimuller J. Brunner J K. Innovation and growth with rich and poor consumer[J]. Metroeconomica,2005,56(2):223 - 262.

[2] 郑刚. 全面协同创新[M]. 科学出版社,2006.

[3] Ku Y L,liau S J,Hsing W C. The high - tech milieu and innovation - oriented development[J],2005,25(2):145 - 153

[4] Celest Varum, Bruno Cibrao, Antonio Morgado. Etal. R&D, structural change and productivity: The role of high technology industries[J]. Economia Aplicada,2009, 13(4):399 - 424.

[5] 周忠民. 湖南省科技创新对产业转型升级的影响[J]. 经济地理. 2016(5).

[6] 李伟庆,聂献忠. 产业升级与自主创新:机理分析与实证研究[J]. 科学学研究. 2015(7).

[7] 程强,武笛. 科技创新驱动传统产业转型升级发展研究[J]. 科学管理研究. 2015(4).

[8] 张银银,邓玲. 以创新推动传统产业向战略性新兴产业升级[J]. 经济纵横. 2013(6).

[9] 陈妤凡,王开泳. 武汉东湖新技术开发区产业创新与产业结构优化升级的耦合研究[J]. 中国科学院大学学报,2018,35(5):654 - 662.

[10] 张协奎,徐苗,张练. 基于系统耦合协调度的工业产业协同创新实证分析——以广西北部湾经济区为例[J]. 科技管理研究,2016,36(24):8 - 14.

[11] 王伟,孙雷. 区域创新系统与产业转型耦合协调度分析——以铜陵市为例[J]. 地理科学,2016,36(2):204 - 212.

[12] 杨兴宪,刘毅,牛树海. 区域创新系统研究的进展及展望[J]. 地理科

学,2006,26(2):251 -255.

[13] 涂振洲,顾新.基于知识流动的产学研协同创新过程研究[J].科学学研究, 2013,31(9):1381 -1390.

[14] Vefie L. The penguin directionary of physics [M]. Beijing:Foreign Language Press,1996.

[15] 熊建新,陈端吕,彭保发,等.洞庭湖区生态承载力系统耦合协调度时空分异[J].地理科学,2014,34(9):1108 -1116.

[16] Grimpe C,Hussinger K. Formal and Informal Knowledge and Technology Transfer from Academia to Industry:Complementarity Effects and Innovation Performance [J]. Industry & Innovation,2013,20(8):683 -700.

[17] Doloreux D,Parto S. Regional innovation systems: a critical synthesis [R]. Japan:United Nations University,2004.

[18] Cooke P,Heidenreich M,Braczyk H J. Regional Innovation Systems:The role of governance in a globalized world [M]. London:UCL Press,1996.

[19] 胡慧玲.产学研协同创新系统耦合机理分析[J].科技管理研究,2015(6):26 - 29.

[20] 吴大进,曹力,陈立华.协同学原理和应用[M].武汉:华中理工大学出版社,1990

[21] Gereffi G. International trade and industrial upgrading in the apparel commodity chain[J]. Journal of International Economics,1999,48(1):37 -70.

[22] Tse E. Grabber - holder dynamics and network effects in technology innovation[J]. Journal of Economic Dynamics&Control,2002,26(9):1721 -1738.

[23] Schnaars S,Thomas G,Irmak C. Predicting the emergence of innovations from technological convergence:lessons from the twentieth century [J]. Journal of Macro Marketing,2008,28(2):157 -168.

[24] 苏东水.产业经济学[M].北京:高等教育出版社,2000:24 -26.

[25] 王鹏,赵捷.产业结构调整与区域创新互动关系研究:基于我国2002—2008 年的省际数据[J].产业经济研究,2011(4):53 -60.

[26] 江洪.自主创新与我国产业结构的优化升级[D].武汉:华中科技大学,2008.

[27] 葛秋萍,李梅. 我国创新驱动型产业升级政策研究[J]. 科技进步与对策,2013,30(16):102 - 106.

[28] 林春艳,李富强. 区域产业结构优化的模型构建与评价方法研究综述[J]. 经济学动态,2011(8):92 - 95.

[29] 徐鹏远. 区域产业结构优化升级及评价研究:以天津滨海新区为例[D]. 天津:天津大学,2011.

[30] 周振华. 产业结构优化论[M]. 上海:上海人民出版社,1992:89 - 90.

[31] 周正,尹玲娜,蔡兵. 我国产学研协同创新动力机制研究[J]. 软科学,2013,27(7):52 - 56.

[32] 徐莉,杨晨露. 产学研协同创新的组织模式及运行机制研究[J]. 科技场,2012(11):210 - 214.

[33] 魏奇锋,顾新. 基于知识流动的产学研协同创新过程研究[J]. 科技进步与对策,2013(15):133 - 137.

[34] 张琼瑜. 高新技术产业集群协同创新网络与创新绩效研究[D]. 江南大学,2012.

[35] Veugelers R, Cassiman B. R&D Cooperation Between Firms and Universities: Some Empirical Evidence from Belgian Manufacturing [J]. International Journal of Industrial Organization,2005(56):355 - 379.

[36] 胡锦涛. 在庆祝清华大学建校 100 周年大会上的讲话[N]. 人民日报,2011 - 04 - 25.

[37] 李洪文. 我国创新驱动发展面临的问题与对策研究[J]. 科学管理研究,2013(3):26 - 29.

[38] 陈曦. 创新驱动发展战略的路径选择[J]. 经济问题,2013.

[39] 于立等. 资源枯竭型城市产业转型问题研究[M]. 中国社会科学出版社, 2008.

[40] 王元月,纪建悦. 资源型城市建立与完善技术创新系统的探讨[J]. 软科学, 2002,6(1):10 - 13.

[41] Markey S, Halseth G, Manson D, The Struggle to Compete: From Comparative to Competitive Advantage in Northern British Columbia[J]. International Planning Studies,2016,11(1):19 - 36.

[42] 朱卫平,陈林. 产业升级的内涵与模式研究——以广东产业升级为例[J]. 经济学家,2011(2):60 -66.

[43] 任少林,张耀辉. 中国企业如何打赢标准战[J]. 经济前沿,2003(Z1):121 -123.

[44] 赵玉林,张钟方. 高技术产业发展对产业结构优化升级作用的实证分析[J]. 科研管理,2008,29(3):35 -42.

[45] T. Sturgeon, J. Van Biesebroeck and G. Gereffi. Value Chains, Networks and Clusters: Reframing the Global Automotive Industry [J]. Journal of Economic, 2008, (11).

[46] 王柏玲,李慧. 关于区域产业升级内涵与发展路径的思考[J]. 辽宁大学学报. 2015,(3):73 -80.

[47] 万文海,孙锐. 传统产业借力 O2O 进行创新性转型升级的路径与政策研究——以福建鞋服产业为例[J]. 甘肃社会科学,2016,(3):250 -255.

[48] 冯之浚. 国家创新系统的理论与政策[M]. 北京:经济科学出版社,1999.

[49] 吴春莺. 我国资源型城市产业转型研究[D]. 哈尔滨工程大学,2006.

[50] 张米尔. 市场化进程中的资源型城市产业转型[M]. 北京:机械工业出版社, 2004.

[51] 张立群. 江苏省产业结构优化对区域经济增长影响的实证研究[D]. 南京航空航天大学,2015.

[52] 雷玷. 产业政策、产业结构与经济增长的实证研究[J]. 经济问题,2012(4):45 -48.

[53] 段全英. 中国产业结构合理化的经济增长效应分析[D]. 首都经济贸易大学硕士学位论文,2013.

[54] 彭冲,李春风,李玉双. 产业结构变迁对经济波动的动态影响研究[J]. 产业经济研究,2013(3):91 -100.

[55] 张立群. 江苏省产业结构优化对区域经济增长影响的实证研究[D]. 南京航空航天大学,2015.

[56] 严雄. 产学研协同创新五大问题亟待破解[N]. 中国高新技术产业导报, 2007 -03 -19(A01)

[57] 林涛. 基于协同学理论的高校协同创新机理研究[J]. 研究生教育研究,2013,2(4):9 – 12.

[58] 李祖超,梁春晓. 协同创新运行机制探析——基于高校创新主体的视角[J]. 中国高教研究,2012(7):81 – 84.

[59] 李忠云,邓秀新. 内外兼治破解高校协同创新困境[N]. 中国教育报,2011 – 09 – 12(A03).

[60] Krugman, P. R. Increasing Returns and Economic Geography[J]. Journal of Political Economy, 1991, 99(4).

[61] 朱慧明, 韩玉启. 产业结构与经济增长关系的实证分析[J]. 运筹与管理,2003(2):68 – 72.

[62] 吴盼,杜明星. 上海市产业升级影响因素研究[J]. 科技管理研究,2014(3):74 – 77.

[63] 宋玉晓. 产业转型升级文献综述[J]. 产业与科技论坛,2016,15(22):111 – 112.

[64] Kaplinsky. R, Morris M. A Handbook for Value Chain Research[R]. Prepared for the IDRC, 2001.

[65] Humphrey, J. and Schmitz, H. Governance in Global Value Chains[R]. IDS Bulletin, 2001.

[66] Luthje, B. Global production networks and industrial upgrading in China: the case of electronics contract manufacturing[C]. East West Center working papers, 2001, 1 – 16

[67] Bell M, Albu M Knowledge Systems and Technologic Dynamism inIndustrial Clusters in Developing CountriesWorld[J]. Development, 1999, 27(9):1715 – 1734.

[68] 蔡琴. 产业转型升级的国内研究综述[J]. 科技经济市场,2014(3):20 – 21.

[69] Santoro M D. Success breeds success: The linkage between relationship intensity and tangible outcomes in industry – university collaborative ventures [J]. The Journal of High Technology Management Research, 2000, (2):255 – 273.

[70] Mansfield E, Lee J Y. The modern university: contributor to industrial innovation and recipient of industrial R&D support [J]. Research policy, 1996, 25

(7):1047 -1058.

[71] Lucchese and Matteo, Innovation, Demand and Structural Change in Europe [R]. University of Urbino Carlo Bo, Department of Economics, 2011:1109.

[72] 戴万亮,路文玲,单亦函. 创新驱动产业转型升级研究——基于中国1998—2016 年省域面板数据[J]. 河北工业科技,2019(2):1 -8.

[73] Baumol W J. Macroeconomics of unbalanced growth: The Anatomy of the urban crises [J]. The American Economic Review, 1967, 57(3):415 -426.

[74] Montobbio F. An evolutionary model of industrial growth And structural change [J]. Structural Change and Economic Dynamics, 2002, 13(4):387 -414.

[75] Baptista R, Swann P. Do firms in clusters innovate more? [J]. Research Policy, 1998, 27(5):525 -540.

[76] 赵琨. 基于系统创新的产业转型及在资源型城市的应用研究[D]. 山东科技大学,2009.

[77] 薛欣迪. 基于协同创新视角的装备制造业产业升级路径研究[D]. 大连工业大学,2015.

[78] 段丽娜. 基于协同动力机制的河北省钢铁产业转型升级研究[D]. 河北地质大学,2016.

[79] 刘体哲. 区域产学研合作创新效率对产业升级的影响研究[D]. 浙江大学,2013.

[80] 王伟. 资源型城市区域创新系统与产业转型升级研究[D]. 安徽师范大学,2015.

[81] 袁航,茶洪旺,郑婷婷. 创新数量、创新质量与中国产业结构转型互动关系研究——基于 PVAR 模型的实证分析[J]. 经济与管理,2019(2):78 -85.

[82] 潘飞. 江苏省创新要素对产业转型升级影响研究[D]. 东南大学,2017.

[83] 潘锡杨. 高校协同创新机制与风险研究[D]. 东南大学,2015.

[84] 姚威,陈劲. 产学研合作的知识创造过程研究[M]. 杭州:浙江大学出版社,2010.

[85] 王娟茹,潘杰义. 产学研合作模式探讨. 科学管理研究,2002,20(1):25 -29.

[86] 黎国林,江华.全球价值链下我国加工贸易产业升级研究[J].华南农业大学学报,2008(1):27－28.

[87] Axel Thoma & Christoph Senn. Managers Work: Leveraging Synergies Between R&D and key Account management to Drive Value Creation [J]. Universitat St. Gallen 2012.5.1:15－22.

[88] 李洪文.我国创新驱动发展面临的问题与对策研究[J].科学管理研究,2013(3):26－29.

[89] 王智勇.产业结构、城市化与地区经济增长——基于地市级单元的研究[J].产业经济研究,2013,(5):23－34.

[90] 王振华,李旭.技术进步、产业结构升级与县域经济增长——以辽宁省为例[J].农业技术经济,2015,(2):68－75.

[91] 刘伟,蔡志洲.我国工业化进程中产业结构升级与新常态下的经济增长[J].北京大学学报(哲学社会科学版),2015,(3):5－19.

[92] 郑若谷,干春晖,余典范.中国产业结构变迁对经济增长和波动的影响研究[C].2010年中国产业组织前沿论坛论文集,上海财经大学,2010:184－199.

[93] 郑万吉,叶阿忠.城乡收入差距、产业结构升级与经济增长——基于半参数空间面板基于半参数空间面板VAR模型的研究[J].经济学家,2015(10):61－67.

[94] 鲁奇,张超阳.河南省产业结构演进和经济增长关系的实证分析[J].中国人口·资源与环境,2008(1):111－115.

[95] 刘文利.我国经济增长与产业结构的关系初探[J].时代金融,2006(12):39－40.

[96] 苗睿,秦奋,马子鹤,等.河南产业结构调整对经济增长贡献的空间差异研究[J].河南大学学报(自然科学版),2014,(6):693－699.

[97] 高建新.区域协同创新的形成机理及影响因素研究[J].科学管理研究,2013(10):74－78.

[98] 刘明宇,张琰.制造业协同创新网络化治理机制与产业升级对策[J].社会科学.2013(4):52－58.

[90] 王福君,宋玉祥.技术创新推动辽宁省装备制造业升级的机理和路径[J].理论界,2008(12):63－64.

[100] PAUL STONEMAN. The economic analysis of technological change [M]. New York: Oxford University Press, 1983: 150 – 159.

[101] Raymond Vernon. Intertional Investment and International Trade in the Product Cycle [J]. Quarterly Journal of Economics, 1966(5): 50 – 53

[102] Kaname Akamatsu. The Synthetic Principles of the Economic Devolopment of our cuontry [J]. The Journal of Economy, 1962(19): 115 – 122

[103]杨兴宪,刘毅,牛树海. 区域创新系统研究的进展及展望[J]. 地理科学,2006(2):2251 – 2255.

[104]张荣胜. 校企协同创新高职人才培养模式[J]. 中国职业技术教育,2017(7).

[105]王志国. 合作・博弈・协同:校企协同创新机制研究[J]. 黑龙江高教研究,2016(5):49 – 51.

[106]孙兵. 高职院校与企业协同科技创新的机制研究[J]. 中国高校科技与产业化,2010(9).

[107]范晓春,曹茹烨. 基于协同创新理念的高职院校与企业合作路径研究[J]. 吉林省教育学院学报,2017,33(8):113 – 116.

[108]徐向艺,徐英吉. 企业技术创新、制度创新及企业持续成长性的协同度研究[J]. 东岳论丛,2008(2).

[109]郑刚,朱凌,金珺. 全面协同创新:一个五阶段全面协同过程模型——基于海尔集团的案例研究[J]. 管理工程学报,2008(2).

[110] 齐绍平,张婧. 区域协同创新动力机制研究[J]. 求索,2013(2).

[111] 柳卸林,高太山. 中国区域创新能力报告[M]. 北京:知识产权出版社,2015.

[112] 徐则荣. 区域协同创新理论述评[J]. 外国经济学说与中国研究报告,2015(00):187 – 195.

[113] 李斌. 区域产业优势互补协同创新发展的途径与方法[J]. 科学管理研究,2013,31(6):68 – 70,78.

[114] 郭勇. 国际金融危机、区域市场分割与工业结构升级——基于1985—2010 年省际面板数据的实证分析[J]. 中国工业经济,2013(1).

[115] 吕政. 中国工业结构的调整与产业升级[J]. 开发研究,2007(1).

[116] 樊福卓. 中国工业的结构变化与升级:1985 - 2005[J]. 统计研究, 2008(7).

[117] 李博,曾宪初. 工业结构变迁的动因和类型——新中国 60 年工业化历程回顾[J]. 经济评论,2010(1).

[118] 袁航,朱承亮. 国家高新区推动了中国产业结构转型升级吗[J]. 中国工业经济,2018(8):60 - 77.

[119] 金碚. 中国工业的转型升级[J]. 中国工业经济,2011(7).

[120] 陈建军,周维正. 大城市周边准生态敏感区的工业经济转型升级路径研究——以杭州建德市为例[J]. 江淮论坛,2015(2).

[121] 吴言动,彭凯平. 传统产业向新兴产业转型升级的创新驱动机制与保障策略研究[J]. 科学管理研究,2018,36(3):40 - 43.

[122] 郑健壮,徐寅杰. 产业转型升级及其路径研究[J]. 浙江树人大学学报(人文社会科学版),2012,12(4):50 - 53.

[123] 汪蓉,黄培,季建华. 制造企业的商业模式的转型与创新[J]. 工业工程与管理,2002(6):34 - 35.

[124] 蒋兴明. 产业转型升级内涵路径研究[J]. 经济问题探索,2014(12):43 - 49.

[125] 毛蕴诗,李田,吴斯丹. 从广东实践看我国产业的转型、升级[J]. 经济与管理研究,2008(7):16 - 21,41.

[126] 李邃,江可申,郑兵云. 新兴产业与中国产业结构优化升级有序度研究[J]. 科学学与科学技术管理,2010,31(12):115 - 121.

[127] 潘宏亮. 创新驱动引领产业转型升级的路径与对策[J]. 经济纵横,2015(7):40 - 43.

[128] 李云龙. 基于创新驱动的发电企业转型升级战略研究[J]. 山东工业技术,2018(21):225.

[129] 马婷婷. 基于创新驱动的宁波制造业转型升级研究[J]. 统计科学与实践,2018(7):29 - 32.

[130] 张素芳. 创新驱动河南省制造业转型升级对策研究[J]. 洛阳理工学院学报(社会科学版),2016,31(4):61 - 65.

[131] 王双进,王庆生. 基于京津冀都市农业圈的涉农科技企业协同创新

研究展望[J]. 天津商业大学学报,2018(5):22 – 28.

[132] 戴魁早,汪竹. 自主创新、吸收能力与工业结构升级——基于广西1987—2010年数据的实证研究[J]. 广西师范大学学报(哲学社会科学版),2012(6).

[133] 陶长琪,周璇. 要素集聚下技术创新与产业结构优化升级的非线性和溢出效应研究[J]. 当代财经,2016(1):83 – 94.

[134] 韦志琴. 区域协同创新对工业转型升级影响评价研究[D]. 合肥工业大学,2017.

[132] 李若辉,关惠元. 智能化时代基于技术密集度差异的企业设计创新路径[J]. 科技进步与对策,2017,34(19):107 – 113.

[136] [德]哈肯 Haken,协同学[M]. 上海译文出版社,2005.

[137] Cooke P. Regional innovation systems: competitive regulation in the new Europe[J]. Geoforum,1992,23(2):365 – 382

[138] Regional systems of innovation: an evolutionary perspective. Cooke P, Uranga M G. Etxebarria G. Environment and Planning A. 1998

[139] Open innovation: The new imperative for creating and profiting from technology. Chesbrough H W. 2005

[140] What's in it for me? Creating and appropriating value in innovation – related coopetition[J]. Paavo Ritala, Pia Hurmelinna – Laukkanen. Technovation. 2009 (12).

[141] Nieto M J, Santamaría L. The importance of diverse collaborative networks for the novelty of product innovation[J]. Technovation,2007,27(6):367 – 377.

[142] Thorgren S, Wincent J, Ortqvist D. Designing interorganizational networks for innovation: An empirical examination of network configuration, formation and governance[J]. Journal of Engineering and Technology Manage – ment,2009, 26(3): 148 – 166.

[143] Determinants of R&D cooperation in Japanese start – ups[J]. Hiroyuki Okamuro, Masatoshi Kato, Yuji Honjo. Research Policy. 2011(5).

[144] Benefits of co – operation on innovative performance: evidence from integrated circuits and biotechnology firms in the UK and Taiwan. Yuan – Chieh

Chang. R and D Management . 2003

[145] Pastor M, Sandonís J. Research joint ventures vs. cross licensing agreements: An agency approach[J]. International Journal of Industrial Organization, 2002, 20(2): 215 - 249.

[146] Powell W W, Koput K W, Smith - Doerr L. Interorganizational collaboration and the locus of innovation: Networks of learning in biotechnology[J]. Administrative Science Quarterly, 1996, 41(1): 116 - 145.

[147] Vuola O, Hameri A P. Mutually benefiting joint innovation process between industry and big - science[J]. Technovation, 2006, 26(1): 3 - 12.

[148] Lopéz A. Determinants of R&D cooperation: Evidence from Spanish manufacturing firm[J]. International Journal of Industrial Organization, 2008, 26(1): 113 - 136.

[149] Fiaz M. An empirical study of university - industry R&D collaboration in China: Implications for technology insociety[J]. Technology in Society, 2013, 35(3): 191 - 202.

[150] Santoro M D, Bierly P E. Facilitators of knowledge transfer in university - industry collaborations: A knowledge - based perspective[J]. IEEE Transactions on Engineering Management, 2006, 53(4): 495 - 507.

[151] International trade and industrial upgrading in the apparel commodity chain[J]. Gary Gereffi. Journal of International Economics . 1999 (1).

[152] Po - Hsuan H. Financial development and innovation: Cross · country evidence[J]. Journal of Financial Economics, 2014(4): 116 - 135.

[153] Industrial Upgrading Through Foreign Direct Investment in Central European Automotive Manufacturing. P Pavlinek, B Domanski, R Guzik. European Urban and Regional Studies . 2009.

[154] Kaplinsky. R, Readman J. Globalization and upgradin: what can(and cannot) be learnt from international trade statistics in the wood furniture sector[J]. InduIndustrial & Corporate Change, 2005, 14(14): 679 - 703.

[155] HUMPHREY J, SCHMITZ H. How does insertion in global value chains affect upgrading industrial clusters? [J]. Regional Studies, 2002, 36(9): 1017 - 1027.

[156] Marks, Lauren. Asia'S Next Giant: South Korea and Late In strialization[J]. Journal of International Affairs, 2005, 58(2): 20 – 28.

[157] Lee C. C. Does Insurance Matter for Growth: Empirical Evidence from OECD Countries. The BE Journal of Macroeconomics, 2011, (11): 1936 – 1960.

[158] 魏江. 多层次开放式区域创新体系建构研究[J]. 管理工程学报, 2010(S1): 31 – 37.

[159] 张慧颖, 吴红翠. 基于创新过程的区域创新系统协调发展的比较研究——兼析天津市区域创新复合系统协调性[J]. 情报杂志, 2011(8): 12 – 17.

[160] 夏业领, 何刚, 李恕洲. 京津冀科技创新—产业升级协同度测度——基于复合系统协同度模型[J]. 石家庄铁道大学学报(社会科学版), 2018, 12(1): 1 – 8.

[161] 余大杭, 黄焕宗. 福建省科技创新与产业升级灰色关联分析[J]. 重庆交通大学学报(社会科学版), 2017, 17(1): 82 – 86.

[162] 于喜展, 隋映辉. 系统创新与资源型城市产业转型协调发展评价[J]. 煤炭经济研究, 2009(11): 48 – 50.

[163] 邵洁笙, 吴江. 科技创新与产业转型的内涵及其相关关系探讨[J]. 科技管理研究, 2006(2): 79 – 81.

[164] 徐晔, 陶长琪, 丁晖. 区域产业创新与产业升级耦合的实证研究——以珠三角地区为例[J]. 科研管理, 2015, 36(4): 109 – 117.

[165] 于喜展, 隋映辉. 基于生命周期的资源产业转型与科技创新互动研究[J]. 内蒙古社会科学(汉文版), 2009, 30(5): 105 – 109.

[166] 黄思宁. 薛婷. 北京工业转型升级进程及比较研究[J]. 调研世界, 2013, (12): 13 – 16.

[167] 楼高翔, 曾赛星. 区域技术创新协同能力的测度及其评价体系构建[J]. 企业经济, 2006, (11): 128 – 130.

[168] 张继良, 赵崇生. 我国工业转型升级、绩效、问题与对策[J]. 调研世界, 2015, (12): 3 – 7.

[169] 陶长琪, 齐亚伟. 融合背景下信息产业结构演化的实证研究[J]. 管理评论, 2009, (10).

[170] 杨铁. 试论创新驱动型产业政策[J]. 改革与战略, 2008(2).

［171］迈克尔·波特. 国家竞争优势［M］. 李明轩，邱如美译. 北京：华夏出版社，2002：533－547.

［172］M. levy，Modernization and the Structure of Societies：A String for International Relations，Pdrinceton University Press，1966.

［173］S. Nelson，E. Phleps：Investment in Human. Technological Diffusion and Economic Growth，American Economic Review，1966（5）：69－75.

［174］南亮进. 日本的经济发展［M］. 北京：经济管理出版社，1992.

［175］Alexander Ggerschenkron：Economic Backwardnessin Historical Perspective，Harvard University Press，1962.

［176］卢根鑫. 国际产业转移论［M］. 上海：上海人民出版社，1997.

［177］小岛清. 对外贸易论：中文版［M］. 天津：南开大学出版社，1987.

［178］徐振斌. 新兴工业化与产业转型［J］. 经济参考研究，2004，（17）.

［179］姚晓艳. 高新区建设和关中经济带产业转型与空间重组［D］. 西安：西北大学，2004.

［180］孙小燕. 基于创新网络的区域装备制造业升级路径与实现机制研究［D］. 哈尔滨理工大学，2016.

［181］韩明华，林聪. 协同创新驱动下中小企业升级机理与路径选择［J］. 宁波大学学报（人文科学版），2016，29（4）：101－106.

［182］Metcalfe. J. Stanley. Innovation systems in the ser－vice economy measurement and case study［M］. Analysis Boston：Kluwer Academic，2000.

［183］Pavlou，P. A.，Sawy，O. A. Understanding the elusive black box of dynamic capabilities［J］. Decision Sciences，2011，42（1）：239－273.

［184］Martínez－Román，J. A.，Gamero，J.，Tamayo，J. A. Analysis of innovation in SMEs using an innovative capability－based nonlinear model：A study in theprovince of seville（spain）［J］. Technovation，2011，31（9）：459－475.

［185］Demirkan I.，Demirkan S. Network Characteristics and Patenting in Biotechnology，1990－2006［J］. Journal of Management 2012，38（6）：1892－1927

［186］Proter. The competitive advantage of nations［M］. London：Macmillan，1990.

［187］丁晖. 区域产业创新与产业升级耦合机制研究［D］. 南昌江西财经

大学,2013.

[188] Agarwal R,Gort M . The evolution of markets and entry,exit and survival of firms[J]. Review of Economics and Statistics,1996,78(3):489 -498.

[189] Jovanovic B,Macdonald G M. The life - cycle of a competitive industry [J]. Journal of Political Economy,1994,102(2):322 -347.

[190] Audretsch D B, Feidman M P. Innovative clusters and the industry life cycle[J]. Review of Industrial Organization,1996,11(2):253 -273.

重要术语索引表